单元一　建筑工程资料管理的基础知识

【学习目标】

①了解建筑工程资料的概念、形式、分类和特点；

②熟悉建筑工程资料管理的概念和有关规定；

③了解建筑工程资料管理的意义；

④熟悉建筑工程施工质量验收规范的基本规定。

知识链接

我国建筑工程资料管理的现状 PPT

资料员简介

在如今的工程建设过程中，资料员已经成为工程行业必不可少的专业人才，是建筑九大员之一。资料员需要持证上岗，因此需要通过规定的考试，才能获得资料员上岗证。一般而言，资料员需要做如下工作：

①收集、整理工程前期的各种资料；

②按照文明工地的要求，及时整理文明工地资料；

③做好工程资料的编制与报审，并保持与工程进度同步；

④登记、保管好项目部的各种书籍、表格资料等；

⑤收集、保存好公司及相关部门的会议文件；

⑥及时做好资料的审查、组卷、移交和备案工作。

1.1　建筑工程资料

建筑工程资料 PPT

1.1.1　建筑工程资料的基本概念

建筑工程是指通过对各类房屋建筑及其附属设施的建造和与其配套的线路、管道、设备的安装活动所形成的工程实体。

建筑工程资料是指建筑工程在建设过程中形成的各种形式的信息记录的统称（简称工程资料）。它涵盖了工程建设从项目的提出、策划、勘察、设计、施工到竣工投产等过程中形成的文件材料、图样、图表、计算材料、声像材料等各种形式的信息。

1.1.2　建筑工程资料的形式及载体

建筑工程资料的形式，亦是工程档案的形式。住房和城乡建设部及国家质量监督检验检疫总局联合发布的《建设工程文件归档规范》（GB/T 50328—2014）（2019 年版）第 3.0.3

条规定:每项建设工程应编制一套电子档案,随纸质档案一并移交城建档案管理机构。

根据上述规定,建筑工程资料的形式可以分为纸质文件和电子文件两种。其中,纸质文件是以纸张为载体,而电子文件以数码形式存储于磁带、光盘、移动硬盘、闪存盘等载体中。磁性载体资料属于电子文件范畴。

1.1.3 建筑工程资料的分类

根据《建设工程文件归档规范》(GB/T 50328—2014)(2019 年版)中的表 A.0.1 的描述,工程资料可以分为工程准备阶段文件(A 类)、监理文件(B 类)、施工文件(C 类)、竣工图(D 类)和工程竣工验收文件(E 类)5 类。

工程准备阶段文件可分为立项文件(A1)、建设用地和拆迁文件(A2)、勘察和设计文件(A3)、招投标文件(A4)、开工审批文件(A5)、工程造价文件(A6)及工程建设基本信息(A7)7 类。工程准备阶段的文件主要形成于开工前,所以由建设单位负责收集。

监理文件可分为监理管理文件(B1)、进度控制文件(B2)、质量控制文件(B3)、造价控制文件(B4)、工程管理文件(B5)和监理验收文件(B6)6 类。

施工文件可分为施工管理文件(C1)、施工技术文件(C2)、进度造价文件(C3)、施工物资出厂质量证明及进场检测文件(C4)、施工记录文件(C5)、施工试验记录及检测文件(C6)、施工质量验收文件(C7)、施工验收文件(C8)8 类。

工程竣工验收文件可分为竣工验收与备案文件(E1)、竣工决算文件(E2)、工程声像资料(E3)、其他工程文件(E4)4 类。

1.1.4 建筑工程资料的特点

1)分散性和复杂性

由于建筑工程资料产生于工程建设的整个过程之中,无论是在工程的立项审批、勘察设计,还是在开工准备、施工、监理或竣工验收等各个阶段和环节,都会产生各种档案资料,所以资料的形成具有分散性的特点。同时,由于建筑材料种类繁多,生产工艺又比较复杂,这就必然导致建筑工程资料具有一定的复杂性。

2)全面性和真实性

建筑工程资料只有全面、真实地反映项目的各类信息,包括发生的事故和存在的隐患,才具有实用价值。否则一旦引用不实资料,会起到误导作用,造成难以想象的后果。因此,建筑工程资料必须真实地反映工程的实际情况,杜绝片面和虚假。

3)继承性和时效性

建筑工程资料是企业生产经营活动的真实记录,也是企业生产经营管理知识和经验的积累与储备。从这个角度讲,建筑工程资料是可以积累和继承的。另外,随着施工工艺水平、新材料以及管理水平的不断提高,建筑工程资料的价值也会随着时间的推移而衰减。建筑工程资料一经生成,就必须及时传送到有关部门,否则时间拖长就会得不到认可,因此,建筑工程资料具有时效性。

4)随机性

部分建筑工程资料的产生具有规律性,如各类报批文件,但还是有相当一部分资料的产生是由具体工程事件引发的,尤其是影响建筑工程的因素发生变化时,真实反映具体事件全貌的资料的随机性更强,因此建筑工程资料还具有一定的随机性。

5）多专业性和综合性

由于建设工程项目常常都是综合的系统工程，涉及多个专业，需要多工种的协同工作才能完成，如环境评价、安全评价、建筑、市政、园林、公用、消防、智能、电力、电信、环境工程、声学、美学等，并同时综合了组织协调、合同、造价、进度、质量、安全等诸多方面的工作内容。因此，建筑工程资料是多个专业和单位的资料的集成，具有很强的多专业性和综合性。

1.2　建筑工程资料管理

建筑工程资料
管理概述 PPT

1.2.1　建筑工程资料管理的概念

我国住房和城乡建设部发布的《建筑工程资料管理规程》（JGJ/T 185—2009）第 2.0.2 条规定：建筑工程资料管理是对建筑工程资料的填写、编制、审核、审批、收集、整理、组卷、移交归档等工作的统称，简称工程资料管理。

填写是指填写表格。建筑工程资料的相当一部分是由表格构成的，这些表格都需要专人填写。可以说，填写是建筑工程资料管理工作中非常重要的一个环节，资料能否全面、真实地反映工程的形成过程都取决于这个环节。

编制工作有别于简单的表格填写工作，主要是针对建筑工程资料中的一部分技术、经济文件，如施工组织设计、安全专项施工方案、技术交底记录、设计变更、现场签证、索赔报告、工程价款结算资料等。这些资料需要具备相应资历和资格、具有较高专业水平的人员才能编写。

几乎所有的资料都需要审核、审批。如施工组织设计需要本单位领导审核签字和总监理工程师审批签字才能生效，生效后才能执行。

资料的收集工作贯穿工程建设的全过程，工程前期建设单位要负责收集立项文件、建设用地文件、勘察设计文件和招投标与合同文件等工程准备阶段的文件，施工过程中勘察、设计、监理、施工要负责陆续收集与本单位有关的各类资料，竣工验收后建设单位又要负责收集勘察、设计、施工、监理单位移交过来的资料。

整理是指按照一定的原则，对工程文件进行挑选、分类、组合、排列、编目，使之有序化的过程。

组卷是指按照一定的原则和方法，将有保存价值的工程资料分类整理成案卷的过程，亦称立卷。

移交归档是指建设单位将工程资料整理、组卷并按规定移交当地城建档案管理部门的工作。

1.2.2　建筑工程资料管理的有关规定

1）建筑工程资料管理的总体规定

根据《建筑工程资料管理规程》（JGJ/T 185—2009），工程资料的管理应符合下列规定。

①工程资料管理应制度健全、岗位责任明确，并纳入工程建设管理的各个环节和各级相关人员的职责范围。

②工程资料的套数、费用、移交时间应在合同中明确。

③工程资料的收集、整理、组卷、移交及归档应及时。

2）资料填写、编制、审核及审批的要求

①工程资料形成单位应对资料内容的真实性、完整性、有效性负责，由多方形成的资料，

应各负其责。

②工程资料的填写、编制、审核、审批、签认应及时进行,其内容应符合相关规定。

③工程资料不得随意修改;当需要修改时,应实行划改,并由划改人签署。

④工程资料应与建筑工程建设过程同步形成,反映建筑工程的建设情况和实体质量。

建筑工程资料填写、编制、审核及审批的要求PPT

⑤工程资料的文字、图表、印章应清晰。

⑥工程资料应为原件;当为复印件时,提供单位应在复印件上加盖单位印章,并应有经办人签字及日期。提供单位应对资料的真实性负责。

⑦工程资料应内容完整、结论明确、签认手续齐全。

⑧工程资料的纸张应采用能长期保存的韧性大、耐久性强的纸张。

⑨文字材料的图幅尺寸规格为A4,图纸采用国家标准图幅。

⑩工程资料手写部分应采用碳素墨水、蓝黑墨水书写。

⑪工程资料宜采用专业软件编写,打印出来手写签认。

⑫资料中的信息应真实。

⑬技术性文件的编制应科学合理。

⑭竣工图的编制及审核应符合下列规定:

a.新建、改建、扩建的建筑工程均应编制竣工图,竣工图应真实反映竣工工程的实际情况;

b.竣工图的专业类别应与施工图对应;

c.竣工图应依据施工图、图纸会审记录、设计变更通知单、工程洽商记录(包括技术核定单)等绘制;

d.当施工图没有变更时,可直接在施工图上加盖竣工图章形成竣工图;

e.竣工图的绘制应符合国家现行有关标准的规定;

f.竣工图应有竣工图章及相关责任人签字;

g.竣工图应按《建筑工程资料管理规程》(JGJ/T 185—2009)附录D的方法绘制,并应按附录E的方法折叠。

3)资料的整理与组卷要求

建筑工程资料的整理与组卷PPT

(1)组卷的范围及负责单位

表1-1中所列的工程资料,都应纳入组卷范围。

表1-1 应纳入组卷范围的工程资料类型

类型	组卷负责单位
工程准备阶段的文件	建设单位
监理文件	监理单位
施工文件	施工单位
竣工图	建设单位
竣工验收文件	建设单位

(2)组卷的流程

组卷的流程如下:分门别类整理资料→卷内文件排列→形成案卷目录→填写卷内目录

和案卷封面→装订成册。

(3)组卷的原则

①不同载体、不同类别(如A、B、C、D、E类)的文件应分别单独组卷。

②各类文件均应分类别按单位工程组卷,施工资料的特殊组卷要求如下:

a. 专业承包(即分包)工程资料应单独组卷;

b. 电梯安装资料,应每台电梯单独组卷;

c. 室外工程按室外环境、室外安装工程单独组卷;

d. 当无法按单位工程组卷时,也可按建设项目组卷。

③文件的先后排列顺序应满足以下要求。

a. 总体顺序符合《建设工程文件归档规范》附录要求;

b. 文字材料按事项、专业排列(同一事项的请示与批复、同一文件的印本与定稿、主件和附件不能分开,并应按批复在前、请示在后,因本在前、定稿在后,主件在前、附件在后的顺序排列);

c. 同一事件既有文字又有图纸,应文字在前、图纸在后;

d. 图纸按专业排列,同专业图纸按图号排列。

④不同幅面的工程图纸,应统一折叠成A4幅面(297 mm×210 mm)。

⑤案卷不宜过厚,文字材料不宜超过20 mm,图纸不宜超过50 mm。

⑥案卷内不应有重复文件。

(4)卷内目录和案卷封面

①案卷页码的编写要求。

a. 卷内文件均应按有书写内容的页面编号。每卷单独编号,页号从“1”开始。

b. 页号编写位置:单面书写的文件在右下角;双面书写的文件,正面在右下角,背面在左下角。折叠后的图纸一律在右下角。

c. 成套图纸或印刷成册的文件材料,自成一卷的,原目录可代替卷内目录,不必重新编写页码。

d. 案卷封面、卷内目录、卷内备考表不编写页号。

②卷内目录。

a. 卷内目录排列在卷内文件首页之前,式样宜符合表1-2的要求。

b. 序号应以一份文件为单位编写,用阿拉伯数字从“1”开始依次标注。

c. 责任者应填写文件的直接形成单位或个人。有多个责任者时,应选择两个主要责任者,其余用“等”代替。

d. 文件编号应填写文件形成单位的发文号或图纸的图号,或设备、项目代号。

e. 文件题名应填写文件标题的全称。当文件无标题时,应根据内容拟写标题,拟写标题外应加“[ ]”符号。

f. 日期应填写文件的形成日期或文件的起止日期,竣工图应填写编制日期。日期中“年”应用四位数字表示,“月”和“日”应分别用两位数字表示。

g. 页次应填写文件在卷内所排的起始页号,最后一份文件应填写起止页号。

h. 备注应填写需要说明的问题。

③卷内备考表。

a. 卷内备考表应排列在卷内文件的尾页之后,式样宜符合表1-3的要求。

表 1-2　卷内目录式样

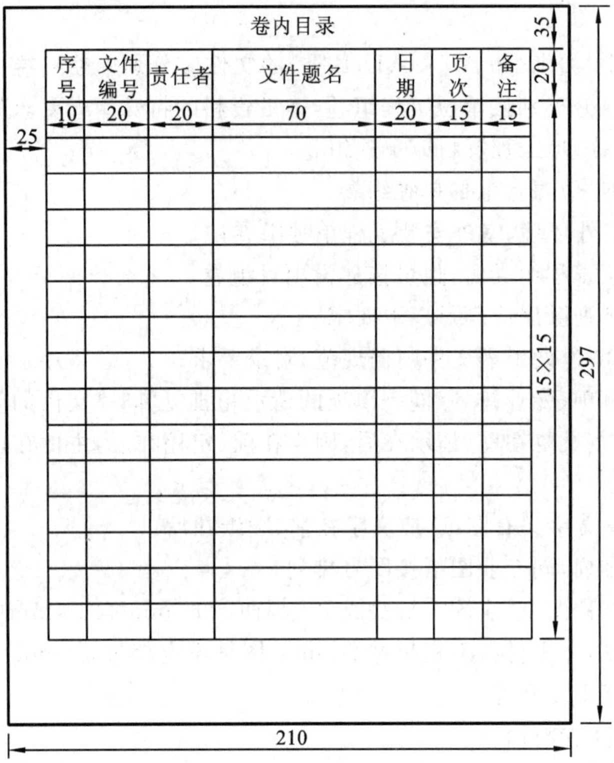

注:尺寸单位统一为 mm 。

表 1-3　卷内备考表式样

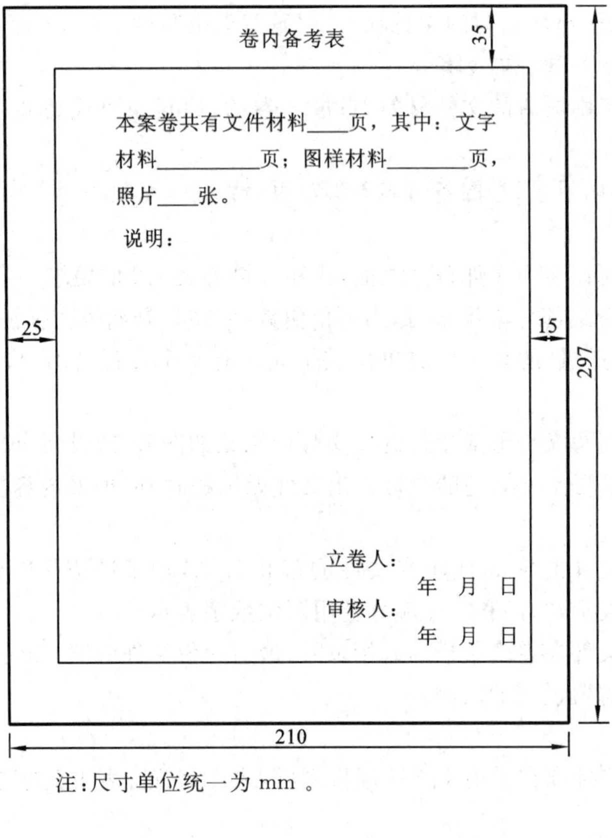

注:尺寸单位统一为 mm 。

b. 卷内备考表应标明卷内文件的总页数、各类文件页数或照片张数及立卷单位对案卷情况的说明。

c. 立卷单位的立卷人和审核人应在卷内备考表上签名；年、月、日应按立卷、审核时间填写。

④案卷封面。

a. 案卷封面应印刷在卷盒、卷夹的正表面，也可采用内封面形式。案卷封面的式样宜符合表 1-4 的要求。

表 1-4　案卷封面式样

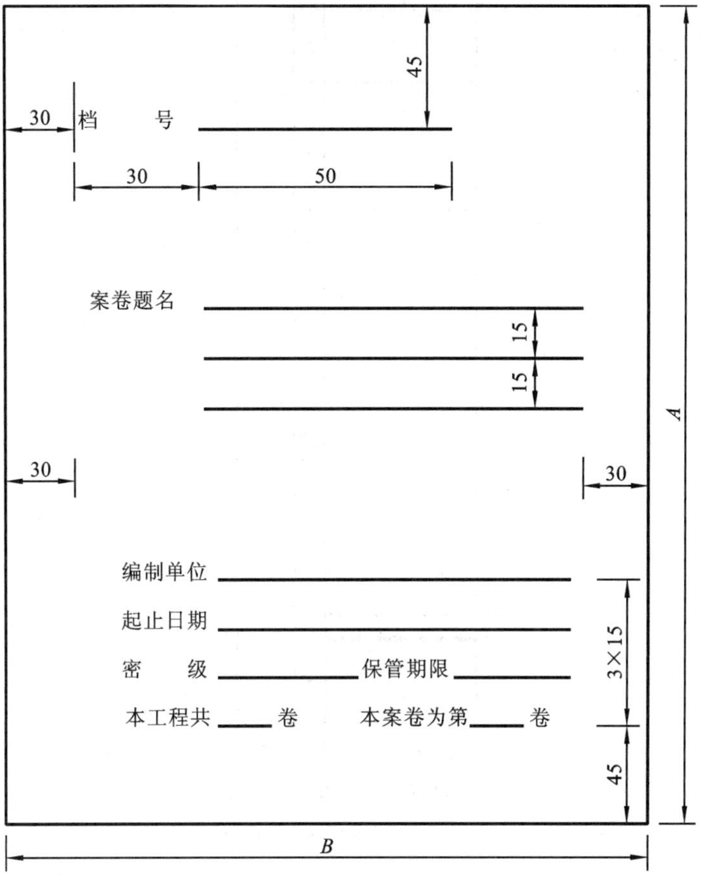

注：1. 卷盒、卷夹封面 $A\times B=310\times 220$；

2. 案卷封面 $A\times B=297\times 210$；

3. 尺寸单位统一为 mm 。

b. 档号应由分类号、项目号和案卷号组成。档号由档案保管单位填写。

c. 案卷题名应简明、准确地揭示卷内文件的内容。

d. 编制单位应填写案卷内文件的形成单位或主要责任者。

e. 起止日期应填写案卷内全部文件形成的起止日期。

f. 保管期限应根据卷内文件的保存价值在永久保管、长期保管、短期保管三种保管期限中选择划定。当同一案卷内有不同保管期限的文件时，该案卷保管期限应从长。

g. 密级应在绝密、机密、秘密三个级别中选择划定。当同一案卷内有不同密级的文件时，应以高密级为本卷密级。

⑤案卷脊背。

案卷脊背应由档号、案卷题名构成,由档案保管单位填写;式样宜符合表 1-5 的规定。

表 1-5　案卷脊背式样

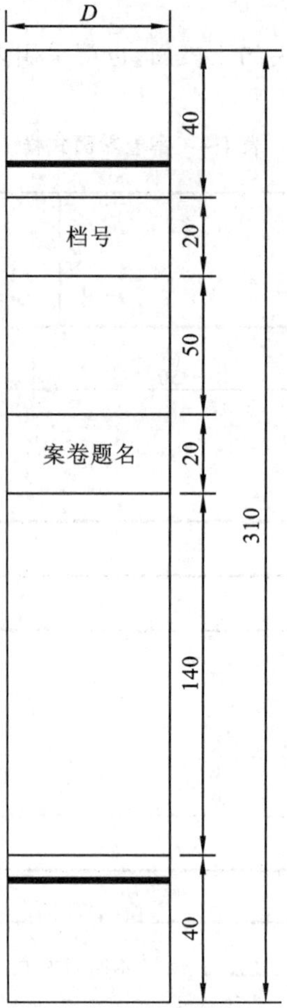

注:1. D=20、30、40、50 mm;

2. 尺寸单位统一为 mm 。

某地档案室办事流程及组卷内容微课

(5)案卷的装订要求

①案卷可采用装订与不装订两种形式。文字材料必须装订。装订时不应破坏文件的内容,并应保持整齐、牢固,便于保管和利用。

②案卷装具可采用卷盒、卷夹两种形式,并应符合下列规定:

a. 卷盒的外表尺寸应为 310 mm × 220 mm,厚度可为 20 mm、30 mm、40 mm 或 50 mm;

b. 卷夹的外表尺寸应为 310 mm × 220 mm,厚度宜为 20～30 mm;

c. 卷盒、卷夹应采用无酸纸制作。

4)资料的移交和归档

(1)移交和归档的程序

①实行施工总承包的,各专业承包单位应向施工总承包单位移交施工资料。

②勘察、设计、施工、监理单位的工程资料除了向本单位的档案管理

建筑工程资料的移交和归档 PPT

部门移交以外，还应向建设单位移交。

勘察、设计、施工、监理等单位向建设单位移交档案时，应编制移交清单，双方签字、盖章后方可交接。

③建设单位在整理、汇总完成本工程的资料以后，向城建档案馆移交至少一套（原件）符合规定的工程档案。电子档案签署了具有法律效力的电子印章或电子签名的，可以不移交纸质档案。

当建设单位向城建档案管理机构移交工程档案时，应提交移交案卷目录，办理移交手续，双方签字、盖章后方可交接。

（2）归档的时间

①根据建设程序和工程特点，归档可分阶段、分期进行，也可在单位或分部工程通过竣工验收后进行。

②勘察、设计单位应在任务完成后，施工、监理单位应在工程竣工验收前，将各自形成的有关工程档案向建设单位归档。

③列入城建档案管理机构接收范围的工程，建设单位在工程竣工验收后备案前，必须向城建档案管理机构移交一套符合规定的工程档案。

（3）城建档案馆对工程资料的预验收要求

列入城建档案管理机构档案接收范围的工程，竣工验收前，城建档案管理机构应对工程档案进行预验收。城建档案管理机构在进行工程档案预验收时，应查验下列主要内容：

①工程档案齐全、系统、完整，全面反映工程建设活动和工程实际状况；

②工程档案已整理立卷，立卷符合《建设工程文件归档规范》（GB/T 50328—2014）（2019 年版）的规定；

③竣工图的绘制方法、图式及规格等符合专业技术要求，图面整洁，盖有竣工图章；

④文件的形成、来源符合实际，要求单位或个人签章的文件，其签章手续完备；

⑤文件的材质、幅面、书写、绘图、用墨、托裱等符合要求；

⑥电子档案格式、载体等符合要求；

⑦声像档案内容、质量、格式符合要求。

（4）其他要求

①停建、缓建建设工程的档案，可暂由建设单位保管。

②对改建、扩建和维修工程，建设单位应组织设计、施工单位对改变部位据实编制新的工程档案，并应在工程竣工验收后备案前向城建档案管理机构移交。

建设工程声像档案归档微课

5）资料的竣工备案

《房屋建筑和市政基础设施工程竣工验收备案管理办法》（住房和城乡建设部令第 2 号）第 4 条规定：建设单位应当自工程竣工验收合格之日起 15 日内，依照本办法规定，向工程所在地的县级以上地方人民政府建设主管部门（以下简称备案机关）备案。

建筑工程资料的竣工备案 PPT

（1）建设单位办理工程竣工验收备案应当提交的文件

①工程竣工验收备案表。

②工程竣工验收报告。竣工验收报告应当包括工程报建日期，施工许可证号，施工图设计文件审查意见，勘察、设计、施工、工程监理等单位分别签署的质量合格文件及验收人员签署的竣工验收原始文件，市政基础设施的有关质量检测和功能性试验资料以及备案机关认为需要提供的有关资料。

③法律、行政法规规定应当由规划、环保等部门出具的认可文件或者准许使用文件。

④法律规定应当由公安消防部门出具的对大型的人员密集场所和其他特殊建设工程验收合格的证明文件。

⑤施工单位签署的工程质量保修书。

⑥法规、规章规定必须提供的其他文件,住宅工程还应当提交住宅质量保证书和住宅使用说明书。

(2)未按要求备案的情形及处罚

①备案机关发现建设单位在竣工验收过程中有违反国家有关建设工程质量管理规定行为的,应当在收讫竣工验收备案文件 15 日内,责令停止使用,重新组织竣工验收。

②建设单位在工程竣工验收合格之日起 15 日内未办理工程竣工验收备案的,备案机关责令限期改正,处 20 万元以上 50 万元以下罚款。

③建设单位将备案机关决定重新组织竣工验收的工程,在重新组织竣工验收前,擅自使用的,备案机关责令停止使用,处工程合同价款 2%以上 4%以下罚款。

④建设单位采用虚假证明文件办理工程竣工验收备案的,工程竣工验收无效,备案机关责令停止使用,重新组织竣工验收,处 20 万元以上 50 万元以下罚款;构成犯罪的,依法追究刑事责任。

⑤备案机关决定重新组织竣工验收并责令停止使用的工程,建设单位在备案之前已投入使用或者建设单位擅自继续使用造成使用人损失的,由建设单位依法承担赔偿责任。

(3)不适用《房屋建筑和市政基础设施工程竣工验收备案管理办法》的工程

①抢险救灾工程、临时性房屋建筑工程和农民自建低层住宅工程,不适用《房屋建筑和市政基础设施工程竣工验收备案管理办法》。

②军用房屋建筑工程竣工验收备案,按照中央军事委员会的有关规定执行。

6)建设工程电子文件的管理规定

在工程建设过程中形成的,可依靠计算机等数字设备阅读、处理,并可在通信网络上传送的数字格式的信息记录,简称工程电子文件。

具有保存和利用价值并归档的工程电子文件,主要包括建设业务管理电子档案和建设工程电子档案,简称电子档案。

建设工程电子文件概述 PPT

建设工程电子文件的管理 PPT

(1)电子文件的格式

归档的电子文件应采用表 1-6 所列的开放式文件格式或通用格式进行存储。专用软件产生的非通用格式的电子文件应转换成通用格式。

表 1-6 归档的电子文件格式

文件类别	格式
文本(表格)文件	OFD、DOC、DOCX、XLS、XLSX、PDF/A、XML、TXT、RTF
图像文件	JPEG、TIFF
图形文件	DWG、PDF/A、SVG
视频文件	AVS、AVI、MPEG2、MPEG4
音频文件	AVS、WAV、AIF、MID、MP3
数据库文件	SQL、DDL、DBF、MDB、ORA

续表

文件类别	格式
虚拟文件/3D图像文件	WRL、3DS、VRML、X3D、IFC、RVT、DGN
地理信息数据文件	DXF、SHP、SDB

(2)电子文件的检验

电子文件在交接过程中,应进行可用性、完整性、安全性等方面的检测。其检测内容如下。

①可用性检测内容。

a. 离线移交的存储媒体外观是否完好无损,是否可以通过 I/O 测试。

b. 在线移交的数据包是否可以完整解包。

c. 电子文件格式是否符合规范的规定。

d. 电子档案移交目录、电子档案全文是否可以正常打开和浏览。

e. 电子档案元数据是否可以正常展现和浏览。

②完整性检测内容。

a. 电子档案移交目录的填写内容是否完整。

b. 电子档案数量与移交目录中记录的数量是否一致。

c. 电子档案元数据是否齐全、完整。

③安全性检测内容。

a. 是否存在恶意程序,是否感染木马或病毒。

b. 是否存有与电子档案移交无关的数据。

c. 存储媒体出厂时间是否超过使用年限。

(3)电子文件的归档

列入城建档案管理机构接收范围的建设工程,建设单位应按规定向城建档案管理机构移交一套符合要求的工程电子档案。建设单位组织工程竣工验收前,当地城建档案管理机构应对工程电子档案进行预验收。

电子文件的归档时间、顺序与纸质档案一致。

电子文件归档可采用在线归档方式和离线归档方式,并应采取措施确保归档电子文件的安全存储。电子文件离线归档的,按优先顺序,可采用移动硬盘、闪存盘、光盘、磁带等载体存储。

电子文件形成者应采用可靠的电子签名等手段保障归档电子文件的真实性。经信息技术手段加密的电子文件应在解密后再归档,压缩电子文件应与解压缩软件一并归档。

归档过程中,交接双方应办理电子文件的移交手续。移交单位提交电子档案移交目录,移交和接收双方应填写电子档案移交与接收证明书。

1.2.3 建筑工程资料管理的特点

1)复杂性

建筑工程资料管理的复杂性表现在以下几个方面:其一,建筑工程资料管理需要经历收集、编制、审核、审批、组卷、移交归档等多个环节才能完成;其二,资料管理的工作过程需要许多单位和机构的配合才能完成,如原材料供应商、监理、设计及监督机构等;其三,资料管理工作涉及工程管理的各级相关人员,如项目经理、技术负责人、资料员、造价员、质检员、监理工程师等;其四,由于工程种类多,不同类型的工程对文件资料的要求也各不相同。

2)地域特色浓厚

这是资料管理非常鲜明的一个特点。在我国,尽管有全国统一的规范和标准,但是在文件的表格格式、名称甚至内容上各省市都不统一,使用的资料管理软件更是五花八门。在档案的移交和备案环节甚至连同一个省内的不同地、州、市之间都不统一。

3)地位从属于技术、质量和安全管理

在我国,资料管理实行技术负责人负责制,并且工程文件的信息来自平时的技术、质量、安全管理工作,同时应真实反映工程项目的技术、质量和安全管理状况,从这方面讲,资料管理的地位从属于技术、质量、安全管理。当然,做好文件资料的管理工作也可以促进技术、质量和安全管理水平的提高。

1.2.4 建筑工程资料管理的意义

1)保证工程竣工验收的需要

《建设工程文件归档规范》(GB/T 50328—2014)(2019 年版)第 3.0.6A 条规定:建设工程档案验收应纳入建设工程竣工联合验收环节。同时,结合我国《建筑工程施工质量验收统一标准》(GB 50300—2013)的基本规定,施工质量验收应包括两个方面的内容:一是工程实体(包括所安装的设备),二是工程实体形成过程中产生的各类资料。因此,资料管理是保证工程竣工验收的需要。

2)维护企业经济效益和社会信誉的需要

建筑工程资料要真实反映工程实体的形成过程,是施工过程及其管理活动的真实记录,建筑工程资料同时也是接受建设、监理、监督机构等检查的"窗口"。因此,真实、准确、完善的施工资料与良好的施工质量一样,有利于维护企业的社会信誉。另外,与经济管理活动有关的资料,如工程变更单、现场签证单等,将会成为工程价款结算的重要依据。

3)开发利用企业资源的需要

企业档案是企业生产经营活动的真实记录,也是企业技术、质量、安全、成本管理经验的沉淀和积累,属于企业的重要资源,可以为研究、提高企业管理水平提供重要依据,为以后建设同类型工程提供参考。

4)保证城市规范化发展的需要

反映建筑工程竣工实貌的竣工图,真实记录了各种地上、地下建筑物(构筑物)的实际情况,是对工程进行维护、改造、扩建或拆除的重要依据,对于一个城市而言,是保证城市规范化发展的需要。

1.3 施工质量验收规范的基本规定

建筑工程资料中相当一部分资料都源于施工质量验收规范的规定,因此,在正式学习资料管理的具体工作之前,需要先了解《建筑工程施工质量验收统一标准》(GB 50300—2013)的一些基本规定。

1.3.1 施工质量验收项目的划分

施工质量验收项目的划分和验收程序PPT

建筑工程施工质量验收应划分为单位工程、分部工程、分项工程和检验批。

检验批是指按相同的生产条件或者按规定的方式汇总起来供抽样检

验用的，由一定数量的样本组成的检验体。

①单位工程应按下列原则划分：

a. 具备独立施工条件并能形成独立使用功能的建筑物或构筑物为一个单位工程；

b. 对于规模较大的单位工程，可将其能形成独立使用功能的部分划分为一个子单位工程。

②分部工程应按下列原则划分：

a. 可按专业性质、工程部位确定；

b. 当分部工程较大或较复杂时，可按材料种类、施工特点、施工程序、专业系统及类别等将分部工程划分为若干子分部工程。

③分项工程可按主要工种、材料、施工工艺、设备类别等进行划分。

④检验批可根据施工、质量控制和专业验收的需要，按工程量、楼层、施工段、变形缝等进行划分。施工前，应由施工单位制定分项工程和检验批的划分方案，并由监理单位审核。

1.3.2　施工质量验收的程序和组织

1)施工质量验收的程序

建筑工程施工质量验收的程序依次为检验批、分项工程、分部工程和单位工程。

2)施工质量验收的组织

(1)检验批

检验批应由专业监理工程师组织施工单位的项目专业质量检查员、专业工长等进行验收。

(2)分项工程

分项工程应由专业监理工程师组织施工单位的项目专业技术负责人等进行验收。

(3)分部工程

分部工程应由总监理工程师组织施工单位项目负责人和项目技术、质量负责人等进行验收。

勘察、设计单位的项目负责人和施工单位的技术、质量部门负责人应参加地基与基础分部工程的验收。

设计单位的项目负责人和施工单位的技术、质量部门负责人应参加主体结构、节能分部工程的验收。

(4)单位工程

①单位工程中的分包工程完工后，分包单位应对所承包的工程项目进行自检，并应按规范规定的程序进行验收。验收时，总包单位应派人参加。分包单位应将所分包工程的质量控制资料整理完整后，移交给总包单位。

②单位工程完工后，施工单位应组织有关人员进行自检。

③总监理工程师应组织各专业监理工程师对工程质量进行竣工预验收。存在施工质量问题时，应由施工单位及时整改。整改完毕后，由施工单位向建设单位提交工程竣工报告，申请工程竣工验收。

④建设单位收到工程竣工报告后，应由建设单位的项目负责人组织监理、施工、设计、勘察等单位的项目负责人进行单位工程验收。

1.3.3　施工质量验收的要求

施工质量验收的要求PPT

1)建筑工程施工质量验收的总体要求

建筑工程施工质量验收应符合下列规定。

①符合工程勘察、设计文件的规定。

②符合《建筑工程施工质量验收统一标准》(GB 50300—2013)和相关专业验收规范的规定。

2)建筑工程施工质量验收的具体要求

①工程质量验收均应在施工单位自检合格的基础上进行。工程质量验收的前提条件为施工单位自检合格,验收时施工单位应对自检中发现的问题已完成整改。

②参加工程施工质量验收的各方人员应具备相应的资格。参加工程施工质量验收的各方人员资格包括专业和职称要求,具体要求应符合国家、行业和地方有关法律、法规的规定,尚无规定时可由参加验收的单位协商确定。

③检验批的质量应按主控项目和一般项目验收。主控项目是指建筑工程中对安全、节能、环保和主要使用功能起决定性作用的检验项目。一般项目是指检验批中除主控项目以外的检验项目。

④对涉及结构安全、节能、环境保护和主要使用功能的试块、试件及材料,应在进场时或施工中按规定进行见证检验。见证检验指的是施工单位在监理单位或建设单位的见证下,按照有关规定从施工现场随机抽取试样,送至具备相应资质的检测机构进行检验的活动。

⑤隐蔽工程在隐蔽前应由施工单位通知监理单位进行验收,并应形成验收文件,验收合格后方可继续施工。

⑥对涉及结构安全、节能、环境保护和使用功能的重要分部工程,应在验收前按规定进行抽样检验。

⑦工程的观感质量应由验收人员现场检查,并应共同确认。

单元一自测题及答案

单元二　施工准备阶段资料的收集与编制

【学习目标】

①熟悉施工准备阶段资料的收集；

②掌握施工准备阶段资料的编制内容和方法；

③了解施工准备阶段监理资料的编制。

按照当前工程建设程序，建设单位在完成工程立项、可行性研究、环境影响评价等工作后，即可开始进行工程的勘察设计等技术工作。在设计施工图等完成，具备《中华人民共和国招标投标法》规定的条件之后，才可进行招标。中标的施工单位与建设单位订立施工承包合同，开始各项施工准备工作。

建设单位在工程前期收集和编制的资料是施工单位开展工程建设的重要依据，在施工准备阶段施工单位需要向建设单位索取，或者根据施工承包合同的规定由建设单位提供。除了来自建设单位的资料之外，施工单位在施工准备阶段还需要收集施工所需的标准规范、人员资格证书等相关资料。

工程施工是一项复杂的系统工程，施工单位要进入正式施工阶段，必须开展一系列实质性的准备工作，如做好施工组织、调配工程设备、建立管理制度等，并编制能够如实反映这些准备工作的技术资料，提供给建设单位审查，以证明施工现场已经具备施工条件，施工单位可以开展施工工作。

根据当前建设管理体制，一般由监理单位代表建设单位对施工单位的施工过程进行监督和管理，并负责大部分工程技术资料的审查和审批。在施工准备阶段，监理单位的资料管理工作主要有两个方面：一是编制监理规划和相应的监理实施细则，明确开展监理工作的总体方案和具体措施，报建设单位审查；二是核查施工单位的施工准备工作情况，并查验和审核相关资料。

2.1　施工准备阶段资料的收集

施工准备阶段资料的收集 PPT

为有效开展施工，施工单位在施工准备阶段需要收集大量资料，这些资料主要包括以下三个方面。

1)来自建设单位的工程前期资料

来自建设单位的工程前期资料，主要是指与施工有关的法律手续文件及技术文件。根据《建设工程文件归档规范》(GB/T 50328—2014)(2019 年版)的规定，这些资料主要包括勘察设计文件、招投标文件、承包合同文件、开工审批文件和工程建设基本信息等内容。

2)施工涉及的标准规范

施工涉及的标准规范包括以下内容：一是工程质量验收规范，如《建筑工程施工质量验收统一标准》(GB 50300—2013)、《建筑地基基础工程施工质量验收标准》(GB 50202—

2018)、《混凝土结构工程施工质量验收规范》(GB 50204—2015)、《砌体结构工程施工质量验收规范》(GB 50203—2015)等专业验收规范;二是与建筑工程相关的国家标准,如《混凝土强度检验评定标准》(GB/T 50107—2010);三是各类施工工艺、技术规程等。理论上说,凡是施工过程中涉及的标准、规范和规程,项目经理部都要有相应的纸质文本,但一般也允许项目经理部准备相应的电子文本作为替代。

3)施工单位在施工准备过程中收集的资料

施工单位在施工准备过程中收集的资料主要包括以下几类。

①与“人”有关的资料,如项目经理部管理人员的资格证书及职称证书复印件;技术工人,特别是电工、焊工和架子工等特种作业工人的上岗证复印件;还有劳务合同等。

②与“材料”有关的资料,如施工准备阶段进场的各种材料的质量证明文件、材料采购合同等。

③与“机械设备”有关的资料,如施工机械的租赁合同等。

2.2 施工准备阶段资料的编制

2.2.1 施工资料

施工单位能否顺利开展建设任务取决于三个基本条件:一是施工依据明确,特别是设计施工图,应该尽可能完善,以减少施工阶段出现的设计变更等问题,要减少设计施工图中存在的问题,除了设计单位严格贯彻建设单位意图、科学开展设计工作之外,还有赖于施工准备阶段的图纸会审工作;二是具有良好的组织,主要体现在施工组织设计文件的编制、工程设备调配及进场等工作的有序开展;三是施工保障完善,建立健全质量保证制度和各类管理办法。只有具备这些基本条件后,施工单位才能向建设单位申请开工,“单位工程开工报告”及“工程开工报审表”的编制是这一阶段工作的完成节点。

1)图纸会审记录

图纸会审是在正式施工前,由建设单位组织,设计单位、监理单位、施工单位和质量监督部门参加的对设计施工图进行的会审,其目的在于对设计意图进行交底,澄清相关单位提出的问题,从而为施工创造良好条件。

图纸会审记录微课

图纸会审记录PPT

图纸会审一般以会议的方式进行,其基本流程如下:在会议之前,施工单位等相关方组织人员审读图纸,并对发现的问题进行整理归类;召开图纸会议时,首先由设计单位进行设计交底,然后各单位技术人员分专业进行图纸会审,准确、详细记录问题,最后由设计单位提出解决方案。

图纸会审记录是图纸会审会议的成果。图纸会审记录的形成流程如下:图纸会审会议上由施工单位项目经理部资料员或其他人员记录会议情况,特别是设计施工图专业问题及设计单位与建设单位提出的解决方案,整理成初稿后,将会议记录发给相关单位审阅,确认记录内容完整且无误后,整理成正式的图纸会审记录,交由相关单位签字盖章。图纸会审记录一般分专业编排内容,如按照建筑方面、结构方面的顺序记录会议内容,在各单位签字盖章后成为设计文件的一部分,与正式的设计文件具有同等效力。

图纸会审记录如表 2-1 所示。

表 2-1　图纸会审记录

<table>
<tr><td colspan="2">工程名称</td><td>××公司新建办公楼及宿舍</td><td>会审日期</td><td>2013.09.20</td></tr>
<tr><td rowspan="5">参加人员</td><td>建设单位</td><td colspan="3">四川××制造有限公司</td></tr>
<tr><td>设计单位</td><td colspan="3">德阳市××设计有限公司</td></tr>
<tr><td>施工单位</td><td colspan="3">四川省××建筑有限公司</td></tr>
<tr><td>监理单位</td><td colspan="3">四川省××建设工程有限公司</td></tr>
<tr><td>监督部门</td><td colspan="3">四川省××市质量监督站</td></tr>
<tr><td colspan="2">主持人</td><td>×××</td><td>记录人</td><td>×××</td></tr>
<tr><td>记录内容</td><td colspan="4">(1)建施
①建施 3 中外 2 a，基层做法③界面砂浆一道是否为水泥砂浆？
答：界面砂浆为外保温系统的配套组成材料，用于改善基层与保温层表面黏结性能的聚合物砂浆。
……
(2)结施
①结施 2 中，第七条第 5 项，回填部位采用轻质填料(加气混凝土)，由于量少，部位分散，不便于施工，是否可以采用水泥炉渣轻质材料填充？
答：可采用水泥炉渣轻质材料填充。
②结施 4 中，柱 KZ3(KZ5)详图中，角筋数量是否为 4ϕ18？
答：结施 4 中，柱 KZ3(KZ5)详图中，角筋数量为 4ϕ18。
……</td></tr>
<tr><td colspan="2">施工单位代表：(签字)

×××</td><td>设计单位代表：(签字)

×××</td><td>监理单位：
(注册监理工程师方章)</td><td>建设单位代表：(签字)

×××</td></tr>
</table>

注：本表一式六份，建设单位、设计单位、施工单位、监理单位、监督部门和城建档案馆各一份，记录内容可加页，附后。

2)施工组织设计

施工组织设计PPT

施工组织设计是施工单位开展施工任务的综合性技术文件，根据施工组织设计涵盖的范围，可以分为施工组织总设计、单位工程施工组织设计和专项施工方案。根据《建筑施工组织设计规范》(GB/T 50502—2009)的规定，不同层次的施工组织设计内容及编制程序如下。

①施工组织总设计一般包括工程概况、总体施工部署、施工总进度计划、总体施工准备与主要资源配置计划、主要施工方法、施工总平面布置等内容。施工组织总设计由项目负责人主持编制，由总承包单位技术负责人审批，并加盖总承包单位公章。

②单位工程施工组织设计包括工程概况、施工部署、施工进度计划、施工准备与资源配置计划、主要施工方案和施工现场平面布置图等内容。施工组织设计由项目负责人组织有关技术人员编制，项目技术负责人审核，施工单位技术负责人或者技术负责人授权的技术人员审批，并加盖施工单位公章。

③专项施工方案的内容则包括工程概况、施工安排、施工进度计划、施工准备与资源配

置计划、施工方法及工艺要求等。施工方案一般由项目部技术人员编写,项目技术负责人审批,并加盖项目部公章。其中重难点分部分项工程及具有一定危险性的分部分项工程专项施工方案和安全专项方案由项目部技术人员编写,施工单位技术负责人审批,并加盖施工单位公章,并附评审专家论证书。

施工组织设计编制完成并履行相关审批手续后,施工单位还需填写“施工组织设计(方案)报(复)审表”,交监理单位审批,方可生效。

3)现场的质量管理制度和管理办法

为保证施工的顺利进行,施工单位项目经理部要根据项目情况和企业实际编制一系列的质量管理制度和管理办法。质量管理制度主要包括质量例会制度、三检制度、岗位责任制度、技术交底制度等,同时还需要制定钢筋、水泥、地面砖等现场材料和设备的存放与管理办法。各项管理制度和管理办法编制成文后,须经项目负责人审批,加盖项目部公章。作为“施工现场质量管理审查记录表”的附件提交给监理单位,供监理单位审查。

现场的质量管理制度和管理办法 PPT

4)单位工程开工报告

单位工程开工报告用于核查建设项目开工前各种文件资料的准备情况及各种手续的完善情况,由施工单位在建设项目各种文件及各种手续已完善后提出,本表涉及的文件资料均应有原件,以备检查。

单位工程开工报告如表 2-2 所示。

单位工程开工报告微课

单位工程开工报告 PPT

表 2-2　单位工程开工报告

<table>
<tr><td>工程名称</td><td colspan="3">××公司新建办公楼及宿舍</td><td>工程地址</td><td colspan="3">四川省××市永定河路与天台山路交汇处西北角</td></tr>
<tr><td>建设单位</td><td colspan="3">四川省××制造有限公司</td><td>施工单位</td><td colspan="3">四川省××建筑有限公司</td></tr>
<tr><td>工程类别</td><td colspan="3">××</td><td>结构类型</td><td colspan="3">框架结构</td></tr>
<tr><td>预算造价</td><td colspan="3">××</td><td>计划总投资</td><td colspan="3">××</td></tr>
<tr><td>建筑面积</td><td>909.7 m²</td><td colspan="2">开工日期</td><td>2013.10.07</td><td>竣工日期</td><td colspan="2">2014.11.13</td></tr>
<tr><td rowspan="6">主要实物工程量</td><td>工程名称</td><td>单位</td><td>数量</td><td rowspan="6">主要实物工程量</td><td>工程名称</td><td>单位</td><td>数量</td></tr>
<tr><td>土方工程</td><td>m³</td><td>××</td><td>门窗制安工程</td><td>m²</td><td>××</td></tr>
<tr><td>基础混凝土工程</td><td>m³</td><td>××</td><td>屋面防水工程</td><td>m²</td><td>××</td></tr>
<tr><td>主体钢筋安装</td><td>t</td><td>××</td><td>内墙抹灰工程</td><td>m²</td><td>××</td></tr>
<tr><td>主体现浇混凝土</td><td>m³</td><td>××</td><td>楼地面工程</td><td>m²</td><td>××</td></tr>
<tr><td>围护墙内隔墙砌筑</td><td>m³</td><td>××</td><td>外墙面砖</td><td>m²</td><td>××</td></tr>
<tr><td colspan="4">资料与文件</td><td colspan="4">准备情况</td></tr>
<tr><td colspan="4">批准的建设立项文件或年度计划</td><td colspan="4">建设文件已立项,年度计划已制定</td></tr>
<tr><td colspan="4">征用土地批准文件及红线图</td><td colspan="4">齐备</td></tr>
<tr><td colspan="4">投标、议标、中标文件</td><td colspan="4">齐备</td></tr>
<tr><td colspan="4">施工合同或协议书</td><td colspan="4">齐备</td></tr>
</table>

续表

<table>
<tr><td colspan="3">资金落实情况的文件资料</td><td colspan="3">齐备</td></tr>
<tr><td colspan="3">三通一平的文件材料</td><td colspan="3">齐备</td></tr>
<tr><td colspan="3">施工方案及现场平面布置图</td><td colspan="3">已编制</td></tr>
<tr><td colspan="3">设计文件、施工图及施工图审查意见</td><td colspan="3">设计文件、施工图齐备且经审查机关审查合格</td></tr>
<tr><td colspan="3">主要材料、设备落实情况</td><td colspan="3">正在落实</td></tr>
<tr><td colspan="3">施工许可证</td><td colspan="3">已办理，施工许可证号：5106002010456012</td></tr>
<tr><td colspan="3">质量、安全监督手续</td><td colspan="3">已办理</td></tr>
<tr><td colspan="2">建设单位：(公章)

项目负责人：(签字)×××
2013 年 10 月 7 日</td><td colspan="2">监理单位：(公章)

总监理工程师：(签字)×××
2013 年 10 月 7 日</td><td colspan="2">施工单位：(公章)

项目负责人：(签字)×××
2013 年 10 月 7 日</td></tr>
</table>

注：本表一式五份，建设单位、监理单位、施工单位、主管部门、城建档案馆各一份。

2.2.2　监理资料

监理规划和监理实施细则 PPT

在施工准备阶段，监理单位的资料管理工作主要包括两个方面：一是编制监理规划和监理实施细则，并报建设单位；二是代表建设单位审查施工单位的施工准备情况，对施工单位在施工准备阶段的资料进行审核。

1)监理规划

监理规划是在总监理工程师的主持下，组织专业监理工程师编制的，用来指导项目监理部全面开展工作的指导性文件。监理规划编制成文后，由总监理工程师签字、监理单位技术负责人审批，并报送建设单位。

根据《建设工程监理规范》(GB/T 50319—2013)的规定，监理规划应根据监理委托合同和监理大纲，结合相关工程信息和资料编制。监理规划的编制应该明确监理项目部的工作目标，确定具体的监理工作制度、程序、方法和措施，其主要内容包括工程概况，监理工作的范围、内容、目标，监理工作的依据，监理组织形式，人员配备及进退场计划，监理人员岗位职责，监理工作制度，工程质量控制，工程造价控制，工程进度控制，安全生产管理的监理工作，合同与信息管理，组织协调，监理工作设施。

2)监理实施细则

监理实施细则是由专业监理工程师根据监理规划编写，针对工程项目中某一专业或某一方面监理工作的操作性文件。监理实施细则编制成文后，由总监理工程师批准。一般来说，中型及以上或专业性较强的工程项目，应编制监理实施细则。

监理实施细则应符合监理规划的要求，并结合工程项目的专业特点。其主要内容包括专业工程特点、监理工作流程、监理工作的控制要点及目标值、监理工作的方法及措施。

分包单位资格报审表 PPT

3)分包单位资格报审表

施工单位根据合同约定(或在施工过程中)将工程部分内容分包出去时，需要向监理单位提交“分包单位资格报审表”(见表 2-3)及相关附件，以确保分包工程符合法律法规和合同规定,分包单位具有完成分包工程的主体条件。

施工单位需根据合同条款,填写分包工程的名称、工程量、部位、分包工程造价及其占总包合同的百分比,并附分包单位的资质文件等资料。

监理单位主要审查分包单位的资质文件是否齐全、合格、有效,必要时,项目监理机构(建设单位)可会同总承包单位对分包单位进行实地考察,以验证分包单位有关资料的真实性;同时核查分包单位专职管理人员是否落实到位,特种作业人员是否具有合法的资格证、上岗证等。在此基础上,由专业监理工程师填写"符合分包要求"或者"不符合分包要求",然后由项目总监理工程师签认。

表 2-3 分包单位资格报审表

工程名称:××公司新建办公楼及宿舍　　　　编号:01

致四川省××建设工程有限公司(监理单位):

我公司拟选的分包单位××装饰工程有限公司,法人代表×××,可以保证工程按合同文件的规定执行。分包后,我们负责总包责任,请予审查批准。

(1)分包单位资质材料1 份7 张
①营业执照复印件　(1)张
②企业资质证书　(1)张
③有关许可证　(1)张
④本项目施工工长(施工员)证书　(1)张
⑤质量员证书　(1)张
⑥本项目安全员证书　(1)张
⑦项目技术负责人职称证书　(1)张

(2)分包单位企业介绍1 份7 张
①企业介绍　(1)张
②历年承包主要工程介绍　(1)张
③企业主要人员履历表　(4)张
④项目经理证书(建造师)　(1)张

承包单位项目部:(公章)

项目负责人:×××　　　　2013 年 11 月 15 日

分包工程名称	工程量	部位	分包总价	占总包合同价的百分比
装饰工程	××	××	××万	20%
合计	××	××	××万	20%

分包工程的开工日期:2014.07.01
分包工程预计完工日期:2014.08.31

监理工程师审查意见:	监理工程师审核意见:
经审查,该分包单位符合承担装饰工程条件。 签字:××× 2013 年 11 月 17 日	同意进场施工。 项目监理机构:(公章)　签字:××× 2013 年 11 月 17 日

注:本表由施工单位填写,一式三份,送监理单位审查,建设、监理、施工单位各一份。

4)主要工程设备选型报审表

施工单位根据合同约定或设计要求拟购买或拟进场大型工程设备时,需要提交"主要工程设备选型报审表"及设备质量证明文件,供监理单位审核。

"主要工程设备选型报审表"主要适用于进场的大型机械或设备,对于购买的工程设备,需要有厂家的生产许可证，对于已有设备，则需要出具产品合格证、年检报告等能够证明设备性能的材料。监理单位负责审核施工单位提交的资料，必要时对进场的实物按照监理委托合同约定或有关工程质量管理文件规定进行检验。

对于未经专业监理工程师验收或验收不合格的设备，监理工程师应拒绝签认，在审核意见中提出整改措施。

“主要工程设备选型报审表”如表 2-4 所示。

表 2-4 主要工程设备选型报审表

工程名称：××公司新建办公楼及宿舍　　　　编号：01

监理单位四川省××建设工程有限公司：

根据编号为××公司新建办公楼及宿舍设计图纸所要求，需购买下列设备，请予认可。

承包单位项目部（公章）：　　　　项目负责人：×××　　　　2013 年 11 月 13 日

设备名称	挖掘机			
型号	PC200			
规格				
功率				
容量				
最大外形尺寸				
其他技术参数				
生产厂家	日本小松			
出厂日期	2012			

监理工程师审查意见：

所报设备选型符合设计要求，所附资料齐全，同意购买。

项目监理机构：（公章）　　　　专业监理工程师：×××　　　　2013 年 11 月 13 日

注：本表由承包单位填写，一式三份，审核后建设、监理、承包单位各留一份。

5）施工组织设计（方案）报（复）审表

施工组织设计或专项施工方案经施工单位技术负责人或项目技术负责人审查批准后，填写“施工组织设计（方案）报（复）审表”，并将施工组织设计（方案）作为附件一并交由项目监理部审查。

施工组织设计（方案）报（复）审表 PPT

项目监理部依据设计文件、监理合同、现行建设管理相关法规和工程具体情况进行审查。审查一般分为两个环节：首先是专业监理工程师审查，主要是看相关专业技术措施是否得当、施工方案和施工程序安排是否合理、配备的施工机械能否保证质量和进度要求、施工单位是否有实际施工经验等，据此提出审查意见；然后是总监理工程师审查，重点审查项目经理部的组织机构、管理制度和技术措施是否满足施工需要，质量保证体系是否完善，项目经理部人员是否到位且能满足施工需要，施工进度计划是否可行，网络计划的关键线路是否正确，流水施工段的划分是否合理等，并提出审查意见。经总监理工程师审查同意后的施工组织设计或专项施工方案报送建设单位确认。

当施工组织设计或专项施工方案存在问题需要修改时，项目监理部应由总监理工程师签署书面修改意见，退回施工单位修改后再重新报审。原则上，施工单位应按审定的施工组织设计或专项施工方案施工。在施工过程中如需对内容进行调整、补充或重大变更，应该在实施前将其内容书面报送监理项目部，按程序重新审定。

表 2-5 为“施工组织设计(方案)报(复)审表”样表。

表 2-5　施工组织设计(方案)报(复)审表

工程名称：××公司新建办公楼及宿舍　　　　编号：001

致四川省××建设工程有限公司(监理单位)： 现报上××公司新建办公楼及宿舍施工组织设计(方案)(全套、部分)，已经我单位上级技术负责人审查批准，请予审查和批准。 附：施工组织设计(方案) 承包单位项目部：(公章)　　　　项目负责人：××× 项目技术负责人：×××　　　　2013 年 9 月 28 日
专业监理工程师审查意见： 1. 同意☑　2. 不同意　3. 按以下主要内容修改补充 专业监理工程师：××× 2013 年 9 月 30 日
总监理工程师审查意见： 1. 同意☑　2. 不同意　3. 按以下主要内容修改补充 并于__月__日前报来。 项目监理机构：(公章) 总监理工程师：×××　　　　2013 年 9 月 30 日

注：本表由施工单位填写，一式三份，连同施工组织设计一并送项目监理机构审查，建设、监理、施工单位各一份。

6)施工现场质量管理审查记录表

在施工之前，监理单位要审查施工单位项目经理部是否建立、健全现场质量管理体系。施工单位项目经理部在制定了相关管理制度和办法，并且已经通过项目负责人审查和批准后，填写本表，并将前文涉及管理制度和管理办法的纸质文本作为附件一并提交监理单位监理项目部审查。本表中，现场质量管理制度、质量责任制度、主要专业工种操作上岗证书、分包方资质与对分包单位的管理制度、施工组织设计、施工方案及审批、施工技术标准、工程质量检验制度、搅拌站及计量设备、现场材料、设备存放及管理等方面内容，相应资料或文件由施工单位依据建设法规、标准规范、企业制度等编写或收集，并履行相应程序，其中分包方资质及对分包单位的管理制度，根据实际情况填写，无分包单位则不填。施工图审查情况及地质勘察资料则由建设单位提供。

本表填写以后，由项目负责人检查，并报送总监理工程师审查，审查无问题后得出结论，将附件返还施工单位；不合格的，限期改正，否则不许开工。

“施工现场质量管理审查记录表”如表 2-6 所示。

表 2-6　施工现场质量管理审查记录表

编号：2013-001

<table>
<tr><td>工程名称</td><td colspan="2">××公司新建办公楼及宿舍</td><td colspan="2">施工许可证(开工资证)</td><td>5106002010456012</td></tr>
<tr><td>建设单位</td><td colspan="2">四川省××制造有限公司</td><td colspan="2">项目负责人</td><td>×××</td></tr>
<tr><td>设计单位</td><td colspan="2">德阳市××设计有限公司</td><td colspan="2">项目负责人</td><td>×××</td></tr>
<tr><td>监理单位</td><td colspan="2">四川省××建设工程有限公司</td><td colspan="2">总监理工程师</td><td>×××</td></tr>
<tr><td>施工单位</td><td>四川省××建筑有限公司</td><td>项目负责人</td><td>×××</td><td>项目技术负责人</td><td>×××</td></tr>
<tr><td>序号</td><td colspan="2">项　　目</td><td colspan="3">内　　容</td></tr>
<tr><td>1</td><td colspan="2">现场质量管理制度</td><td colspan="3">质量例会制度、三检制度等</td></tr>
<tr><td>2</td><td colspan="2">质量责任制</td><td colspan="3">岗位责任制、技术交底制度等</td></tr>
<tr><td>3</td><td colspan="2">主要专业工种操作上岗证书</td><td colspan="3">有电工、焊工、架子工等证书</td></tr>
<tr><td>4</td><td colspan="2">分包方资质与对分包商的管理制度</td><td colspan="3">分包商资质符合要求，有相应管理制度</td></tr>
<tr><td>5</td><td colspan="2">施工图审查情况</td><td colspan="3">有审查报告和审查批准书 ×××××</td></tr>
<tr><td>6</td><td colspan="2">地质勘察资料</td><td colspan="3">地质勘察报告</td></tr>
<tr><td>7</td><td colspan="2">施工组织设计、施工方案及审批</td><td colspan="3">施工组织设计编审、审核批准手续齐全</td></tr>
<tr><td>8</td><td colspan="2">施工技术标准</td><td colspan="3">有模板、钢筋、混凝土等</td></tr>
<tr><td>9</td><td colspan="2">工程质量检验制度</td><td colspan="3">原材料及施工检验制度、测量复核制度</td></tr>
<tr><td>10</td><td colspan="2">搅拌站及计量设备</td><td colspan="3">有管理制度，计量设施已检验，有控制措施</td></tr>
<tr><td>11</td><td colspan="2">现场材料、设备存放与管理</td><td colspan="3">钢筋、水泥等管理办法</td></tr>
<tr><td>12</td><td colspan="2"></td><td colspan="3"></td></tr>
<tr><td colspan="6">检查结论：
所提供的资料真实、完整。

项目负责人：×××　　　　2013 年 10 月 5 日</td></tr>
<tr><td colspan="6">审查结论：
现场质量管理制度基本完整。

总监理工程师(建设单位项目负责人)：×××　　　　2013 年 10 月 7 日</td></tr>
</table>

注：本表一式三份，连同开工报审表一并报监理机构审查，建设、监理、承包单位各一份。

7)工程开工报审表

施工单位完成“单位工程开工报告”后,填写“工程开工报审表”,并提交项目监理部审查。项目监理部对“单位工程开工报告”及各项准备工作进行检查,以确定是否具备开工条件。

工程开工
报审表 PPT

总监理工程师根据现行建设法规和主管部门的要求,确认应当具备的各项报建手续是否完善、施工图纸是否已经通过审查、劳动力是否按计划就绪、机构设备是否安装到位且处于良好状态、管理人员是否到位、组织机构及管理制度是否健全等。

对于涉及结构安全或对工程质量产生较大影响的分包工程,分包单位应填写本表并经总包单位签署意见后报总监理工程师批准,如表 2-7 所示。

表 2-7　工程开工报审表

工程名称:××公司新建办公楼及宿舍　　　　编号:2013-001

致四川省××建设工程有限公司(监理单位): 我方承担的××公司新建办公楼及宿舍工程,已完成以下各项工作: ①施工组织设计(方案)已审批 ☑ ②劳动力按计划已就绪 ☑ ③机械设备已就绪 ☑ ④管理人员全部到位 ☑ ⑤开工前各种手续已办妥(见附件) ☑ ⑥质量管理、技术管理制度已制定 ☑ ⑦智能建筑质量保证、技术措施已制定 ☑ 附:开工报告 特此申报开工,请批准。 承包单位:(公章) 项目负责人:×××　　2013 年 10 月 6 日
总监理工程师审查意见: 同意开工。 项目监理机构:(公章) 总监理工程师:×××　　2013 年 10 月 6 日

注:本表由施工单位填写,一式三份,建设、监理、施工单位各一份。

单元二自测题及答案

单元三　施工阶段资料的收集与编制

【学习目标】

①掌握施工阶段土建资料和安装资料的收集与编制；

②熟悉施工阶段的监理资料和安全资料。

3.1　土建资料的收集与编制

3.1.1　土建施工管理资料

土建施工管理资料目录如表3-1所示。

表3-1　土建施工管理资料目录

序号	资料名称	保存单位	备注
1	工程概况表	建设、施工、监理、城建档案馆	
2	施工现场质量管理检查记录	施工、监理	本节略
3	企业资质证书及相关专业人员岗位证书	建设、施工、监理、城建档案馆	本节略
4	分包单位资格报审表	建设、施工、监理	本节略
5	建设单位质量事故勘察记录	建设、施工、监理、城建档案馆	本节略
6	施工日志	施工	
7	见证试验检测汇总表	建设、施工、监理、城建档案馆	
8	工程质量事故报告	建设、施工、监理、城建档案馆	
9	施工检测计划	建设、施工、监理	本节略

1)工程概况表

“工程概况表”是每个工程都必须填写的表格。本表主要描述工程名称、地址、项目各个主要参与方以及结构类型、规模、开竣工时间等基本情况，据实填写即可。表3-2为××公司新建办公楼及宿舍工程的工程概况表。

工程概况表
微课

工程概况表
PPT

表3-2　工程概况表

（建筑工程类）

建设单位：四川××制造有限公司　　填写人：×××　　2013年11月15日

工程名称	××公司新建办公楼及宿舍
工程地址	四川省××市永定河路与天台山路交汇处西北角

续表

<table>
<tr><td rowspan="9">参建相关单位情况</td><td>建设单位</td><td>四川××制造有限公司</td><td>施工单位</td><td>四川省××建筑有限公司</td></tr>
<tr><td>勘察单位</td><td>××市××地质勘察公司</td><td>监理单位</td><td>四川省××建设工程有限公司</td></tr>
<tr><td>设计单位</td><td>××市××设计有限公司</td><td>图审单位</td><td>四川省××市××施工图审查中心</td></tr>
<tr><td colspan="2">地基检测单位</td><td colspan="2">四川省××岩土工程检测公司</td></tr>
<tr><td colspan="2">沉降变形观测单位</td><td colspan="2">四川省××岩土工程检测公司</td></tr>
<tr><td colspan="2">常规检测单位</td><td colspan="2">四川省××建设工程检测公司</td></tr>
<tr><td colspan="2">地基处理施工单位</td><td colspan="2"></td></tr>
<tr><td colspan="2">桩基础施工单位</td><td colspan="2"></td></tr>
<tr><td colspan="2">其他分包单位</td><td colspan="2"></td></tr>
<tr><td rowspan="10">一般情况</td><td>规划许可证号</td><td>××市地字第510600201500007号</td><td>施工许可证号</td><td>5106002010456012</td></tr>
<tr><td>质量安全监督证号</td><td>××××××</td><td>施工图审查批准书号</td><td>××××××</td></tr>
<tr><td>开工时间</td><td>2013.10.07</td><td>竣工时间</td><td>2014.11.13</td></tr>
<tr><td>总建筑面积</td><td>909.7 m^2</td><td>地下室面积</td><td>0 m^2</td></tr>
<tr><td>结构类型</td><td>框架</td><td>基础类型</td><td>独立基础</td></tr>
<tr><td>层数</td><td>地上三层,局部层,地下零层</td><td>层高/总高</td><td>3.6 m/10.65 m</td></tr>
<tr><td>人防等级</td><td></td><td>柱距/跨度(厂房)</td><td></td></tr>
<tr><td colspan="2">电梯、自动扶梯及人行道</td><td colspan="2"></td></tr>
<tr><td colspan="2">抗震等级及设防烈度</td><td colspan="2">结构抗震等级三级,设防烈度7度</td></tr>
<tr><td rowspan="10">构造特征</td><td colspan="2">地基与基础</td><td colspan="2">柱下独立基础</td></tr>
<tr><td colspan="2">柱、内外墙</td><td colspan="2">柱混凝土强度等级为C30,墙体采用页岩空心砖和多孔砖</td></tr>
<tr><td colspan="2">梁、板、楼梯</td><td colspan="2">梁、板、楼梯混凝土强度等级为C30</td></tr>
<tr><td colspan="2">外墙保温体系</td><td colspan="2">保温材料为中空玻化微珠保温砂浆</td></tr>
<tr><td colspan="2">外墙装饰</td><td colspan="2">饰面砖</td></tr>
<tr><td colspan="2">内墙装饰</td><td colspan="2">业主自理</td></tr>
<tr><td colspan="2">楼地面装饰</td><td colspan="2">地面砖</td></tr>
<tr><td colspan="2">屋面防水及保温构造</td><td colspan="2">聚合物防水涂料</td></tr>
<tr><td colspan="2">窗的保温措施</td><td colspan="2">铝合金中空玻璃</td></tr>
<tr><td colspan="2">防火设备</td><td colspan="2">消火栓、灭火器</td></tr>
<tr><td colspan="3">建筑给排水、采暖、电气安装及智能建筑系统的简要说明</td><td colspan="2">室内给水由室外给水管道直接供给,污水排至室外污水管网</td></tr>
<tr><td>其他</td><td colspan="4">(填写施工过程中的整改维修情况和获奖情况)</td></tr>
</table>

2)施工日志

施工日志 PPT

①施工日志也称施工日记，是对工程施工过程中有关组织管理、施工技术等施工活动和现场情况变化的原始记录。

②施工日志是编制其他施工资料的重要依据，是处理施工问题的备忘录，是总结施工管理经验的基本素材，也是工程档案备案的重要组成部分。

③施工日志一般包括如下内容。

a. 基本内容，包括日期、星期、气象（按上午和下午分别记录）、平均温度（可记为××～×× ℃）、施工部位（将分部分项工程名称和轴线、楼层等写清楚）、出勤人数（一般写总人数和各工种人数）、操作负责人等。

b. 工作内容，包括当日的施工内容及实际完成情况，现场会议的主要内容，各级领导和各部门对现场质量、安全等方面的检查意见和决定，建设、监理对施工提出的要求及采纳实施情况。

c. 检验内容，包括隐蔽工程验收、试块制作及材料的进场验收和送检情况。

d. 检查内容，包括常规的质量、安全、文明施工等的检查情况及其问题处理措施。

e. 其他内容，如设计变更、技术核定通知及其执行情况，技术交底情况，停水、停电、停工情况，其他突发状况等。

④施工日志的填写应注意以下事项。

a. 施工日志一般以单位工程为记载对象，但是如果施工单位只是分包局部工程，那么也可以以分部工程或施工工区（班组）为记载对象。

b. 施工日志可以采用计算机录入、打印，也可以按规定样式手工填写，并装订成册，但是必须保证字迹清晰。

c. 施工日志的记录应保证及时、准确、内容真实，并完整地记录当日的施工活动情况。

d. 施工日志的记录还应具有连续性和可追溯性。连续性是指时间上应记录从工程开工到竣工之间的所有活动，不得间断，如下雨停工、春节放假等均应有所表述；可追溯性是指内容上对日志中由于条件或技术原因当天不能解决或遗留的问题，后面的记录中应有交代，不能出现“悬而不决”的情况。

e. 施工日志应由记录人签字。

表 3-3 为××公司新建办公楼及宿舍工程的施工日志。

表 3-3 施工日志

<table>
<tr><td>日期</td><td>2014.01.25</td><td>星期</td><td colspan="2">星期六</td><td rowspan="2">平均气温</td><td colspan="2">气象</td></tr>
<tr><td rowspan="2">施工部位</td><td colspan="2" rowspan="2">一层柱梁板</td><td>出勤人数</td><td>操作负责人</td><td>上午</td><td>下午</td></tr>
<tr><td>10</td><td>×××</td><td>5 ℃</td><td>阴</td><td>阴转晴</td></tr>
<tr><td colspan="8">施 工 内 容</td></tr>
<tr><td colspan="8">1. 今天施工部位为主体一层柱、梁、板、楼梯的混凝土浇筑。
2. 今天进场一批钢筋，由现场监理人员按规范进行了见证取样，并立即送到了专业检测公司进行检测。
3. 公司质量安全处对工地进行了全面检查，主要针对目前现场材料堆入、主体混凝土质量提出了具体要求。详细内容见会议纪要。</td></tr>
</table>

续表

4.劳动力安排情况： ①3 名钢筋工进行钢筋的调直、除锈工作； ②5 名混凝土工浇筑一层主体混凝土； ③2 名普工转运材料、清扫现场道路。			
工长	×××	记录员	×××

注：本表由施工单位留存，规范有要求的检验批应将该记录存档。

3)见证试验检测汇总表

根据我国现行施工质量验收规范的规定，凡涉及安全、主要使用功能、节能、环保等的有关物资在进场验收合格后，应按工程施工质量验收规范及相关规定进行复试或见证取样送检，并有相应的检验报告，即见证取样检测报告。所有的见证取样检测报告都需要进行汇总，填写“见证试验检测汇总表”。

见证试验检测汇总表微课

见证试验检测汇总表 PPT

所谓见证取样送检，是指在建设单位或工程监理单位人员的见证下，由施工单位的现场试验人员对工程中涉及结构安全、主要使用功能、节能、环保等的试块、试件和材料在现场取样，并送至经过省级以上建设行政主管部门对其资质认可和质量技术监督部门对其计量认证的质量检测单位(以下简称“检测单位”)进行检测。

表 3-4 为××公司新建办公楼及宿舍工程的“见证试验检测汇总表”。

表 3-4　见证试验检测汇总表

工程名称	××公司新建办公楼及宿舍工程		编号	001
			填表日期	2014.10.29
建设单位	四川××制造有限公司		检测单位	×××检测公司
监理单位	四川省××建设工程有限公司		见证人员	×××
施工单位	四川省××建筑有限公司		取样人员	×××
试验项目	应试验组/次数	见证试验组/次数	不合格次数	备注
钢筋力学性能	9	9	0	
砌筑砂浆抗压强度	5	5	0	
混凝土立方体抗压强度	5	5	0	
钢筋焊接性能	9	10	1	
制表人 （签字）				

注：填写“见证试验检测汇总表”时，应注意以下问题。

①本表一般在单位工程完工后，竣工验收前，汇总填写完整。

②表中的“试验项目”是指按规定应进行见证取样的某一检验项目；“应试验组/次数”是指按规定应送检的总次数；“见证试验组/次数”是指实际试验的次数。

4)工程质量事故报告

住房和城乡建设部《关于做好房屋建筑和市政基础设施工程质量事故报告和调查处理工作的通知》(建质〔2010〕111 号)作出如下规定。

工程质量事故报告 PPT

①工程质量事故，指由于建设、勘察、设计、施工、监理等单位违反工程质量有关法律法规和工程建设标准，使工程产生结构安全、重要使用功能等方面的质量缺陷，造成人身伤亡或者重大经济损失的事故。

②根据工程质量事故造成的人员伤亡或者直接经济损失，工程质量事故分为 4 个等级：

a.特别重大事故，是指造成 30 人以上死亡，或者 100 人以上重伤，或者 1 亿元以上直接经济损失的事故；

b.重大事故，是指造成 10 人以上 30 人以下死亡，或者 50 人以上 100 人以下重伤，或者 5 000 万元以上 1 亿元以下直接经济损失的事故；

c.较大事故，是指造成 3 人以上 10 人以下死亡，或者 10 人以上 50 人以下重伤，或者 1 000万元以上 5 000 万元以下直接经济损失的事故；

d.一般事故，是指造成 3 人以下死亡，或者 10 人以下重伤，或者 100 万元以上 1 000 万元以下直接经济损失的事故。

本等级划分所称的“以上”包括本数，所称的“以下”不包括本数。

③工程质量事故发生后，事故现场有关人员应当立即向工程建设单位负责人报告；工程

建设单位负责人接到报告后，应于 1 h 内向事故发生地县级以上人民政府住房和城乡建设主管部门及有关部门报告。情况紧急时，事故现场有关人员可直接向事故发生地县级以上人民政府住房和城乡建设主管部门报告。

鉴于上述规定，工程质量事故发生后，施工单位应立即填写“工程质量事故报告”，并分别递交给建设、监理、质量监督机构。

④“工程质量事故报告”的填写要求如下：

a. 本表中事故发生的时间及部位应详细准确，估计的经济损失为初步估计的直接经济损失；

b. 伤亡人数应分别按轻伤、重伤、死亡人数填写；

c. 在工程事故发生后，施工单位应及时、如实填写本表，不得隐瞒，并采取必要的措施防止事故扩大。

表 3-5 所示的“工程质量事故报告”只适于施工单位填报，建设单位填报的“工程质量事故报告”从表格内容到表格格式均与表 3-5 不同。

表 3-5　工程质量事故报告

<table>
<tr><td>工程名称</td><td></td><td>工程地点</td><td colspan="2"></td></tr>
<tr><td>结构类型</td><td></td><td>面积/高度</td><td colspan="2"></td></tr>
<tr><td>建设单位</td><td colspan="4"></td></tr>
<tr><td>施工单位</td><td colspan="2"></td><td>资质等级</td><td></td></tr>
<tr><td>项目负责人</td><td></td><td>资质等级</td><td colspan="2"></td></tr>
<tr><td>事故发生
时间及部位</td><td colspan="4"></td></tr>
<tr><td>估计经济损失</td><td></td><td>伤亡人数</td><td colspan="2"></td></tr>
<tr><td>事故情况
及初步分析
的主要原因</td><td colspan="4"></td></tr>
<tr><td>应急措施及
事故处理情况</td><td colspan="4"></td></tr>
<tr><td colspan="5">施工单位：(公章)

负责人：</td></tr>
</table>

注：此表由施工单位报建设单位、监理单位、质量监督机构。

3.1.2　土建施工技术资料

土建施工技术资料目录如表 3-6 所示。

表 3-6　土建施工技术资料目录

序号	资料名称	保存单位	备注
1	施工组织设计(方案)报(复)审表	建设、施工、监理	本节略
2	施工组织设计及施工方案	建设、施工、监理、城建档案馆	本节略
3	危险性较大的分部分项工程施工方案	建设、施工、监理	本节略
4	技术交底记录	建设、施工	
5	图纸会审记录	建设、设计、施工、监理、城建档案馆	本节略
6	工程变更单	建设、设计、施工、监理、城建档案馆	
7	设计变更单	建设、设计、施工、监理、城建档案馆	
8	技术核定单	建设、设计、施工、监理、城建档案馆	
9	工程联系函	建设、设计、施工、监理、城建档案馆	

1)技术交底记录

技术交底记录
PPT

技术交底制度是我国项目管理中非常重要的一项管理制度,必须严格执行。技术交底是在某一单位工程开工前,或一个分项工程施工前,由相关专业人员向参与施工的管理人员或操作人员进行的技术性交代,其目的是使参与施工的管理人员或操作人员熟悉和了解所承担的工程项目的特点、设计意图、技术要求、施工工艺以及其他应注意的问题。

①技术交底应从企业到施工现场的操作工人逐层进行。重点工程和大型、复杂的工程,应由企业技术负责人对有关科室工程技术负责人进行技术交底,工程技术负责人对项目部技术负责人进行技术交底,项目部技术负责人对各专业工长交底,专业工长对班组长按工种进行分部分项工程技术交底,班组长对工人进行技术交底。

②技术交底的内容和深度要有针对性,力求全面、明确、及时,并突出重点,切忌泛泛而谈、千篇一律。按照工程施工的难易程度、建筑物的规模、结构的复杂程度等情况,在不同层次的人员范围内进行的技术交底,其交底的内容与深度也各不相同。

③技术交底应符合设计图纸、技术规程、施工验收规范、施工组织设计等的要求。

④技术交底的形式一般包括口头讲解、书面形式;对于采用新材料、新技术、新工艺、新设备或者比较复杂的部位,应进一步制作样板,或进行示范操作。

⑤技术交底结束后,填写“技术交底记录”,并由交底人和接受交底人签字确认方为有效。

⑥技术交底根据其内容的侧重点不同可以分为施工技术交底和安全技术交底。

a. 施工技术交底的内容一般包括工程概况与特点,主要施工方法,关键性的施工技术及实施中存在的问题,特殊工程部位的技术处理细节及注意事项,新技术、新工艺、新材料、新结构施工技术要求与实施方案及注意事项,进度要求、施工部署、施工机械、劳动力安排与组织,总包与分包单位之间互相协作配合关系及有关问题的处理,施工质量标准、必要的安全技术要求等。

b. 安全技术交底的内容一般包括本工程的施工特点及危险源、针对危险源的预防措施、安全注意事项、安全操作规程和标准、发生安全事故后的应急措施、季节性安全技术措施等。

对特种作业工人必须进行安全技术交底。

表3-7为××公司新建办公楼及宿舍工程的技术交底记录。

表3-7 技术交底记录

<table>
<tr><td>工程名称</td><td>××公司新建办公楼及宿舍</td><td>分项工程</td><td>土方开挖</td></tr>
<tr><td>交底部位</td><td>基础土方</td><td>交底日期</td><td>2014.04.25</td></tr>
<tr><td colspan="4">交底内容：
1)施工准备
①本工程采用机械开挖，挖土机械为反铲挖掘机(DH220)2台(斗容量1.2 m^3)，配合自卸汽车6台进行运输。
②开挖前，先布置好轴线控制网，控制好主要轴线，按图放好基坑四周边线。
2)操作工艺
(1)工艺流程
定位放线→放挖土灰线→开挖基坑土方→复线→修边检底→地基验槽。
(2)开挖方法
本工程基坑土方开挖顺序为①轴至⑦轴。先采用反铲挖土机械开挖至－1.15 m处，再采用小型机械挖至距设计深度0.3 m处，最后采用人工检底至设计深度，并及时验槽，浇筑混凝土垫层，防止雨水对地基土的侵蚀。
挖土机沿着基坑(槽)的一侧移动，自卸汽车在另一侧装运土。土方开挖从上到下分层进行。挖土机沿挖方边缘移动时，机械距离边坡上缘的宽度不得小于基坑(槽)深度的1/2。
土方开挖放坡系数定为1∶0.3，工作面为300 mm，并视土质情况加支撑。
基坑禁止超挖扰动基底，挖好后及时组织验槽(坑)，浇筑混凝土垫层，防止基底土受到扰动和浸泡，并做好基坑隐蔽验收记录，开挖后，若不能达到承载力标准，应及时通知设计单位调整基础设计。
土方开挖过程中测量放线员跟班作业，严格控制开挖范围及标高。标高按龙门板上标高往下算出沟底标高，当挖土接近设计标高时，再从两端龙门板下面的沟底标高上返500 mm为基准点，拉小线用尺检查沟底标高，最后修整沟底。
基坑槽的直立墙和坡度，在开挖过程和敞露期间应防止塌方，必要时应加以保护。
沿基坑四周做好临时排水沟，防止雨水流入基坑内影响施工安全和浸泡地基，必要时在坑底设集水坑，及时抽排。
弃土暂时堆放在场内规定地点，禁止在坑四周5 m内堆放。可在内庭空地处堆放一部分回填需用土方。
3)质量标准(略)
4)成品保护(略)
5)土方开挖的注意事项(略)</td></tr>
<tr><td>交底人签字</td><td>×××</td><td>接受人签字</td><td>×××</td></tr>
</table>

2)工程变更

工程变更是指在合同实施过程中,当合同状态改变时,为保证工程顺利实施所采取的对原合同文件的修改与补充,相应地调整合同价格和工期的一种措施。所谓合同状态,指的是合同条件、工作范围与合同价格、工期和施工条件三者之间相互协调、相互制约、相互依存的一种状态。

工程变更的要求可能来自建设单位(如增减工程、材料变更、改变使用功能、改变细部做法等)、监理单位(如根据工地现场的具体情况及环境的变化,本着节约成本、加快进度、保证工程质量的原则,提出工程变更)、设计单位(如设计错误、缺漏或改变做法等)或施工单位(如发现设计错误、尺寸矛盾、材料代换等)。根据工程变更的范围和提出单位的不同,工程中可能会用到工程变更单、设计变更单和技术核定单。

(1)工程变更单

工程变更资料微课　　工程变更资料PPT

根据我国《建设工程施工合同》(示范文本)(GF-2017-0201)规定,发包人和监理人均可以提出变更。变更指示(即工程变更单)均通过监理人发出,监理人发出变更指示前应征得发包人同意。承包人收到经发包人签认的变更指示后,方可实施变更。未经许可,承包人不得擅自对工程的任何部分进行变更。涉及设计变更的,应由设计人提供变更后的图纸和说明。

发包人提出变更的,应通过监理人向承包人发出变更指示,变更指示应说明计划变更的工程范围和变更的内容。监理人提出变更建议的,需要向发包人以书面形式提出变更计划,说明计划变更工程范围和变更的内容、理由,以及实施该变更对合同价格和工期的影响。发包人同意变更的,由监理人向承包人发出变更指示。发包人不同意变更的,监理人无权擅自发出变更指示。

(2)设计变更单

设计变更是指对原施工图纸和设计文件中所表达的设计标准状态的修改、完善和优化。设计变更仅包含由于设计工作本身的漏项或错误等原因而修改、补充原设计的技术资料,是施工图纸的组成部分,也是编制竣工图纸的依据。一般设计单位为发文单位。

(3)技术核定单

对于施工单位提出的工程变更,例如,由于设计图纸未明确、图纸相互有不吻合的地方或按设计施工有难度,需要对原设计内容进行补充或修改等技术问题,一般采用技术核定单。技术核定单是对施工中遇到的技术问题的书面确认文件,在技术核定单中要写明修改的原因和具体内容。

值得注意的是,在施工过程中,非图纸设计原因而发生的对原设计图纸的变更均须办理技术核定单。技术核定单属于施工技术资料,而非经济资料,因而不能作为办理竣工增减结算的直接依据。如果技术核定单的内容会造成工期延长或价格增减的,须由相关单位(包括承包人和发包人)在核定内容实施完成后,根据技术核定单的内容,另行办理相应的签证单予以确认。缺少对应签证单的技术核定单,无论其内容如何,均视为其相关费用已包括在合同承包总价范围内,不得再另行办理竣工增减结算。

技术核定单微课

表3-8为××公司新建办公楼及宿舍工程的技术核定单。

表 3-8 技术核定单

<table>
<tr><td>提出单位</td><td>四川省××建筑有限公司</td><td>施工图号
（或部位）</td><td>楼梯间平台</td></tr>
<tr><td>工程名称</td><td>××公司新建办公楼及宿舍</td><td>核定性质</td><td></td></tr>
<tr><td>核定内容</td><td colspan="3">应甲方要求：
①办公楼及宿舍(1＃楼)楼梯间 1～3 层平台处增加 200 mm 厚的墙体及铝合金普通中空玻璃窗。具体尺寸和做法详见附页 1 上的附图。
②二层、三层阳台处增加 200 mm 厚窗台及铝合金普通中空玻璃窗。具体尺寸和做法详见附页 2 上的附图。
注册建造师(项目经理)：×××
技术负责人：×××
日期：×××</td></tr>
<tr><td>监理（建设）单位意见</td><td colspan="3">同意以上核定内容
签字：×××
日期：×××</td></tr>
<tr><td>设计单位意见</td><td colspan="3">同意以上核定内容
签字：×××
日期：×××</td></tr>
</table>

注：本表一式五份，建设单位、监理单位、设计单位、施工单位、城建档案馆各一份。

(4)工程联系函

与工程变更有关的另一种文件是工程联系函。工程联系函是参与工程建设的各方，如建设单位、设计单位、监理单位、施工单位、材料设备供应商等，在工程建设过程中，为协调处理各种工程事件，单方出具的书面联系文书。一般由出具方签字盖章后，向有关单位发文。

工程联系函通常使用在不会产生工程费用或直接产生严重后果的场合，比如通知承包人来开会或者通知停水停电、提醒注意节假日的工作安排等。但工程联系函也可能会通知产生费用的项目，比如上级领导要来视察，通知承建商“清水洒街”，这显然要产生费用，但此时的工程联系函仍仅产生“通知”效用，费用的确认与获得必须经过“工程签证”才会被确认。

没有走后面的流程，视为承包人没有费用要求，而不论是否产生了费用。因此，工程联系函的内容仅作为联系工作的情况表述，不作为最终事实的确认，如其内容实际上已经成为施工事实的，须另行办理签证单予以确认；如其内容涉及设计变更的，须按规定另行办理设计变更单或者技术核定单。工程联系函既不作为工程事实确认的依据，也不能作为办理竣工增减结算的依据。

进度造价资料
PPT

3.1.3　进度造价资料

进度造价资料目录如表3-9所示。

表3-9　进度造价资料目录

序号	资料名称	保存单位	备注
1	工程开工报审表	建设、设计、施工、监理、城建档案馆	本节略
2	工程复工报审表	建设、设计、施工、监理、城建档案馆	本节略
3	工程施工进度计划报审表	施工、监理	本节略
4	施工进度计划	施工、监理	
5	人、机、料动态表	施工、监理	本节略
6	工程延期申请表	建设、设计、施工、监理、城建档案馆	本节略
7	月完成工程量报审表	建设、施工、监理	本节略
8	月付款报审表	建设、施工、监理	本节略
9	工程变更费用申请表	建设、施工、监理	本节略
10	费用索赔申请表	建设、施工、监理	本节略
11	现场签证（技术、经济签证核定单）	建设、施工、监理	

1）施工进度计划

在工程施工过程中，除了总进度计划以外，还有月、旬、周进度计划。进度计划的表示方法有横道图和网络图。进度计划在执行之前要报监理工程师审批。

2）技术、经济签证核定单

技术、经济签证核定单在很多地方又叫现场签证，是指发包人现场代表（或其授权的监理人、工程造价咨询人）与承包人现场代表就施工过程中涉及的责任事件所作的签认证明。

①承包人应发包人要求完成合同以外的零星项目、非承包人责任事件等工作的，发包人应及时以书面形式向承包人发出指令，并应提供所需的相关资料；承包人在收到指令后，应及时向发包人提出现场签证要求。

经签认的现场签证常作为施工索赔资料和结算资料。

②现场签证的范围如下：

a. 适用于施工合同范围以外零星工程的确认；

b. 在工程施工过程中发生变更后需要现场确认的工程量，如果是由设计变更导致的，需要注明设计变更编号；

现场签证的
范围微课

c. 非施工单位原因导致的人工、设备窝工及有关损失；

d. 符合施工合同规定的非施工单位原因引起的工程量或费用增减，如场地条件、地质水文、发包人要求不一致等原因；

e.确认修改施工方案引起的工程量或费用增减;

f.工程变更导致的工程施工措施费增减等。

值得注意的是零星用工、机械台班的签证。在工程签证中,原则上不以零工、台班形式出现,如因特殊原因产生零工或机械台班,必须经建设单位相关负责人同意后方可进行签证。

③现场签证的程序。

《建设工程工程量清单计价规范》(GB 50500—2013)第9.14条规定如下。

a.承包人应在收到发包人指令后的7 d内向发包人提交现场签证,发包人签发签证单后施工。

b.发包人应在收到现场签证报告后的48 h内对报告内容进行核实,予以确认或提出修改意见。发包人在收到承包人现场签证报告后的48 h内未确认也未提出修改意见的,应视为承包人提交的现场签证报告已被发包人认可。

c.现场签证工作完成后的7 d内,承包人应按照现场签证内容计算价款,报送发包人确认后,作为增加合同价款,与进度款同期支付。

④技术、经济签证核定单填写的注意事项。

a.技术、经济签证核定单产生的原因有很多,如技术核定单产生的签证、工程联系单产生的签证和其他现场原因直接产生的签证等。

b.虽然《建设工程工程量清单计价规范》(GB 50500—2013)规定需要先签证后施工,但是在实际工程中,技术、经济签证核定单往往在其表述内容施工完成,并经过现场收方后方可办理。

c.技术、经济签证核定单属于经济资料,而不是技术资料,其内容不能作为编制竣工图纸的依据。技术、经济签证核定单须经发包人和承包人分别签字盖章后方能生效,监理单位作为见证方签字盖章予以见证。

d.技术、经济签证核定单中的工作如已有相应的计日工单价,签证中应列明完成该类项目所需的人工、材料、工程设备和施工机械台班的数量;若签证的工作没有相应的计日工单价,应在签证中列明完成该签证工作所需的人工、材料、工程设备和施工机械台班的数量及单价。

e.一旦有费用事项发生,不论是由于执行工程联系单产生的,或现场条件遇到地下障碍,还是管理方面的原因,承包人都应该填写技术、经济签证核定单,向发包人及其监理工程师申报,经审批同意后,对工程签证事实的工程量进行确认。

f.工程量确认后,还不能直接据此进行结算,还需要根据确定的工程量,重新进行价款事项的审核确认。在发包人内部,这一工作一般由造价部进行,审核结果报发包人公司领导签字确认后,以公司确认的形式,向承包人确认已签证工程的价款。

表3-10为××公司新建办公楼及宿舍工程的技术、经济签证核定单。

表3-10　技术、经济签证核定单

受文单位:四川××制造有限公司　　　编号:第01号　　　共1页 第1页

工程名称或编号	××公司新建办公楼及宿舍	施工单位	四川省××建筑有限公司
分部分项工程名称	混凝土工程	图纸编号	
核定内容	增加××附属房门口的混凝土台阶		

续表

<table>
<tr><td colspan="3">×年×月×日接设计变更通知，增加××附属房门口的混凝土台阶。该变更已于×年×月×日施工完毕，工程量经现场收方确认，发生如下签证：
现场确认工程量，混凝土×× m^3；单价采用原合同单价，××元/m^3，发生的费用共××元。
附：①××设计变更通知单(编号××)。
②台阶尺寸图。</td></tr>
<tr><td>受文单位签证：
以上签证内容属实，同意按此签证办理进行款项支付和办理工程结算。
×年×月×日</td><td>建设单位现场代表：
同意按此签证办理。
×年×月×日</td><td rowspan="2">监理工程师(注册方章)：
经查实，以上签证内容属实，同意按此签证办理工程进度款支付和办理工程结算。
×年×月×日</td></tr>
<tr><td>填表人：(签字)
×××
×年×月×日</td><td>项目技术负责人：(签字)
×××
×年×月×日</td></tr>
</table>

注：本表一式四份，建设单位、施工单位、监理单位、城建档案馆各一份。

3.1.4　土建施工物资资料

土建施工物资资料PPT

工程物资主要包括建筑材料、成品、半成品、构配件、设备等。施工物资资料是反映工程所用物资质量和性能指标等的各种证明文件和相关配套文件的统称。土建施工物资资料目录如表3-11所示。

表3-11　土建施工物资资料目录

序号	资料名称	保存单位	备注
1	砂、石、砖、水泥、钢筋、隔热保温、防腐材料、轻骨料出厂证明文件	建设、施工、监理、城建档案馆	
2	其他物资出厂合格证、质量证明书、检测报告、报关单或商检证等	建设、施工、监理	
3	材料和设备的相关检验报告、形式检验报告、3C强制认证合格证书或3C标志	建设、施工、监理	本节略
4	主要设备、器具的安装使用说明书	建设、施工、监理	本节略
5	进口的主要材料和设备的商检证明文件	建设、施工、监理	本节略

续表

序号	资料名称	保存单位	备注
6	涉及消防、安全、卫生、环保节能的材料和设备的检测报告或法定机构出具的有效证明文件	建设、施工、监理、城建档案馆	本节略
7	材料、构配件进场检验记录	施工、监理	
8	其他施工物资(如装饰装修、钢结构等)产品合格证、出厂检验报告		本节略

3.1.4.1 施工物资资料管理流程

施工物资资料管理流程如图 3-1 所示。

简言之,施工物资资料的管理要经历收集(包含进场验收与抽样检验两个环节)、报审、汇总三个环节。

物资资料的管理流程微课　　物资资料的汇总与整理 PPT

3.1.4.2 施工物资的进场验收

①主要材料、半成品、成品、构配件、器具、设备等进场后应进行进场验收,验收合格后施工单位填写进场检验记录,连同出厂质量证明文件一起报监理单位验收。

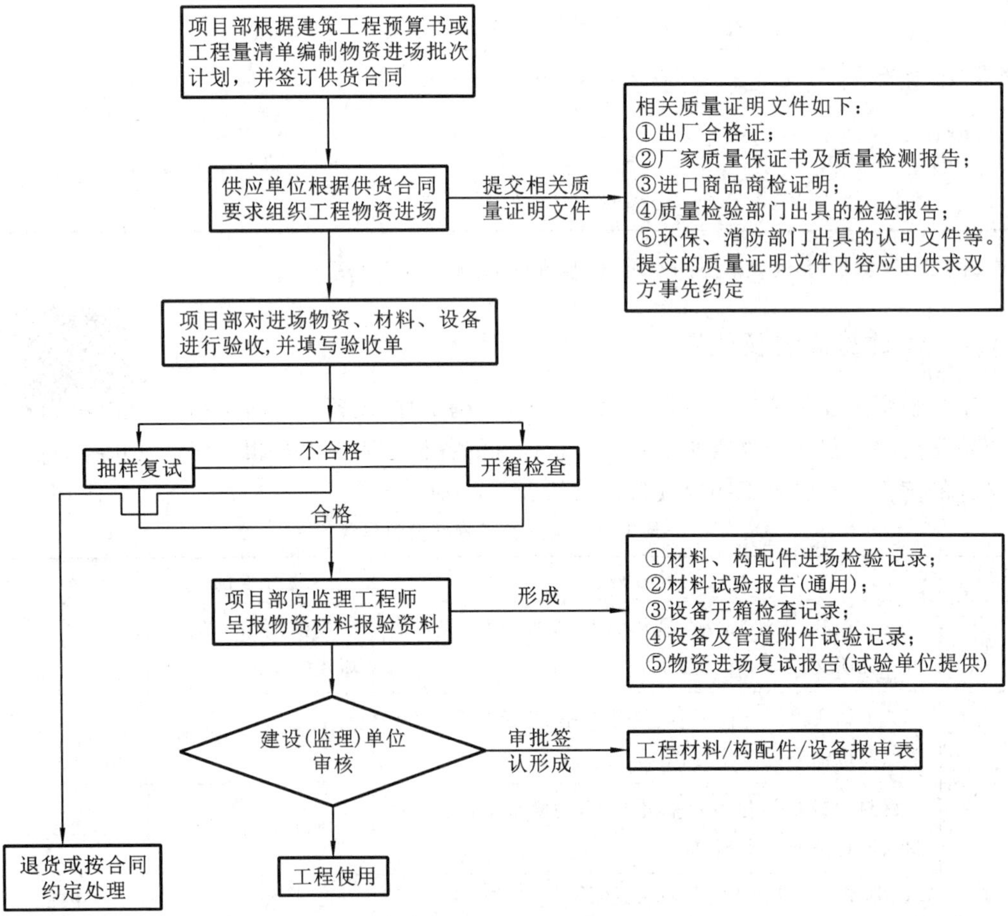

图 3-1　施工物资资料管理流程

②进场验收的主要检验项目如下：

a. 物资出厂质量证明文件及检验报告是否齐全；

b. 实际进场物资数量、规格和型号等是否满足设计和施工计划要求；

c. 物资外观质量是否满足设计要求或规范规定；

d. 按规定须抽检的材料、构配件是否及时抽检等。

③涉及安全、主要使用功能、节能、环保等的有关物资在进场验收合格后，应按工程施工质量验收规范及相关规定进行复试或见证取样送检，并有相应的试验（检验）报告。

3.1.4.3　物资资料收集的基本要求

①施工物资均应有出厂质量证明文件（产品合格证、质量合格证、检验报告、试验报告、产品生产许可证和质量保证书等）。质量证明文件应反映工程物资的品种、规格、数量、性能指标等，并与实际进场物资相符。

②当无法或不便提供质量证明文件的原件时，复印件亦可。但是质量证明文件的复印件应与原件内容一致，加盖原件存放单位公章（必须是鲜章），注明原件存放处和时间，并应由经办人签字。

③涉及结构安全、使用功能、节能、环保的材料需要代换且改变了设计要求时，应有设计单位签署的认可文件。

④涉及安全、使用功能、节能、环保的物资应有具备相应资质等级的检测单位的检测报告。

⑤凡使用了新材料、新产品的，均应由具备鉴定资格的单位或部门出具鉴定证书，同时具有产品质量标准和试验要求，使用前应按其质量标准和试验要求进行试验或检验。新材料和新产品还应提供安装、维修、使用和工艺标准等相关技术文件。

⑥进口的材料和设备应有进口商检证明文件（国家认证委员会公布的强制性认证[CCC]产品除外）、中文版的质量证明文件、性能检测报告以及中文版的安装、维修、使用、试验要求等技术文件。

⑦同一单位工程、同种材料、同厂家、同规格型号、同一进场批次应收集至少一套出厂质量证明文件，进场复试报告的套数根据该种材料的复试检验批数量确定。

3.1.4.4　物资资料的分级管理

如果施工单位直接向厂家采购原材料，则物资资料一般不需要分级管理；但是如果施工单位直接向中间加工单位（如商品混凝土站）购买半成品或成品材料，物资资料就应进行分级管理。

(1)分级管理的原则

供应单位或者加工单位负责收集、整理、保存所供物资原材料的质量证明文件的原件，施工单位则需要收集、整理、保存供应单位或加工单位提供的质量证明文件（可能包括原材料的质量证明文件和成品、半成品合格证原件）和进场后进行的试验（检验）报告。各单位应对各自范围内工程资料的汇集、整理结果负责，并保证工程资料的可追溯性。

(2)钢筋资料的分级管理

钢筋采用场外委托加工形式时，加工单位应保存钢筋的原材出厂质量证明、复试报告、接头连接试验报告等资料，并保证资料的可追溯性；加工单位必须向施工单位提供“半成品钢筋出厂合格证”，半成品钢筋进场后施工单位还应进行外观质量检查，在对质量产生怀疑或有其他约定时，可进行力学性能和工艺性能的抽样复试，并有相应的试验报告。

采用现场自加工时,施工单位应收集整理上述资料中除"半成品钢筋出厂合格证"之外的所有资料。

(3)混凝土、砂浆资料的分级管理

①预拌混凝土、砂浆的供应单位必须向施工单位提供如表3-12所示的资料。

表3-12 预拌混凝土、砂浆的供应单位必须向施工单位提供的资料

预拌混凝土	预拌砂浆
①预拌混凝土的配合比通知单; ②预拌混凝土的出厂合格证; ③混凝土各组成材料的出厂质量证明文件; ④混凝土氯离子含量、碱总量计算书	①预拌砂浆的配合比通知单; ②预拌砂浆的出厂合格证; ③砂浆各组成材料的出厂质量证明文件

②预拌混凝土、砂浆的供应单位除向施工单位提供上述资料外,还应保证试配记录、水泥出厂合格证和试(检)验报告、砂和碎(卵)石的试验报告、轻集料试(检)验报告、外加剂和掺合料的产品合格证和试(检)验报告、开盘鉴定、混凝土抗压强度报告(出厂检验混凝土强度值应填入预拌混凝土出厂合格证)、抗渗试验报告(试验结果应填入预拌混凝土出厂合格证)、混凝土坍落度测试记录(搅拌站测试记录)和原材料有害物质含量检测报告等资料的可追溯性。

③施工单位应形成如表3-13所示的资料。

表3-13 预拌混凝土、砂浆在施工单位形成的资料

预拌混凝土	预拌砂浆
①混凝土施工记录; ②混凝土试块抗压强度报告(同条件养护和标准养护); ③混凝土试块抗压强度报告汇总表; ④混凝土强度合格评定记录; ⑤混凝土抗渗试验报告(有抗渗要求时)	①砂浆试块抗压强度报告; ②砂浆试块抗压强度报告汇总表; ③砂浆强度合格评定

④采用现场搅拌混凝土、砂浆方式的,施工单位应收集、整理上述资料中除预拌混凝土、砂浆出厂合格证和预拌混凝土、砂浆运输单之外的所有资料。

(4)预制构件资料的分级管理

施工单位使用预制构件时,预制构件加工单位必须向施工单位提供质量合格的产品,并保存各种原材料(如钢筋、钢材、钢丝、预应力筋、木材、混凝土组成材料)的质量合格证明、复试报告等资料,以及混凝土、钢构件、木构件的性能试验报告和有害物质含量检测报告等资料,同时保证各种资料的可追溯性;施工单位必须保存加工单位提供的预制混凝土构件出厂合格证、钢构件出厂合格证和其他预制构件的出厂合格证及进场后的试验(检验)报告。

3.1.4.5 主要土建物资的抽样检验

1)钢筋(材)

(1)钢筋见证取样的检验批量

钢筋(包括成型钢筋)进场时,应检查产品合格证和出厂检验报告,并按相关标准的规定抽样进行钢筋力学性能(如屈服强度、抗拉强度、伸长率、弯曲性能等)和质量偏差的检验。进场抽样检验批量的大小通常按质量大小划分。我国《混凝土结构工程施工质量验收规范》(GB 50204—2015)有如下规定。

①通过加工厂加工预制成型的钢筋,取样时按同一厂家、同一类型、同一钢筋来源的成型钢筋,质量不大于30 t为一检验批。每批中每种钢筋牌号、规格至少抽取1个试件。

②盘卷钢筋调直后的力学性能和质量偏差检验，取样时按同一加工设备、同一牌号、同一规格的调直钢筋，质量不大于 30 t 为一检验批，每批见证抽取 3 个试件。

③钢筋、成型钢筋的进场检验，当满足下列条件之一时，其检验批容量可扩大 1 倍：

a. 获得认证的钢筋、成型钢筋；

b. 同一厂家、同一牌号、同一规格的钢筋，连续三批均一次检验合格；

c. 同一厂家、同一类型、同一钢筋来源的成型钢筋，连续三批均一次检验合格。

值得注意的是，每一检验批的钢筋(材)应有一份或若干份对应的检验报告。

(2)钢筋连接的检验

钢筋的连接(包括机械连接和焊接)也需要进行抽样检验，形成钢筋机械连接试验报告和焊接报告。

(3)钢筋(材)应具备的资料

①钢筋(材)的出厂质量证明文件。

②与钢筋(材)有关的材料(如钢筋连接用机械连接套筒、焊条、焊丝、锚固板)的出厂质量证明文件。

③钢筋及重要钢材的复试检验报告(承重结构钢筋及重要钢材应实行见证取样和送检)及其汇总表。

④钢筋接头(焊接或机械连接)的检验报告及其汇总表。

⑤有抗震要求的框架结构，其纵向受力钢筋的进场复试应有强屈比和屈标比计算值。

⑥施工中发现钢筋脆断、焊接性能不良或力学性能显著不正常等现象时，应停止使用该批钢筋，并对该批钢筋进行化学成分检验或其他专项检验，有相应检验报告(《混凝土结构工程施工规范》(GB 50666—2011)第 5.2.4 条规定)。

表 3-14 为××公司新建办公楼及宿舍工程的钢材质量证明书。

表 3-15 为××公司新建办公楼及宿舍工程的钢筋原材力学性能检测报告。

表 3-14　陕西省××(集团)有限责任公司钢材质量证明书

用户：　　　　NO：YL4—2013009799

车号：陕 E29882　　　　执行标准：GB/T 1499.2—2018

产品名称：钢筋混凝土用热轧带肋钢筋　　　　生产许可证：XK05-001-00068

级别：400 级　　　　钢筋定尺：9 m

生产批号		L-231644
直径		16 mm
数量		—
牌号		HRB400E
力学性能特征	R_{el}/R_p 0.2 MPa	470/476
	R_m/MPa	630/630
	A/(%)	29/29
	A_{gt}/(%)	15.5/16.0
工艺性能	弯曲	完好
	反向弯曲	完好

续表

化学成分/(%)	碳(C)	0.21	
	硅(Si)	0.45	
	锰(Mn)	1.24	
	硫(S)	0.017	
	磷(P)	0.019	
	铌(Nb)/钒(V)	0.037	
	碳当量 C_{eq}	0.44	
交货状态	热轧	表面尺寸	合格
说明： ①如有异议,请提供质量证明书、进货检验记录、实物标牌； ②螺纹钢筋轧制商标标记为“YL”； ③产品售后服务电话：×××××××××； ④本证书无章、复印或拼凑均无效			

审核人	×××	填写人	×××	填写时间	×年×月×日

表 3-15 钢筋原材力学性能检测报告

编号：JD/GL2013-00226

委托单位	四川省××建筑有限公司			委托编号	JD/2013-00240
工程名称	××公司新建办公楼及宿舍			委托日期	2013.12.17
来样方式	有见证送样			送样人	×××
钢筋种类	热轧光圆钢筋			见证人	×××
检测日期	2013.12.19			报告日期	2013.12.19
依据标准	《钢筋混凝土用钢　第 2 部分　热轧带肋钢筋》(GB/T 1499.2—2018)				
牌号规格		HRB400E　16 mm		—	
生产厂家		—		—	
进场数量		—		—	
炉号(批号)		—		—	
使用部位		办公楼及宿舍的基础、主体		—	
试件编号		1	2	1	2
屈服强度/MPa	标准值	≥400	≥400	—	—
	实测值	512	515	—	—
抗拉强度/MPa	标准值	≥540	≥540	—	—
	实测值	686	688	—	—

续表

实测抗拉强度/实测屈服强度		1.34	1.34	—	—
实测屈服强度/屈服强度特征值		1.28	1.27	—	—
伸长率/(%)	标准值	≥16	≥16	—	—
	实测值	30.0	25.5	—	—
最大总伸长率/(%)		17.0	18.0	—	—
弯曲试验	弯芯直径/mm	$D=4d$	$D=4d$	—	—
	弯曲角度	180°	180°	—	—
	弯曲结果	无裂纹	无裂纹	—	—
重量偏差/(%)	标准值	±5		—	
	实测值	−4.8		—	
结论	该样品所检参数符合《钢筋混凝土用钢　第2部分　热轧带肋钢筋》(GB/T 1499.2—2018)要求				
备注	—				
声明	检测报告未加盖“CMA章”和“检测资质专用章”无效				

审批：×××　　　　校核：×××　　　　主检：×××

2)水泥

水泥进场验收：水泥进场时应对其品种、级别、包装或散装仓号、出厂日期等进行检查，并应对其强度、安定性和凝结时间进行复验。

(1)水泥见证取样的检验批量

《混凝土结构工程施工质量验收规范》(GB 50204—2015)第7.2.1、7.2.3条有如下规定。

①同一厂家、同一品种、同一代号、同一强度等级、同一批号且连续进场的水泥，袋装不超过200 t为一检验批，散装不超过500 t为一检验批。

②当进场的水泥满足下列条件之一时，其检验批容量可扩大1倍：

a.获得认证的产品；

b.同一厂家、同一品种、同一规格的产品，连续三次进场检验均一次检验合格。

(2)水泥应具备的资料

①出厂检验报告(分别有3 d和28 d的检验报告)。

②进场复验报告(分别有3 d和28 d的复验报告)。

③水泥复验报告汇总表。

表3-16为××公司新建办公楼及宿舍工程的水泥出厂检验报告。

表3-17为××公司新建办公楼及宿舍工程的水泥进场复验报告。

表 3-16 水泥出厂检验报告

水泥厂

28 d强度补报单

购货单位：四川省××建筑有限公司

试样编号	G1-19	
水泥品种	P.C	
强度等级	32.5	
出厂数量	t	
出厂日期	2014年4月1日	
28 d强度/MPa	国家标准	实际
抗折强度/MPa	≥5.5	7.9
抗压强度/MPa	≥32.5	38.0
化验室主任：××× 2014年4月28日 填报人：××× 2014年4月28日		

水泥厂

水泥质量检验报告单

购货单位：四川省××建筑有限公司

试样编号	G1-19	品质指标			
水泥品种	P.C	项目		国家标准	实际
强度等级	32.5	SO_3/(%)		≤3.5	1.96
出厂数量	t	loss/(%)		—	—
出厂日期	2014年4月1日	MgO/(%)		≤6.0	1.54
混合料掺量/(%)		Cl^-/(%)		≤0.06	0.013
		细度/(%)		≤10.0	2.0
		流动度/(%)		≥180	190
生产窑型	旋	比表面积/mm		—	—
说明：28 d强度数值待后补报		凝结时间/min	初凝	≥45	195
			终凝	≤600	268
		安定性		合格	合格
化验室主任：××× 2014年4月3日 填报人：××× 2014年4月3日		抗折强度/MPa	3 d	≥2.5	3.6
			28 d	—	—
		抗压强度/MPa	3 d	≥10.0	15.6
			28 d	—	—

表 3-17 水泥进场复验报告

委托编号：201407938

报告编号：禾(C1)1400355

检验编号：C1-140300356

委托单位	四川省××建筑有限公司			委托日期	2014.03.30
工程名称	××公司新建办公楼及宿舍			检验日期	2014.04.03
项目地点	—			报告日期	2014.04.04
工程部位	整个工程				
监理单位	四川××建设工程有限责任公司	样品来源	见证取样	检测性质	委托
生产厂家	川雄	代表批量	—	强度等级	32.5

续表

水泥品种	复合硅酸盐水泥	试样情况	—	试验内容	—
依据标准	《通用硅酸盐水泥》(GB 175—2007)	掺合料名称	—	出厂编号	G3-21

试验结果							
检验项目	初凝/min	终凝/min	80 μm方孔筛余量/(%)	比表面积/(m^2/kg)	安定性：雷氏夹膨胀值：1.8～5.0 mm	安定性：试饼法沸煮	标准稠度用水量/(%)
实测值	199	279	1.5	—			27.9
国标	45	600	10	300	合格	合格	

化学性能				
化学性能	不溶物%—	烧失量%—	三氧化硫/(%)—	
	氧化镁%—	氯离子%—	胶砂流动度/mm:183	水灰比:0.50

3 d抗压强度/MPa 国标:≥2.5	1	2	3	强度取值	28 d抗压强度/MPa 国标:≥5.5	1	2	3	强度取值
	2.7	2.8	2.9	2.8		—	—	—	—

3 d抗压强度/MPa 国标:≥10.0							28 d抗压强度/MPa 国标:≥32.5						
1	2	3	4	5	6	强度取值	1	2	3	4	5	6	强度取值
10.9	10.6	10.7	10.9	10.9	10.8	10.8	—	—	—	—	—	—	—

结论	依据标准 GB 175—2007 检测，该样品所检参数合格
备注	—

签发:××× 审核:××× 试验:××× 试验单位:(公章)

3)砂、石

(1)砂、石见证取样的检验批量

根据《普通混凝土用砂、石质量及检验方法标准》(JGJ 52—2006)和《建设用砂》(GB/T 14684—2011)的规定:按同产地同规格分批验收，采用大型工具(如火车、货船或汽车)运输的，以 400 m^3 或 600 t 为一批;采用小型工具(如拖拉机等)运输的，以 200 m^3 或 300 t 为一批;不足上述量者，按一个验收批进行验收。当砂石质量比较稳定、进料量较大时，可以 1 000 t为一个验收批。

(2)砂、石应具备的资料

砂、石应具备的资料有砂、石的见证检验报告及汇总表。

表 3-18、表 3-19 分别为××公司新建办公楼及宿舍工程的石、砂的见证检验报告。

表 3-18 石见证检验报告

委托编号:201405271

报告编号:禾(G2)1400112

检验编号:G2-140300113

委托单位	四川省××建筑有限公司	委托日期	2014.03.10
工程名称	××公司新建办公楼及宿舍	检验日期	2014.03.13

续表

使用部位	整个工程			签发日期	2014.03.17
样品来源	见证取样	检验类别	委托	种类	碎石
材料产地	—	石子级配区	5～25	项目地点	—
依据标准	《建设用卵石、碎石》(GB/T 14685—2011)			代表批量	—
检验结果					

检测项目	指标要求			检测结果
	Ⅰ类	Ⅱ类	Ⅲ类	
泥块含量(按质量计)/(%)	0	≤0.2	≤0.5	—
含泥量(按质量计)/(%)	≤0.5	≤1.0	≤1.5	0.4
针片状颗粒(按质量计)/(%)	≤5	≤10	≤15	—
压碎指标值/(%)	碎石≤10， 卵石≤12	碎石≤20， 卵石≤14	碎石≤30， 卵石≤16	—
表观密度/(kg/m³)	≥2 600			—
堆积密度/(kg/m³)	—			1 510
含水率/(%)	—			—
空隙率/(%)	≤43	≤45	≤47	—
碱活性	—			

颗粒级配													
方孔筛尺寸/mm		90	75.0	63.0	53.0	37.5	31.5	26.5	19.0	16.0	9.50	4.75	2.36
分计筛余/(%)		0.0	0.0	0.0	0.0	0.0	0.0	4.6	19.3	44.7	27.9	3.2	0.3
累计筛余/(%)	检验结果	—	—	—	—	—	—	5	24	69	96	100	100
	国际值	—	—	—	—	—	0	0～5	—	30～70	—	90～100	95～100
筛底		7.0						遗失		—			
结论	依据标准《建设用卵石、碎石》(GB/T 14685—2011)，该石所测参数符合Ⅰ类石的指标要求												
备注	①检测结果仅对本样品有效；②报告人工修改数据无效；③本报告复制无效												

签发：××× 审核：××× 检验：××× 检测单位：(公章)

表 3-19 砂见证检验报告

委托编号：201405267

报告编号：禾(G1)1400156

检验编号：G1-140300157

委托单位	四川省××建筑有限公司			委托日期	2014.03.10
工程名称	××公司新建办公楼及宿舍			检验日期	2014.03.13
使用部位	整个工程			签发日期	2014.03.17
样品来源	见证取样	检验类别	委托	种类	天然砂

续表

<table>
<tr><td colspan="3">依据标准</td><td colspan="3">《建设用砂》(GB/T 14684—2011)</td><td colspan="2">项目地点</td><td>—</td></tr>
<tr><td colspan="3">材料产地</td><td colspan="3">—</td><td colspan="2">代表批量</td><td>—</td></tr>
<tr><td colspan="9">检 验 结 果</td></tr>
<tr><td colspan="3" rowspan="2">检 测 项 目</td><td colspan="3">检 测 要 求</td><td colspan="3" rowspan="2">检 测 结 果</td></tr>
<tr><td>Ⅰ类</td><td>Ⅱ类</td><td>Ⅲ类</td></tr>
<tr><td colspan="3">泥块含量(按质量计)/(%)</td><td>0</td><td>≤1.0</td><td>≤2.0</td><td colspan="3">—</td></tr>
<tr><td colspan="3">含泥量(按质量计)/(%)</td><td>≤1.0</td><td>≤3.0</td><td>≤5.0</td><td colspan="3">3.9</td></tr>
<tr><td colspan="3">坚固性/(%)</td><td>≤8</td><td>≤8</td><td>≤10</td><td colspan="3">—</td></tr>
<tr><td colspan="3">云母含量(按质量计)/(%)</td><td>≤1.0</td><td>≤2.0</td><td>≤2.0</td><td colspan="3">—</td></tr>
<tr><td colspan="3">单级最大压碎指标/(%)</td><td>≤20</td><td>≤25</td><td>≤30</td><td colspan="3">—</td></tr>
<tr><td colspan="3">石粉含量/(%)</td><td>≤10.0</td><td>≤10.0</td><td>≤10.0</td><td colspan="3">—</td></tr>
<tr><td colspan="3">氯离子含量/(%)</td><td>≤0.01</td><td>≤0.02</td><td>≤0.06</td><td colspan="3">—</td></tr>
<tr><td colspan="3">表观密度/(kg/m³)</td><td colspan="3">≥2 500</td><td colspan="3">—</td></tr>
<tr><td colspan="3">堆积密度/(kg/m³)</td><td colspan="3">≥1 400</td><td colspan="3">1 400</td></tr>
<tr><td colspan="3">含水率/(%)</td><td colspan="3">—</td><td colspan="3">—</td></tr>
<tr><td colspan="3">空隙率/(%)</td><td colspan="3">≤44</td><td colspan="3">—</td></tr>
<tr><td colspan="3">轻物质含量/(%)</td><td colspan="3">≤0.1</td><td colspan="3">—</td></tr>
<tr><td colspan="3">碱活性</td><td colspan="6">—</td></tr>
<tr><td colspan="9">颗 粒 级 配</td></tr>
<tr><td colspan="3">方孔筛尺寸</td><td>4.75 mm</td><td>2.36 mm</td><td>1.18 mm</td><td>600 μm</td><td>300 μm</td><td>150 μm</td></tr>
<tr><td rowspan="4">累计筛余/(%)</td><td colspan="2">检测结果</td><td>7</td><td>15</td><td>23</td><td>41</td><td>72</td><td>90</td></tr>
<tr><td rowspan="3">国际值</td><td>1 区</td><td>0～10</td><td>5～35</td><td>35～65</td><td>71～85</td><td>80～95</td><td>90～100</td></tr>
<tr><td>2 区</td><td>0～10</td><td>0～25</td><td>10～50</td><td>41～70</td><td>70～92</td><td>90～100</td></tr>
<tr><td>3 区</td><td>0～10</td><td>0～15</td><td>0～25</td><td>16～40</td><td>55～85</td><td>90～100</td></tr>
<tr><td colspan="2">细度模数</td><td>2.2</td><td>筛底</td><td colspan="2">51</td><td>遗失</td><td colspan="2">—</td></tr>
<tr><td>结论</td><td colspan="8">依据《建设用砂》(GB/T 14684—2011),所检参数符合要求;该砂为 2 区细砂Ⅲ类砂的指标要求</td></tr>
<tr><td>备注</td><td colspan="8">①检测仅对本样品有效;②报告人工修改数据无效;③本报告复制无效</td></tr>
</table>

签发:×××　　　　审核:×××　　　　检验:×××　　　　检测单位:(公章)

4)砖

(1)砖的见证取样检验批量

根据《砌体结构工程施工质量验收规范》(GB 50203—2011)的规定:同一厂家、同一品种、同一强度等级,应按表 3-20 划分检验批。

表 3-20　砌块检验批划分标准

砌块种类	检验批量
烧结普通砖、混凝土实心砖	15 万块
烧结空心砖、烧结多孔砖、混凝土多孔砖、蒸压灰砂砖、蒸压粉煤灰砖	10 万块
混凝土小型空心砌块	1 万块

(2)砖应具备的资料

①出厂质量检验证明。

②用于承重结构或出厂试验项目不齐全的砖的复验报告及其汇总表。

表 3-21、表 3-22 分别为××公司新建办公楼及宿舍工程的烧结空心砖的检验报告和强度等级检测报告。

表 3-21　烧结空心砖检验报告

××市产品质量监督检验所

编号:DZJ(2013)W0162

产品名称	烧结空心砖(页岩)	型号规格	240 mm×200 mm×115 mm
生产单位	××市罗福鑫建材厂	商　标	—
		抽样方式	送样
经销单位	—	抽样基数	—
		样品数量	20 匹
抽样地点	—	样品等级	—
委托单位	××市罗福鑫建材厂	样品状态	未见异常
委托单位地址	××市××县新盛镇龙新村	联系电话	×××××
送样人	×××	检验项目	强度、密度等
生产日期	—		
到样日期	2013.05.23	检验依据	《烧结空心砖和空心砌块》(GB/T 13545—2014)、《建筑材料放射性核素限量》(GB 6566—2010)
委托日期	2013.05.23	检验日期	2013.05.25 至 2013.06.01
备　注	以上样品信息由委托方提供		
检验时的环境条件:符合要求			
检验设备及其状况:按标准要求配备、合格			

检验项目							
序号	检验项目			计量单位	标准规定	实测结果	本项判定
1	强度等级	强度平均值		MPa	≥5.0	10.2	合格
		变异系数 δ		—	≤0.21	0.11	—
		强度标准值 f_k		MPa	≥3.5	6.8	合格
2	密度等级	5 块密度平均值		kg/m^3	801～900	857	合格
3	抗风化性	饱和系数	平均值	%	≤0.78	0.75	合格
			单块砖最大值	%	≤0.80	0.79	合格
4	放射性	内照射指数		Bq/kg	≤1.0	0.3	合格
		外照射指数		Bq/kg	≤1.0	0.3	合格

续表

检验结论	实物判定	—
	标签判定	—
	综合结论	《烧结空心砖和空心砌块》(GB/T 13545—2014)、《建筑材料放射性核素限量》(GB 6566—2010)，该样品所检指标合格，强度等级为 MU5.0

批准：×××　　　　审核：×××　　　　主检：×××

表 3-22　烧结空心砖强度等级检测报告

编号：JD/BR2014-0017

委托单位	四川省××建筑有限公司		委托编号	JD/2014-00165
工程名称	××公司新建办公楼及宿舍		委托日期	2014.03.06
检测性质	委托检测		送样人	×××
来样方式	有见证送样		见证人	×××
工程部位	整个工程外墙及隔墙卫生间 180 以上		规格尺寸	240 mm×200 mm ×115 mm
样品名称	烧结空心砖		强度等级	MU5.0
生产厂家	罗福鑫		进场数量	—
检测日期	2014.03.09		报告日期	2014.03.10
依据标准	《烧结空心砖和空心砌块》(GB/T 13545—2014)			
检 测 结 果				
试验编号	试 件 尺 寸		破坏荷重/kN	抗压强度/MPa
	长/mm	宽/mm		
1	232	195	294.8	6.52
2	230	198	245.7	5.40
3	230	194	229.0	5.13
4	235	196	246.6	5.35
5	231	193	224.6	5.04
6	232	193	225.8	5.04
7	235	197	268.9	5.81
8	234	195	251.4	5.51
9	233	197	248.6	5.42
10	232	197	249.3	5.45
平均值 ρ/MPa	最小值/MPa	标准差 S/MPa	变异系数 δ	强度标准值 T_k/MPa
5.6	—	0.42	0.08	4.72
结论	依据《烧结空心砖和空心砌块》(GB/T 13545—2014)检测，该样品强度等级为 MU5.0			
备注	—			
声明	—			

审批：×××　　　　校核：×××　　　　主检：×××

5)外加剂

外加剂主要包括减水剂、早强剂、缓凝剂、泵送剂、膨胀剂、引气剂、防水剂、防冻剂、速凝剂等。

《混凝土结构工程施工质量验收规范》(GB 50204—2015)第 7.2.2、7.2.3 条有下列规定。

①混凝土外加剂进场时,应对其品种、性能、出厂日期等进行检查,并应对外加剂的相关性能指标进行复验。

②复验时按同一厂家、同一品种、同一性能、同一批号且连续进场的混凝土外加剂,不超过 50 t 为一检验批。

③当进场的外加剂满足下列条件之一时,其检验批容量可扩大 1 倍:

a. 获得认证的产品;

b. 同一厂家、同一品种、同一规格的产品,连续三次进场检验均一次检验合格。

外加剂应具备的资料有产品合格证、出厂检验报告和进场后的复验报告。

表 3-23 为××公司新建办公楼及宿舍工程的泵送剂出厂检验报告。

表 3-23 泵送剂出厂检验报告

客户名称:四川××商品混凝土有限公司　　　　报告批号:H11101402

发货日期:2014 年 8 月 14 日　　　　供应数量:

项目	制品标准	检验结果	备注
外观	棕褐色液体	合格	生产批号: H111009J02 H111013Z01 符合《混凝土外加剂》(GB 8076—2008)标准
密度/(g/cm^3)	1.160±0.020	1.157	
pH 值	7.0～9.5	7.2	
固含量/(%)	28.00±1.00	28.7	
* 氯离子含量/(%)	≤0.50	合格	
* 总碱含量/(%)	≤6.0	合格	
备注:①带 * 字符为例行检验项目; ②该报告信息源于产品质量检验结果,不可作为任何产品特殊用途之适宜性担保			

复核:×××　　　　检验:×××

6)掺合料

混凝土掺合料主要包括粉煤灰、粒化高炉矿渣粉、沸石粉、硅灰和复合掺合料等。

《混凝土结构工程施工质量验收规范》(GB 50204—2015)第 7.2.4 条有下列规定。

①混凝土用矿物掺合料进场时,应对其品种、性能、出厂日期等进行检查,并应对矿物掺合料的相关性能指标进行复验。

②复验时按同一厂家、同一品种、同一批号且连续进场的矿物掺合料,粉煤灰、矿渣粉、磷渣粉、钢铁渣粉和复合矿物掺合料,不超过 200 t 为一检验批,沸石粉不超过 120 t 为一检验批,硅灰不超过 30 t 为一检验批。

掺合料应具备的资料有出厂检验报告和进场后的复验报告。

表 3-24 为××公司新建办公楼及宿舍工程的粉煤灰复验报告。

表 3-24　粉煤灰复验报告

委托编号：201405265　　检验编号：T4-140300144　　报告编号：禾(T4)1400137

<table>
<tr><td>委托单位</td><td colspan="3">四川××商品混凝土有限公司</td><td>委托日期</td><td>2014.04.05</td></tr>
<tr><td>工程名称</td><td colspan="3">—</td><td>检验日期</td><td>2014.04.06</td></tr>
<tr><td>样品产地</td><td colspan="3">江油电厂</td><td>报告日期</td><td>2014.04.07</td></tr>
<tr><td>依据标准</td><td colspan="3">《用于水泥和混凝土中的粉煤灰》(GB/T 1596—2017)</td><td>要求等级</td><td>—</td></tr>
<tr><td>使用部位</td><td colspan="3">—</td><td>见证人</td><td>×××</td></tr>
<tr><td colspan="6">检验项目</td></tr>
<tr><td colspan="2" rowspan="2">项　目</td><td colspan="3">标准要求</td><td rowspan="2">检测结果值</td></tr>
<tr><td>Ⅰ类</td><td>Ⅱ类</td><td>Ⅲ类</td></tr>
<tr><td colspan="2">细度 0.045 mm 筛余≤(%)</td><td>12.0</td><td>25.0</td><td>45.0</td><td>19.8</td></tr>
<tr><td colspan="2">烧失量≤(%)</td><td>5.0</td><td>8.0</td><td>15.0</td><td>3.9</td></tr>
<tr><td colspan="2">需水量比≤(%)</td><td>95</td><td>105</td><td>115</td><td>96</td></tr>
<tr><td colspan="2">含水量≤(%)</td><td colspan="3">1.0</td><td>0.4</td></tr>
<tr><td colspan="2">三氧化硫≤(%)</td><td colspan="3">3.0</td><td>1.3</td></tr>
<tr><td colspan="2">游离氧化钙≤(%)</td><td colspan="3">4.0</td><td>2.1</td></tr>
<tr><td colspan="2">活性指数≥(%)</td><td colspan="3">70.0</td><td>47</td></tr>
<tr><td colspan="2">安定性≤(%)</td><td colspan="3">5.0</td><td>2.6</td></tr>
<tr><td>结论</td><td colspan="5">依据标准《用于水泥和混凝土中的粉煤灰》(GB/T 1596—2017)，所检参数符合Ⅱ级要求</td></tr>
<tr><td>备注</td><td colspan="5">—</td></tr>
</table>

签发：×××　　审核：×××　　检验：×××

7)混凝土

(1)预拌混凝土应具备的资料

预拌混凝土应具备的资料包括配合比设计报告、混凝土运输单、混凝土出厂合格证、开盘鉴定、混凝土施工记录、混凝土试块抗压强度报告(同条件养护和标准养护)及其汇总表、混凝土强度合格评定记录、混凝土抗渗试验报告(有抗渗要求时)、混凝土氯离子含量和碱总量计算书等。

(2)现场拌制的混凝土应具备的资料

现场拌制的混凝土应具备的资料包括配合比设计报告，组成混凝土的砂、石、水泥、水、外加剂、掺合料等原材料的合格证及其复验报告，开盘鉴定，混凝土施工记录，混凝土试块抗压强度报告(同条件养护和标准养护)及其汇总表，混凝土强度合格评定记录，混凝土抗渗试验报告(有抗渗要求时)，混凝土氯离子含量和碱总量计算书等。

值得注意的是采用饮用水作为混凝土用水时，可以不对水做检验。

表 3-25 为××公司新建办公楼及宿舍工程的预拌混凝土出厂合格证。

表 3-25　预拌(商品)混凝土出厂合格证

签发时间:2014 年 1 月 24 日　　　　合格证编号:P2013-20140004

工程名称:××公司新建办公楼及宿舍　　　　生产单位:××混凝土有限公司

浇筑部位:办公楼及宿舍基础　　　　施工单位:四川省××建筑有限公司

混凝土强度等级:C30　　　　坍落度/mm:170±20

其他指标:无　　　　配比报告编号:PB2010185

供货时间:自 2013.12.24 至 2013.12.24　　　　供货数量:145 m^3(不做结量依据)

混凝土抗压强度/MPa			
试件编号	成型日期	强度代表值	强度报告编号
2028	2013.12.24	35.8	2013-20140004-1

原材料情况		
水泥	产厂:四川澳东	品种:P.O　42.5R
	出厂日期及编号:2010.12.01	
	检测编号:1081-SXK-0012	实测强度:46.18 MPa
外加剂	产厂:巴斯夫	规格型号:泵送剂
	检测编号:10RI-SXK-0013	推荐掺量:2.0%
河砂	产地:石亭江	细度模数:
	检测编号:	含泥量:%
机制砂	产地:石亭江	细度模数:2.7
	检测编号:IOC5-SXK-0013	石粉含量:1.7%
碎石 1	产地:石亭江	粒级:5～31.5 mm
	检测编号:1002-SXK-0012	含泥量:0.10%
粉煤灰	产厂及品种:江油	检测编号:10H11-SXK-0011
膨胀剂	产厂:龙达建材厂	型号规格:LD-7
	推荐掺量:6%～8%	检测编号:—
碎石 2	产地:石亭江	粒级:5～10 mm
	检测编号:1003-SXK-0015	含泥量:0.11%

混凝土强度检测评定				
强度龄期/d	采用评定方法	M_{fcn}/MPa	$P_{ca,min}$/MPa	评定结果
28	非统计方法	35.8	35.8	合格
坍落度检验		抗渗能力检测		其他技术指标检测
检验次数	检验结果	检验次数	检验结果	—
1	符合要求	—	—	—
结论:	合格			

审批:×××　　　　填表人:×××

8)砂浆

(1)预制砂浆应具备的资料

预制砂浆应具备的资料包括配合比通知单、砂浆运输单、砂浆出厂合格证、砂浆试块抗压强度报告(标准养护)及其汇总表、砂浆强度合格评定记录等。

(2)现场拌制砂浆应具备的资料

现场拌制砂浆应具备的资料包括配合比通知单,组成砂浆的砂、水泥、水、外加剂、掺合料等原材料的合格证及其复验报告,砂浆试块抗压强度报告(标准养护)及其汇总表,砂浆强度合格评定记录等。

9)防水材料

防水材料主要包括防水涂料、防水卷材、塑料防水板、膨润土防水毯、黏结剂、止水带、膨胀胶条、密封膏、密封胶、水泥基渗透结晶性防水材料等。

(1)防水材料的见证取样检验批量

①防水卷材类。

以同一厂家、同一品种、同一规格的产品,每500～1 000卷抽4卷,100～499卷抽3卷,100卷以下抽2卷,进行规格尺寸和外观质量检验。在外观质量检验合格的卷材中,任取1卷做物理性能检验。

②防水涂料类。

根据住房和城乡建设部和质检总局联合发布的《屋面工程质量验收规范》(GB 50207—2012)的规定:高聚物改性沥青防水涂料、合成高分子防水涂料和聚合物水泥防水涂料,同一厂家、同一品种、同一规格的产品以不超过10 t为一检验批。

另外,防水密封材料由于产品较多,而且见证取样的检验批量也各有不同,所以在此不再详述。

(2)防水材料应具备的资料

①出厂合格证。

②质量证明书。

③复验报告等。

其他原材料和构配件应具备的资料一般也包括出厂合格证、质量证明书、复验报告或见证取样检测报告(需要进场复试或见证检验的材料、构配件)等。

10)模板及支架

《混凝土结构工程施工质量验收规范》(GB 50204—2015)第4.2.1条规定:模板及支架用材料的技术指标(如材质、规格、尺寸及力学性能等)应符合国家现行有关标准的规定。进场时应抽样检验模板和支架材料的外观、规格及尺寸。

模板及支架材料应具备的物资资料有质量证明文件,如成品模板的出厂合格证、支撑用的钢管、扣件的出厂合格证等。

3.1.4.6　物资资料的报审

建筑工程中的物资一般遵循"先检后用""先报审后使用"的原则。用于工程中的所有主材、半成品、构配件,都需要按照实际的进场时间结合进场批次填写"建筑材料报审表",并附物资的厂家质量证明文件和复检报告,待监理单位认可后方可用于工程中。

物资资料的报审微课

因为"建筑材料报审表"在性质上属于监理文件,所以填写方法及样表详见“3.3.1 监理管理文件”中的“8)建筑材料报审表”。

3.1.4.7 物资资料的汇总

完成物资资料的收集和报审工作以后，应对每一类物资资料进行汇总。物资资料的汇总需要填写“主要原材料及构配件出厂证明及试验单目录”。

此表由施工单位填写(若有分包，则由总承包单位填写)，表格中的材料(设备)名称、品种、型号(规格)、单位、代表数量、使用部位等信息按照附件填写。其中，出厂证明指的是出厂原材料合格证(出厂合格证明)等相关单据，试验单编号指的是见证取样复检报告中的报告编号。表格填写后需要附建筑材料报审、复检报告，出厂原材料合格证(出厂合格证明)等相关单据；若有见证取样表也须附于其后。

应注意，土建类物资通常需要单独汇总每一种物资，混凝土的立方体抗压强度报告需要将标准养护和同条件养护的检验报告分开汇总。

表3-26为××公司新建办公楼及宿舍工程的钢筋力学性能见证检验报告汇总表。

表3-26 钢筋力学性能见证检验报告汇总表

单位工程名称：××公司新建办公楼及宿舍　　施工单位：四川省××建筑有限公司　　共1页第1页

序号	材料(设备)名称	品种	型号(规格)	单位	代表数量	使用部位	出厂证明	试验单编号	备注
1	钢筋	热轧带肋	HRB400E,Φ12	t	60	基础、主体	XK05-705-0072	JD/GL2013-00223	
2	钢筋	热轧带肋	HRB400E,Φ14	t	60	基础、主体	00007690	JD/GL2013-00226	
3	钢筋	热轧带肋	HRB400E,Φ16	t	60	基础、主体	YL4-2013009799	JD/GL2013-00224	
4	钢筋	热轧带肋	HRB400E,Φ18	t	60	基础、主体	16-JL-11-2011	JD/GL2013-00222	
5	钢筋	热轧带肋	HRB400E,Φ20	t	60	基础、主体	YL4-2013009821	JD/GL2013-00225	
6	钢筋	热轧带肋	HRB400E,Φ22	t	60	基础、主体	YL4-2013010756	JD/GL2014-00013	
7	钢筋	热轧光圆	HPB300,Φ8	t	60	基础、主体	QR-74-28	JD/GL2013-00227	
8	钢筋	热轧光圆	HPB300,Φ10	t	60	基础、主体	YL4-2013011236	JD/GL2014-00012	
9	钢筋	热轧光圆	HPB300,Φ6.5	t	60	基础、主体	YL4-2013003257	JD/GL2014-00011	
注册建造师(技术负责人)：(签字) ×××				审核：(签字) ×××			填表：(签字) ×××		

注：本表一式四份，建设单位、施工单位、监理单位、城建档案馆各一份。

3.1.5　土建工程施工记录

土建工程施工记录资料目录如表 3-27 所示。

表 3-27　土建工程施工记录资料目录

序号	资料名称	保存单位	备注
1	建筑工程隐蔽检验记录	建设、施工、监理、城建档案馆	
2	桩基础施工记录	建设、施工、监理、城建档案馆	本节略
3	交接检查记录	施工	本节略
4	建筑物(构筑物)定位(放线)测量记录	建设、施工、监理、城建档案馆	
5	抄测记录	施工、监理、城建档案馆	
6	建筑物垂直度、标高、全高测量记录	建设、施工、监理、城建档案馆	
7	沉降观测记录	建设、施工、监理、城建档案馆	
8	基坑支护变形检测记录表	施工、监理	本节略
9	地基验槽记录	建设、设计、施工、监理、城建档案馆	
10	地基钎探记录	建设、施工、监理、城建档案馆	
11	混凝土施工记录	施工、监理	
12	预拌混凝土运输单	施工	本节略
13	混凝土开盘鉴定	施工、监理	
14	结构吊装施工记录	建设、施工、监理、城建档案馆	本节略
15	防水抗渗试验记录	建设、施工、监理	
16	预应力张拉记录	建设、施工、监理、城建档案馆	本节略
17	预应力张拉孔道灌浆记录	建设、施工、监理、城建档案馆	本节略
18	钢结构施工记录	建设、施工、监理	本节略
19	其他施工记录		

1)建筑工程隐蔽检验记录

土建工程施工记录、试验记录 PPT

凡本工序操作完毕后，会被下一道工序掩盖、包裹而完工后无法检查的工程项目，均称为隐蔽工程项目。由于隐蔽工程在隐蔽后如果发生质量问题，还得重新剥露、修复和掩盖，会造成返工、延误工期、增加成本等后果，所以为了避免资源的浪费和当事人双方不必要的损失，保证工程的质量和工程顺利完成，承包人在隐蔽工程隐蔽以前，应当通知发包人或监理工程师检查，检查合格的，方可对工程进行隐蔽。

(1)隐蔽工程验收的基本要求

①承包人应对工程隐蔽部位进行自检，并经自检确认是否具备覆盖条件。

②工程隐蔽部位经承包人自检确认具备覆盖条件的，承包人应在共同检查前 48 h 书面通知监理工程师检查，通知中应载明隐蔽检查的内容、时间和地点，并应附有自检记录和必要的检查资料。

③监理工程师应按时到场对隐蔽工程及其施工工艺、材料和工程设备进行检查。经监理工程师检查确认质量符合隐蔽要求，并在验收记录上签字后，承包人才能进行覆盖。经监理工程师检查质量不合格的，承包人应在监理工程师指示的时间内完成修复，并由监理工程师重新检查，由此增加的费用和(或)延误的工期由承包人承担。

④监理工程师不能按时进行检查的,应在检查前 24 h 向承包人提交书面延期要求,但延期不能超过 48 h,由此导致工期延误的,工期应予以顺延。监理工程师未按时进行检查,也未提出延期要求的,视为隐蔽工程检查合格,承包人可自行完成覆盖工作,并做相应记录报送监理工程师,监理工程师应签字确认。

⑤承包人按规定覆盖工程隐蔽部位后,发包人或监理工程师对质量有疑问的,可要求承包人对已覆盖的部位进行钻孔探测或揭开重新检查,承包人应遵照执行,并在检查后重新覆盖恢复原状。经检查证明工程质量符合合同要求的,由发包人承担由此增加的费用和(或)延误的工期,并支付承包人合理的利润;经检查证明工程质量不符合合同要求的,由此增加的费用和(或)延误的工期由承包人承担。

(2)土建与装饰装修工程的隐蔽检验

①土方工程:基槽(坑)的检验、房心回填前检查基底清理、基底标高、基底处理情况等。

②支护工程:对锚杆进行编号,检查锚杆和土钉的品种、规格、数量、位置、插入长度、钻孔直径、深度和角度等,检查地下连续墙的成槽宽度、深度、垂直度、钢筋笼规格、位置、槽底清理、沉渣厚度以及边坡放坡情况等。其他支护亦按此做隐蔽检验。

③基础工程:由于基础形式不同,基础隐蔽检验的内容也各不相同,如独立基础主要检查基础钢筋和混凝土的有关情况,砖石基础则主要检查砖石的品种、规格、强度、组砌方法及砌筑砂浆。

④地下防水工程:检查混凝土变形缝、施工缝、后浇带、穿墙套管、预埋件等的位置、形式和构造,人防出口止水做法,防水层基层,防水材料规格、厚度、铺设方式,阴阳角处理,搭接密封处理等。

⑤钢筋工程:检查绑扎钢筋的品种、规格、数量、位置,锚固和接头位置、搭接长度、保护层厚度和除锈、除污情况,钢筋代用及变更,拉结筋处理、洞口过梁、附加筋情况等;应注明图纸编号、验收意见,必要时应附图说明;检查钢筋连接形式、连接种类、接头位置、接头数量及焊条、焊剂、焊缝长度和厚度及表面清渣和连接质量等;检查抗震结构的抗震钢筋安装情况。

⑥预应力工程:检查预留孔道的规格、数量、位置、形状、端部预埋垫板,预应力筋下料长度、切断方法、竖向位置偏差、固定、护套的完整性,锚具、夹具连接点组装等。

⑦外墙(内)外保温,隔声处理构造节点做法。

⑧楼地面工程:检查各基层(垫层、找平层、隔离层、防水层、填充层、地龙骨)材料品种、规格、铺设厚度、方式、坡度、标高、表面情况、密封处理、黏结情况等。

⑨抹灰工程:检查界面剂情况,抹灰总厚度大于或等于 35 mm 时的加强措施,不同材料基体交接处的加强措施。

⑩门窗工程:检查预埋件和锚固件、螺栓等的规格数量、位置、间距、埋设方式、与框的连接方式、防腐处理、缝隙的嵌填、密封材料的黏结等。

⑪吊顶工程:检查吊顶龙骨及吊件材质、规格、间距、连接方式、固定方法,表面防火、防腐处理等;外观情况,接缝和边缝情况,填充和吸声材料的品种、规格、铺设、固定情况等。

⑫轻质隔墙工程:检查预埋件、连接件、拉结筋的规格、位置、数量、连接方式,与周边墙体及顶棚的连接、龙骨连接、间距,防火、防腐处理,填充材料设置等。

⑬饰面板(砖)工程:检查预埋件、后置埋件、连接件的规格、数量、位置、连接方式、防腐处理等;有防水构造的部位应检查找平层、防水层的构造做法,同地面工程检查。

⑭屋面工程:检查基层、找平层、保温层、防水层、隔离层材料的品种、规格、厚度、铺贴方式、搭接宽度、接缝处理、黏结情况;检查附加层、天沟、檐沟、泛水和变形缝、屋面凸出部分细

部做法，隔离层设置、密封处理部位，刚性屋面的分隔缝和嵌缝情况等。

⑮幕墙工程隐检：检查预埋件、后置埋件和连接件的规格、数量、位置、连接方式、防腐处理，构件之间以及构件与主体结构的连接节点的安装及防腐处理，幕墙四周、幕墙与主体结构之间间隙节点的处理，封口的安装，幕墙伸缩缝、沉降缝、防震缝及墙面转角节点的安装，幕墙防雷接地节点的安装，幕墙的防火层构造的设置与处理等。

⑯钢结构工程隐检：检查预埋件、后置埋件和连接件的规格、数量、连接方式、防腐处理，地脚螺栓的规格、位置、埋设方法、紧固、焊接、保温的措施等。

(3)隐蔽工程验收应具备的资料

①隐蔽前应收集该隐蔽部位所涉及的所有施工试验报告。

②隐蔽验收后应及时填写对应的隐蔽工程检验记录，作为隐蔽验收资料的重要组成部分。

③通常如果隐蔽部位有对应检验批资料的，则隐蔽资料还应包括对应的检验批资料，无对应检验批的，直接报监理审批。

“建筑工程隐蔽检验记录”只适用于地基基础、主体结构、屋面、装饰装修、节能工程的隐蔽，不能用于安装工程的隐蔽。

表 3-28 为××公司新建办公楼及宿舍工程的钢筋工程隐蔽检验记录。

表 3-28　建筑工程隐蔽检验记录

<table>
<tr><td>工程名称</td><td>××公司新建办公楼及宿舍</td><td colspan="2">施工单位</td><td>四川省××建筑有限公司</td><td>分项工程名称</td><td>钢筋工程</td><td>图号</td><td>结施4/15</td></tr>
<tr><td>隐蔽日期</td><td>隐蔽部位、内容</td><td>单位</td><td>数量</td><td colspan="2">检查情况</td><td colspan="3">监理(建设)单位验收记录</td></tr>
<tr><td>2014.02.27</td><td>一层柱、梯
(基础顶～+3.550 m)</td><td></td><td></td><td colspan="2">符合《混凝土结构工程施工质量验收规范》(GB 50204—2015)和设计要求</td><td colspan="3" rowspan="9">经检查，该部位钢筋的品种、规格、数量及位置均符合设计和规范要求</td></tr>
<tr><td></td><td></td><td></td><td></td><td colspan="2"></td></tr>
<tr><td></td><td></td><td></td><td></td><td colspan="2"></td></tr>
<tr><td colspan="6">有关测试资料</td></tr>
<tr><td>名称</td><td>测试结果</td><td colspan="3">证单编号</td><td>备注</td></tr>
<tr><td>ф8</td><td>合格</td><td colspan="3">JD/GL 2013-00227</td><td>见证取样，抽检</td></tr>
<tr><td>Φ16 Φ18</td><td>合格</td><td colspan="3">JD/GL 2013-00224
JD/GL 2013-00222</td><td>见证取样，抽检</td></tr>
<tr><td>Φ20</td><td>合格</td><td colspan="3">JD/GL 2013-00225</td><td>见证取样，抽检</td></tr>
<tr><td>Φ22</td><td>合格</td><td colspan="3">JD/GL2014-00013</td><td>见证取样，抽检</td></tr>
<tr><td colspan="9">附图：
详见附页</td></tr>
<tr><td colspan="9">参加检查人员签字</td></tr>
<tr><td colspan="4">施工单位</td><td colspan="3">监理单位</td><td colspan="2">建设单位</td></tr>
<tr><td colspan="4">注册建造师(技术负责人)：×××</td><td colspan="3">监理工程师：(注册方章)</td><td colspan="2">现场代表：×××</td></tr>
</table>

2)建筑物(构筑物)定位(放线)测量记录

“建筑物(构筑物)定位(放线)测量记录”是施工单位进行建筑物(构筑物)的定位(放线)测量的原始记录资料。建筑物(构筑物)定位(放线)测量的目的是将图纸上设计的建筑物的平面位置、形状和高程标定在施工现场,并在施工过程中指导施工,使工程严格按照设计的要求进行建设。

建筑物定位测量是指房屋建筑工程开工后的第一次测量,根据规划部门提供的定位放线图测定拟建建筑物的位置、主控轴线及坐标点,建立平面控制网;同时根据规划部门提供的水准点(一般为 2～3 个点,使用前必须进行校核)测定拟建建筑±0.00 绝对高程。

工程定位测量结束以后,需要检查如下内容。

①校核标准轴线控制桩、平面控制网。

②校核引进现场施工用的水准点。

③检查计算资料和成果。

经检查无误后,填写“建筑物(构筑物)定位(放线)测量记录”,报建设单位、监理单位审核。本表既适用于开工后的第一次定位放线测量,也适用于各楼层的平面放线测量。

表 3-29 为××公司新建办公楼及宿舍工程的建筑物(构筑物)定位(放线)测量记录。

表 3-29 建筑物(构筑物)定位(放线)测量记录

<table>
<tr><td>工程名称</td><td colspan="4">××公司新建办公楼及宿舍</td><td>施工单位</td><td colspan="3">四川省××建筑有限公司</td></tr>
<tr><td>测量依据</td><td colspan="4">城市规划部门提供的红线、
设计文件和现场实际情况</td><td>测量日期</td><td colspan="3">2013.10.07</td></tr>
<tr><td rowspan="2">使用仪器</td><td>水准仪</td><td>苏州-光
DS3</td><td rowspan="2">水准点
标高/
m</td><td>相对</td><td>−0.48</td><td rowspan="2">地坪
标高/
m</td><td>室内</td><td>±0.00</td></tr>
<tr><td>经纬仪</td><td>DJ07</td><td>绝对</td><td>489.24</td><td>室外</td><td>−0.15</td></tr>
<tr><td colspan="9">定位(放线)示意图:
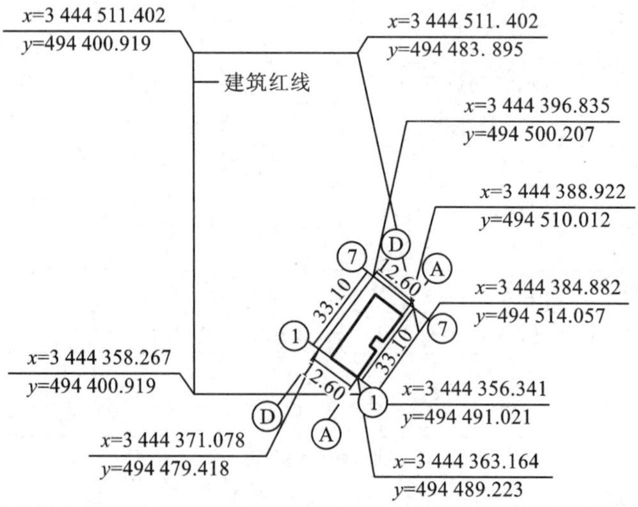
</td></tr>
<tr><td colspan="2">建设单位现场代表:
(签字)×××
×年×月×日</td><td colspan="2">监理工程师注册方章:
(签字)×××
×年×月×日</td><td colspan="3">施工单位技术负责人:
(签字)×××
×年×月×日</td><td colspan="2">测量员:(签字)
×××
×年×月×日</td></tr>
</table>

注:本表一式四份,建设单位、监理单位、施工单位、城建档案馆各一份。

3)抄测记录

“抄测记录”用于记录建筑物各楼层标高的抄测结果,也可用于原始地貌、建筑物基础各个工作点之间的测量。一般在基坑开挖、垫层、基础、各层楼板等施工完毕后,需要进行标高抄测,以此验证实际标高与设计标高是否相符,进行高程控制,而且按照设计楼层部位及混凝土浇筑的顺序,每层至少测量一次。

填表时应注意以下问题。

①抄测点的选择(即表中的“分项名称及编号”)应根据工程的实际情况确定,通常选取建筑物转角点、伸缩缝(施工缝、沉降缝等)位置处,也可以按照轴线交点部位填写。

②抄测的标高为结构层标高,而不是建筑层标高。

③表中的“误差”为对应点的实测(标高)与设计标高之差。

④此表由施工单位的测量员负责填写,施工单位注册建造师(项目经理)负责审核,再报监理工程师复核。

表 3-30 为××公司新建办公楼及宿舍工程的抄测记录。

表 3-30　抄测记录

工程名称	××公司新建办公楼及宿舍			施工单位	四川省××建筑有限公司
分项名称及编号	设计标高/m	实测/m	误差/mm	附图及说明	
①	−1.650	−1.653	−3	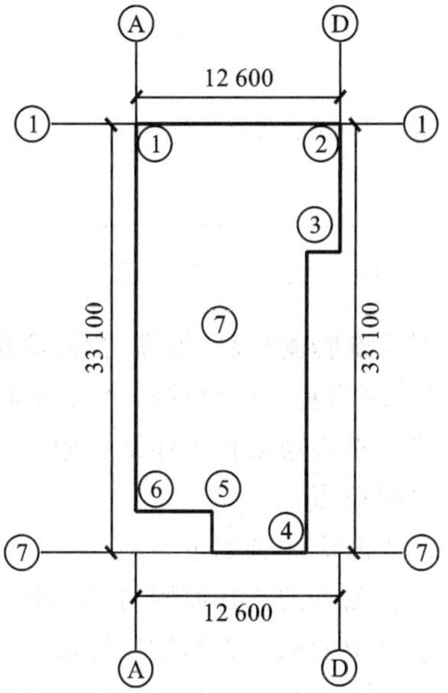 基础抄测图	
②	−1.650	−1.651	−1		
③	−1.650	−1.652	−2		
④	−1.650	−1.654	−4		
⑤	−1.650	−1.653	−3		
⑥	−1.650	−1.652	−2		
⑦	−1.650	−1.654	−4		

续表

结论： 经实际抄测校核，结果符合规范和设计要求
监理单位： 结果符合规范和设计要求 测量日期：×年×月×日
测量单位：(公章) 注册建造师(项目经理)：(签字)××× 测量员：(签字)×××

注：本表一式四份，建设单位、施工单位、监理单位、城建档案馆各一份。

4)建筑物垂直度、标高、全高测量记录

“建筑物垂直度、标高、全高测量记录”用于记录拟建工程立面垂直方向高程及标高的抄测结果。本表通常在主体结构施工完成后、竣工验收前，对各层楼面标高、全高及垂直度进行测量时填写。

填表时应注意如下事项。

①抄测点的选择原则与“抄测记录”一致。

②抄测的标高为结构层标高，而不是建筑层标高。

③表中的“误差”为对应点的实测标高与设计标高之差。

④若拟建工程为多层及高层建筑物，则每层的层高正负误差之和不能超过全高的误差范围。

⑤此表由施工单位测量员负责填写，施工单位注册建造师(项目经理)负责审核，监理单位代表(一般为监理工程师)复核。

表 3-31 为“建筑物垂直度、标高、全高测量记录”的样表。

表 3-31 建筑物垂直度、标高、全高测量记录

<table>
<tr><td colspan="3">工程名称</td><td colspan="7"></td><td colspan="5">施工单位</td><td></td></tr>
<tr><td></td><td colspan="4">质量验收规范的规定</td><td colspan="10">施工单位测量记录</td><td>附图及说明</td></tr>
<tr><td rowspan="16">测量项目</td><td rowspan="3">垂直度</td><td rowspan="2">层高</td><td>≤5 m</td><td>8 mm</td><td></td><td></td><td></td><td></td><td></td><td></td><td></td><td></td><td></td><td></td><td rowspan="16">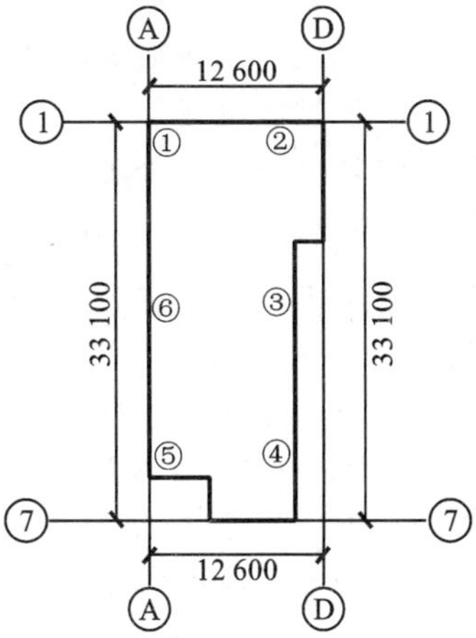</td></tr>
<tr><td>>5 m</td><td>10 mm</td><td></td><td></td><td></td><td></td><td></td><td></td><td></td><td></td><td></td><td></td></tr>
<tr><td colspan="2">全高(H)</td><td>H/1 000 且≤30</td><td></td><td></td><td></td><td></td><td></td><td></td><td></td><td></td><td></td><td></td></tr>
<tr><td rowspan="13">标高</td><td rowspan="8">层高</td><td colspan="2" rowspan="8">±10 mm</td><td colspan="4">设计标高</td><td colspan="3">实测标高</td><td colspan="3">误　差</td></tr>
<tr><td colspan="4"></td><td colspan="3"></td><td colspan="3"></td></tr>
<tr><td colspan="4"></td><td colspan="3"></td><td colspan="3"></td></tr>
<tr><td colspan="4"></td><td colspan="3"></td><td colspan="3"></td></tr>
<tr><td colspan="4"></td><td colspan="3"></td><td colspan="3"></td></tr>
<tr><td colspan="4"></td><td colspan="3"></td><td colspan="3"></td></tr>
<tr><td colspan="4"></td><td colspan="3"></td><td colspan="3"></td></tr>
<tr><td colspan="4"></td><td colspan="3"></td><td colspan="3"></td></tr>
<tr><td rowspan="5">全高</td><td colspan="2" rowspan="5">±30 mm</td><td colspan="4"></td><td colspan="3"></td><td colspan="3"></td></tr>
<tr><td colspan="4"></td><td colspan="3"></td><td colspan="3"></td></tr>
<tr><td colspan="4"></td><td colspan="3"></td><td colspan="3"></td></tr>
<tr><td colspan="4"></td><td colspan="3"></td><td colspan="3"></td></tr>
<tr><td colspan="4"></td><td colspan="3"></td><td colspan="3"></td></tr>
<tr><td colspan="16">结论：

测量员：(签字)</td></tr>
<tr><td colspan="16">监理单位代表：(签字)　　　　测量日期：　年　月　日</td></tr>
</table>

注：本表一式三份，建设单位、施工单位、城建档案馆各一份。

5)沉降观测记录

在工业与民用建筑中，为了掌握建筑物的沉降情况，及时发现对建筑物不利的下沉现象，以便采取措施，保证建筑物安全使用，同时也为今后的合理设计提供资料，因此，在建筑物施工过程中和投产使用后，必须对其进行垂直变形观测，即沉降观测。

(1)需要进行沉降观测的建筑物

根据《建筑变形测量规范》(JGJ 8—2016)第 3.1.1 条的规定，下列建筑在施工和使用期间应进行变形测量：

①地基基础设计等级为甲级的建筑；

②软弱地基上的地基基础设计等级为乙级的建筑；

③加层、扩建建筑或处理地基上的建筑；

④受邻近施工影响或受场地地下水等环境因素变化影响的建筑；

⑤采用新型基础或新型结构的建筑；

⑥大型城市基础设施；

⑦体型狭长且地基土变化明显的建筑。

(2)沉降观测的分类

建筑沉降观测分为建筑场地的沉降观测、地基土分层沉降观测、基础及上部结构的沉降观测。

建筑场地沉降观测应测定建筑影响范围之内的相邻地基沉降和建筑影响范围之外的场地地面沉降；地基土分层沉降观测应测定场地及地基内部各分层土的沉降量、沉降速率以及有效压缩层的厚度；基础及上部结构的沉降观测应测定建筑的沉降量、沉降差及沉降速率，并应根据需要计算基础倾斜、局部倾斜、相对弯曲及构件倾斜。

(3)沉降观测中的基准点、工作基点和监测点

进行建筑物的沉降观测需要设置沉降基准点和监测点。

沉降基准点是指为进行沉降变形测量而布设的稳定的、长期保存的测量点。它是沉降观测的依据点和参考点。基准点应埋设标石或混凝土块、钢管等其他标志。特等、一等沉降观测，基准点不应少于 4 个；其他等级沉降观测，基准点不应少于 3 个。基准点之间应形成闭合环。沉降基准点的点位选择应符合下列规定。

①基准点应设置在变形影响范围以外且位置稳定、易于长期保存的地方，宜避开高压线。

②基准点应避开交通干道主路、地下管线、仓库堆栈、水源地、河岸、松软填土、滑坡地段、机器振动区以及其他可能使标石、标志易遭腐蚀和破坏的地方。

③密集建筑区内，基准点与待测建筑的距离应大于该建筑基础最大深度的 2 倍。

④二等、三等和四等沉降观测，基准点可选择在满足前款距离要求的其他稳固的建筑上。

⑤对地铁、高架桥等大型工程，以及大范围建设区域等长期变形测量工程，宜埋设 2～3 个基岩标作为基准点。

当基准点与所测建筑距离较远致使变形测量作业不方便时，宜设置工作基点。工作基点是指为便于现场变形观测作业而布设的相对稳定的测量点。工作基点也应埋设标石或其他标志。工作基点的设置应符合下列规定。

①工作基点应设在相对稳定且便于进行作业的地方，并应设置相应的标志。

②每期变形测量作业开始时，应先将工作基点与基准点进行联测，再利用工作基点对监测点进行观测。

沉降监测点是指布设在建筑场地、地基、基础、上部结构或周边环境的敏感位置上能反映其变形特征的测量点。因沉降观测的对象不同，对监测点的数量和位置要求也各不相同。

(4)建筑物沉降观测的周期和观测时间

①建筑施工阶段的观测应符合下列规定。

a. 宜在基础完工后或地下室砌完后开始观测。

b. 观测次数与间隔时间应视地基与荷载增加情况确定。民用高层建筑宜每加高 2～3 层观测 1 次，工业建筑宜按回填基坑、安装柱和屋架、砌筑墙体、设备安装等不同施工阶段分别进行观测。若建筑施工均匀增高，应至少在增加荷载的 25%、50%、75%和 100%时各测 1 次。

c. 施工过程中若暂时停工，在停工时及重新开工时应各观测 1 次，停工期间可每隔 2～3 月观测 1 次。

②建筑运营阶段的观测次数，应视地基土类型和沉降速率大小确定。除有特殊要求外，可在第一年观测 3～4 次，第二年观测 2～3 次，第三年后每年观测 1 次，至沉降达到稳定状态或满足观测要求为止。

③观测过程中，若发现大规模沉降、严重不均匀沉降或严重裂缝等，或出现基础附近地面荷载突然增减、基础四周大量积水、长时间连续降雨等情况，应提高观测频率，并应实施安全预案。

④建筑沉降达到稳定状态可由沉降量与时间关系曲线判定。当最后 100 d 的最大沉降速率小于 0.01～0.04 mm/d 时，可认为已达到稳定状态。对具体沉降观测项目，最大沉降速率的取值宜结合当地地基土的压缩性能来确定。

每次沉降观测都应记录观测结果，汇总编写“沉降观测分析报告”，或填写“沉降观测记录”。

表 3-32 为某工程的沉降观测记录表(续表略)。

6)地基验槽记录

由于地基的承载力对建(构)筑物的安全至关重要，所以为了确认地基持力层的各项物理力学指标，以及坑(槽)底标高等是否满足勘察、设计的要求，在基坑(槽)开挖至设计标高、清槽完毕、施工单位自检后可申请验基槽。

①验槽内容。

不同建筑物对地基的要求不同，基础形式不同，验槽的内容也不同，主要有以下几点：

a. 检查基槽(坑)的平面位置、尺寸、开挖深度、坑底标高等是否与设计图纸相符；

b. 检查槽壁、槽底的土质类型、均匀程度及地下水等情况是否与勘察报告相符；

c. 检查基槽之中是否有旧建筑物基础、古井、古墓、洞穴、地下掩埋物及地下人防工程等；

d. 检查基槽边坡外缘与附近建筑物的距离，基坑开挖对建筑物稳定是否有影响；

e. 对于用钎探法辅助验槽的工程，还应分析钎探资料，对存在的异常点位进行复核检查。

②地基验槽应当由勘察单位、设计单位、施工单位、监理单位、建设单位参加；地基需要处理的，检测单位也参加；工程质量监督机构现场监督。

③地基验槽过程中应对不符合设计要求的部位提出处理意见，处理验收后形成地基处理资料。值得注意的是，进行地基处理过的基槽(坑)，还应再做一次地基验槽记录。

表 3-33 为××公司新建办公楼及宿舍工程的地基验槽记录。

表 3-32 沉降观测记录

编号:SM

工程名称:××××工程　　　　控制水准点:　　　　位置:F/25 东北角

高程:489.24 m

观测日期	永久水准点标高/m	观测点:M1			观测点:M2			观测点:M3			观测点:M4			建筑物状态和荷重增加情况
		高程/m	沉降量/mm		高程/m	沉降量/mm		高程/m	沉降量/mm		高程/m	沉降量/mm		
			本次	累计		本次	累计		本次	累计		本次	累计	
2014.1.10		492.020	0	0	492.020	0	0	492.020	0	0	492.020	0	0	1~2 层主体完
2014.1.27		492.017	3	3	492.018	2	2	492.017	3	3	492.018	2	2	3~4 层主体完
2014.2.20		492.015	2	5	492.016	2	4	492.015	2	5	492.016	2	4	5~6 层主体完
2014.3.10		492.013	2	7	492.015	1	5	492.013	2	7	492.014	2	6	7~8 层主体完
2014.3.27		492.011	2	9	492.014	1	6	492.011	2	9	492.013	1	7	9~10 层主体完
2014.4.17		492.010	1	10	492.013	1	7	492.010	1	10	492.012	1	8	11~12 层主体完

建(构)筑物观测点,水准基点平面布置示意图:

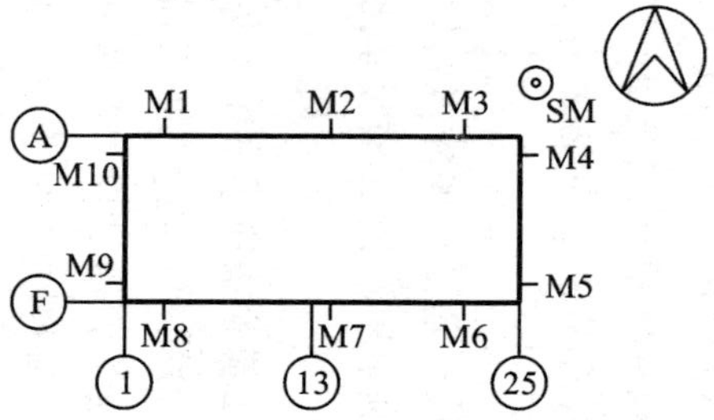

说明:1. M1, M2, …, M10表示沉降观测点。
2. SM表示水准点。

竣工移交前观测结果及处理意见:
观测结果符合规范要求。

施工单位	
施工技术负责人:(签字) ×××	质检(测量)员:(签字) ×××
监理工程师:(注册方章) ×××	监理测量人员:(签字) ×××

表 3-33 地基验槽记录

施工单位:四川省××建筑有限公司

<table>
<tr><td>工程名称及部位</td><td colspan="3">××公司新建办公楼及宿舍</td><td>验收日期</td><td>2013.12.09</td></tr>
<tr><td colspan="6">基壁土层分布情况及走向(附示意图)</td></tr>
<tr><td colspan="6">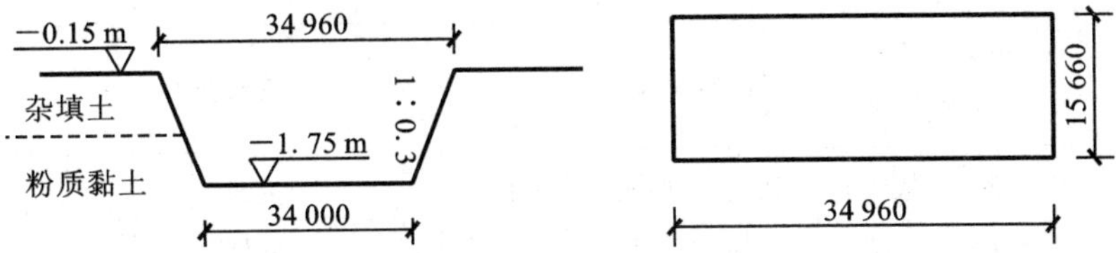
</td></tr>
<tr><td colspan="6">槽底土质、岩层或地基处理后的情况</td></tr>
<tr><td colspan="6">地基持力层土质为粉质黏土,承载力特征值大于等于 210 kPa。基坑开挖后,先穿过杂填土,再到达粉质黏土层,地下水位位于坑底标高以下,不影响土方开挖。与地质勘察报告相符。</td></tr>
<tr><td>基坑实际尺寸</td><td colspan="5">长:34.96 m 宽:15.66 m 深:1.6 m 底标高:−1.75 m</td></tr>
<tr><td colspan="6">验收情况及结论意见</td></tr>
<tr><td>勘察单位</td><td colspan="2">基坑开挖后的情况与地质勘察报告相符,地基承载力特征值可达到 210 kPa。

项目负责人:×××
2013 年 12 月 9 日</td><td>设计单位</td><td colspan="2">根据地质勘察报告,结合现场基坑开挖实际情况检查,地基承载力特征值可达到 210 kPa,符合设计要求。

项目结构设计负责人:×××
2013 年 12 月 9 日</td></tr>
<tr><td colspan="2">施工单位</td><td colspan="2">监理单位</td><td colspan="2">建设单位</td></tr>
<tr><td colspan="2">(注册建造师(项目经理)签字):×××</td><td colspan="2">(项目总监理签字):×××</td><td colspan="2">(现场代表签字):×××</td></tr>
</table>

7)地基钎探记录

地基钎探是指将有标志刻度的标准直径钢钎,采用机械或人工的方式,使用标定重量的击锤,垂直击打进入地基土层;根据钢钎进入待探测地基土层所需的击锤数,探测土层内隐蔽构造情况或粗略估算土层的容许承载力,这样的土层探测方法称为地基钎探。钎探前应绘制钎探点平面布置图,确定钎探点的布置及顺序编号。按钎探点顺序编号,将锤击数填入统一表格内,字迹清楚,经过勘察、设计、监理、施工单位有关人员签字后归档。

8)混凝土施工记录

结构混凝土浇筑时,应填写混凝土施工记录。根据混凝土的拌制地点不同,混凝土施工记录又分为“商品混凝土施工记录”和“现场拌制混凝土施工记录”两张不同的表格,而且两种表格在内容上也有较大差异。工程中据实填写即可。

表 3-34 为××公司新建办公楼及宿舍工程的商品混凝土施工记录。

表 3-35 为现场拌制混凝土施工记录(样表)。

表 3-34　商品混凝土施工记录

<table>
<tr><td colspan="2">工程名称</td><td colspan="2">××公司新建
办公楼及宿舍</td><td colspan="2">施工部位</td><td colspan="2">一层柱梁板</td><td>气温/℃</td><td>9</td><td>气候</td><td>阴</td></tr>
<tr><td colspan="2">施工单位</td><td colspan="2">四川省××建筑
有限公司</td><td colspan="2">项目负责人</td><td colspan="2">×××</td><td>质检员</td><td>×××</td><td>试验员</td><td>×××</td></tr>
<tr><td colspan="2">商品混凝土
供应单位</td><td colspan="2">四川××混凝土
有限公司</td><td colspan="2">技术负责人</td><td colspan="2">×××</td><td colspan="2">质检员</td><td colspan="2">×××</td></tr>
<tr><td>混凝土
强度
等级</td><td>设计
坍落度
/cm</td><td>实测
坍落度
/cm</td><td>混凝土
出厂
时间</td><td>到达
现场
时间</td><td>混凝土
初凝
时间/h</td><td>每车
混凝土
容量/m³</td><td>送料
车号</td><td>试块
取样
时间</td><td>检验
人员</td><td>监理
人员</td><td>备注</td></tr>
<tr><td>C30</td><td>17±2</td><td>18.5</td><td>10:20</td><td>10:50</td><td>3</td><td>5.2</td><td>—</td><td>10:55</td><td>×××</td><td>×××</td><td></td></tr>
<tr><td>C30</td><td>17±2</td><td>19</td><td>10:30</td><td>11:05</td><td>3</td><td>5.2</td><td>—</td><td>—</td><td>×××</td><td>×××</td><td></td></tr>
<tr><td>C30</td><td>17±2</td><td>18</td><td>10:40</td><td>11:20</td><td>3</td><td>5.2</td><td>—</td><td>—</td><td>×××</td><td>×××</td><td></td></tr>
<tr><td></td><td></td><td></td><td></td><td></td><td></td><td></td><td></td><td></td><td></td><td></td><td></td></tr>
<tr><td></td><td></td><td></td><td></td><td></td><td></td><td></td><td></td><td></td><td></td><td></td><td></td></tr>
<tr><td colspan="10">所供商品混凝土符合要求。

注册建造师(技术负责人):×××　　　质检员:×××　　　×年×月×日</td><td colspan="2">专业监理工程师:
×××
×年×月×日</td></tr>
</table>

注:每车混凝土均应测试坍落度。

表 3-35　现场拌制混凝土施工记录

<table>
<tr><td>工程名称</td><td colspan="5"></td><td colspan="2">施工部位</td><td colspan="3"></td><td colspan="2">气温/℃</td><td></td><td>气候</td><td></td></tr>
<tr><td>施工单位</td><td colspan="5"></td><td colspan="2">项目负责人</td><td colspan="3"></td><td colspan="2">专业工长</td><td></td><td>质检员</td><td></td></tr>
<tr><td colspan="7">设计配合比(每盘)</td><td colspan="2">实测含
水率/(%)</td><td colspan="7">施工配合比(每盘)</td></tr>
<tr><td>材料
名称</td><td>水泥</td><td>水</td><td>砂</td><td>石</td><td>外加
剂</td><td>外掺
料</td><td>石</td><td>砂</td><td>材料名称</td><td>水泥</td><td>水</td><td>砂</td><td>石</td><td>外加
剂</td><td>外掺
料</td></tr>
<tr><td>质量/kg</td><td></td><td></td><td></td><td></td><td></td><td></td><td></td><td></td><td>质量/kg</td><td></td><td></td><td></td><td></td><td></td><td></td></tr>
<tr><td>混凝土
强度等级</td><td>拌制机械
编号</td><td colspan="2">计量情况</td><td colspan="2">设计坍落度
/cm</td><td colspan="2">实际坍落度
/mm</td><td colspan="2">坍落度
测试时间</td><td colspan="2">试件取样
时间</td><td colspan="2">检验
人员</td><td colspan="2">监理
人员</td></tr>
<tr><td></td><td></td><td colspan="2"></td><td colspan="2"></td><td colspan="2"></td><td colspan="2"></td><td colspan="2"></td><td colspan="2"></td><td colspan="2"></td></tr>
<tr><td></td><td></td><td colspan="2"></td><td colspan="2"></td><td colspan="2"></td><td colspan="2"></td><td colspan="2"></td><td colspan="2"></td><td colspan="2"></td></tr>
<tr><td colspan="11">

注册建造师(技术负责人):　　　质检员:　　　年　月　日</td><td colspan="5">专业监理工程师:

年　月　日</td></tr>
</table>

注:每个工作班次(8 h),每台拌制机械检查应不少于 8 次。

9)混凝土开盘鉴定

《混凝土结构工程施工质量验收规范》(GB 50204—2015)第7.3.4条规定:首次使用的混凝土配合比应进行开盘鉴定,其原材料、强度、凝结时间、黏稠度等应满足设计配合比的要求。因此,每一单位工程首次使用的混凝土配合比均需要做开盘鉴定。

①混凝土开盘鉴定的目的如下:

a.验证混凝土配合比设计;

b.确认混凝土的工作性能(如坍落度、保水性、黏聚性等)是否满足设计要求;

c.检查混凝土所用原材料与配合比是否相符;

d.确认混凝土的实际抗压强度。

②在施工现场搅拌的混凝土,其开盘鉴定应在现场浇筑点进行;预拌混凝土的开盘鉴定除混凝土拌和物性能检验在施工现场进行外,其他鉴定内容在预拌混凝土站进行。开始生产时应至少留置一组标准养护试件,作为验证配合比的依据。检验方法为检查开盘鉴定资料和试件强度报告。

③采用预拌混凝土的,开盘鉴定应由混凝土供应单位自行组织相关人员进行;采用现场搅拌的,应由施工单位组织监理(建设)单位、搅拌机组、实验室进行,最后出具混凝土开盘鉴定报告。

④开盘鉴定资料包括混凝土原材料检验报告、混凝土配合比通知单和强度试验报告等。

10)防水抗渗试验记录

凡有防水要求的工程部位(如房屋建筑中的屋面、厨房、卫生间、公共浴室等),在防水层施工完毕后,均应做防水抗渗试验。试验方法主要有蓄水试验和淋水试验。

(1)蓄水试验

蓄水试验主要适用于能蓄水的部位,如厨房、浴室、厕所和带女儿墙的平屋面。同一房间应做两次蓄水试验,分别在室内防水完成后和装修后100%做蓄水试验。进行蓄水试验时,蓄水的高度一般为100 mm左右,最浅处不低于20 mm,尽可能覆盖整个防水层。蓄水时间不得少于24 h,检查无渗漏和积水为合格。

(2)淋水试验

淋水试验主要适用于不能蓄水的部位,如坡屋面、不带女儿墙的平屋面和外墙。屋面淋水试验可在屋脊处设干管向两边喷淋。淋水试验的淋水时间不得少于2 h,检查无渗漏和积水为合格。

防水抗渗试验的检查部位主要集中在细部构造和有接缝的部位,如水管根部、屋面天沟、檐口、泛水、落水口、变形缝等。

对于适宜做淋水试验的部位,如果遇到下雨时间持续2 h以上的雨天,可以采用雨后检查代替淋水试验。值得注意的是,凡是能做蓄水试验的屋面,包括蓄水屋面和种植屋面,做防水抗渗试验时都应做蓄水试验,而不是淋水试验,特殊屋面的蓄水高度按其特定要求确定。

表3-36为××公司新建办公楼及宿舍工程的防水抗渗试验记录。

表 3-36　防水抗渗试验记录

<table>
<tr><td>工程名称</td><td colspan="2">××公司新建办公楼及宿舍</td><td>施工单位</td><td colspan="2">四川省××建筑有限公司</td></tr>
<tr><td>分部分项名称</td><td colspan="2">SBS卷材防水</td><td>试水方式</td><td colspan="2">蓄水</td></tr>
<tr><td>淋水或蓄水起始时间</td><td colspan="2">2014年9月1日8:00</td><td>达到蓄水深度或淋水时间</td><td colspan="2">100 mm,2014年9月2日10:00</td></tr>
<tr><td>检查时间及参加检查人员</td><td colspan="5">检查时间　2014年9月2日10:00
参加人员　监理工程师:×××
建设单位现场代表:×××
防水施工单位:×××
施工(总包)单位:×××</td></tr>
<tr><td>检查部位</td><td colspan="5">屋面</td></tr>
<tr><td colspan="6">检查结果:经现场共同检查,无渗漏,符合《屋面工程质量验收规范》和设计的要求。</td></tr>
<tr><td colspan="2">试验单位</td><td colspan="2">施工单位(总包)</td><td>监理工程师</td><td>建设单位</td></tr>
<tr><td colspan="2">负责人:(签字)×××
测试员:(签字)×××
2014年9月2日</td><td colspan="2">技术负责人:(签字)
×××
2014年9月2日</td><td>负责人:(签字)
×××
2014年9月2日</td><td>负责人:(签字)
×××
2014年9月2日</td></tr>
</table>

3.1.6　土建工程施工试验记录及检测文件

土建工程施工试验记录及检测文件目录如表3-37所示。

表 3-37　土建工程施工试验记录及检测文件目录

序号	资料名称	保存单位	备注
1	锚杆试验报告	建设、施工、监理、城建档案馆	本节略
2	地基承载力检验报告	建设、施工、监理、城建档案馆	
3	桩基检测报告	建设、施工、监理、城建档案馆	本节略
4	土工击实试验报告	建设、施工、监理、城建档案馆	
5	回填土试验报告(应附图)	建设、施工、监理、城建档案馆	
6	钢筋机械连接、焊接试验报告	建设、施工、监理、城建档案馆	
7	砂浆配合比设计报告	施工、监理、城建档案馆	
8	砂浆立方体试块抗压强度试验报告	建设、施工、监理、城建档案馆	
9	砌筑砂浆试块强度统计、评定记录	建设、施工、监理、城建档案馆	
10	混凝土配合比设计报告	建设、施工、监理、城建档案馆	本节略
11	混凝土立方体试块抗压强度试验报告	建设、施工、监理、城建档案馆	

续表

序号	资料名称	保存单位	备注
12	混凝土试块强度统计、评定记录	建设、施工、监理、城建档案馆	
13	混凝土抗渗试验报告	建设、施工、监理、城建档案馆	本节略
14	混凝土碱总量计算书	建设、施工、监理、城建档案馆	本节略
15	外墙饰面砖样板黏结强度试验报告	建设、施工、监理、城建档案馆	本节略
16	后置埋件抗拔试验报告	建设、施工、监理、城建档案馆	本节略
17	超声波探伤报告、探伤记录	建设、施工、监理、城建档案馆	本节略
18	钢构件射线探伤报告	建设、施工、监理、城建档案馆	本节略
19	磁粉探伤报告	建设、施工、监理、城建档案馆	本节略
20	高强度螺栓抗滑移系数检测报告	建设、施工、监理、城建档案馆	本节略
21	钢结构焊接工艺评定报告	建设、施工、监理、城建档案馆	本节略
22	网架节点承载力试验报告	建设、施工、监理、城建档案馆	本节略
23	钢结构防腐、防火涂料厚度检测报告	建设、施工、监理、城建档案馆	本节略
24	幕墙双组分硅酮结构胶混匀性及拉断试验报告	建设、施工、监理、城建档案馆	本节略
25	幕墙的抗风压性能、空气渗透性能、雨水渗透性能及平面内变形性能检测报告	建设、施工、监理、城建档案馆	本节略
26	外门窗的抗风压性能、空气渗透性能和雨水渗透性能检测报告	建设、施工、监理、城建档案馆	本节略
27	墙体节能工程保温板材与基层黏结强度现场拉拔试验	建设、施工、监理、城建档案馆	本节略
28	外墙保温浆料同条件养护试件试验报告	建设、施工、监理、城建档案馆	本节略
29	结构实体混凝土强度验收记录	建设、施工、监理、城建档案馆	
30	结构实体钢筋保护层厚度验收记录	建设、施工、监理、城建档案馆	
31	其他施工试验记录与检测文件		

1)地基承载力检测报告

地基承载力检测主要用于确定地基持力层的承载力和变形特征。设计前的地基承载力检测主要由勘察单位完成,可以为设计单位提供设计依据。在施工过程中,如果土方开挖后的地基不需要人工处理,则一般不再进行地基承载力检测;但是如果需要人工处理地基,如换填、强夯、预压等,那么在处理完毕后就需要对处理过的地基进行承载力检测,形成“地基承载力检测报告”。

地基承载力检测的方法有很多,常见的有平板荷载试验、标准贯入试验、静力触探试验和动力触探试验等。

2)桩基检测报告

桩基检测报告微课

桩基检测的目的主要是检查桩的承载能力和桩身的完整性。

(1)桩基检测的基本规定

关于桩基的检测,《建筑基桩检测技术规范》(JGJ 106—2014)有下列规定。

①桩基工程的检测可以分为施工前的检测、施工中的检测和施工后的检测。

②当设计有要求或有下列情况之一时,施工前应进行试验桩检测并确定单桩极限承载力:

a. 设计等级为甲级的桩基;

b. 无相关试桩资料可参考的设计等级为乙级的桩基;

c. 地基条件复杂、基桩施工质量可靠性低;

d. 本地区采用的新型桩或采用新工艺成桩的桩基。

③施工完成后的工程桩应进行单桩承载力和桩身完整性检测。

④验收检测时,宜先进行桩身完整性检测,后进行承载力检测。桩身完整性检测应在基坑开挖至基底标高后进行。

(2)桩基检测的方法

桩基检测的方法有很多。桩身完整性检测的方法主要有低应变法、静载法、钻芯法、高应变法、浅部开挖验证法、声波透射法等;承载力检测的方法主要有单桩竖向抗压静载试验、单桩竖向抗拔静载试验、单桩水平静载试验、高应变法等。

桩基的检测应由施工单位委托具有相应资质的专业检测机构来完成,但是资料员应收集保存好相关的“桩基检测报告”。

3)土工击实试验报告、回填土试验报告

土工击实试验微课

(1)土工击实试验

实际工程中在进行建筑物地基及基础回填时经常遇到填土压实的问题。经过搬运未经压实的填土,原状结构已被破坏,孔隙、空洞较多,土质不均匀,压缩量大,强度低,抗水性能差。为了改善回填土的工程性质,有效控制回填质量,国家有关标准对不同工程部位的土方压实度指标进行了明确规定,要求土方工程应测定土的最优含水量时的最大干密度,并有“土工击实试验报告”或“土工最大干密度检测报告”。

土工击实试验就是模拟工程现场的夯实原理,利用标准化的击实仪,对土料施加一定的冲击荷载,使之压实,从而确定最大干密度和最佳含水率,作为填土施工质量控制的重要依据。

表 3-38 为××公司新建办公楼及宿舍工程的土工击实试验报告。

(2)回填土试验

土工密度试验——环刀法微课

回填土试验是对已经压实的土层采用环刀法或灌砂法取样,测定压实土的密度是否达到标准的一种试验方法,并有“回填土试验报告”或“土工密实度试验报告”。

无论土工击实试验,还是回填土试验,一般都是委托具有相应资质的专业检测机构来完成,资料员收集相关试验报告即可。

表 3-39 为××公司新建办公楼及宿舍工程的土工密实度试验报告。

表 3-38　土工击实试验报告

委托编号:2014009474　　报告编号:禾(L2)1400032　　检验编号:L2-140300039

委托单位	四川省××建筑有限公司	项目地点	—
工程名称	××公司新建办公楼及宿舍		
使用部位	办公楼及宿舍地坪	击实筒体积/cm^3	2 103.9
见证单位	四川××工程咨询设计有限责任公司	击实筒重/g	2 880
样品来源	见证取样	检验类别	委托
土质类别	连砂石	超尺寸颗粒含量/(%)	—
检验方法	重型击实	委托日期	2014.03.25
检验依据	《土工试验方法标准》(GB/T 50123—2019)	检验日期	2014.03.29
混合料比例	—	签发日期	2014.03.31

检 验 结 果

含石量/(%)	50.0	60.0	70.0	—	—
最大干密度/(g/cm^3)	2.25	2.27	2.29	—	—
最佳含水量/(%)	7.2	6.2	5.3	—	—

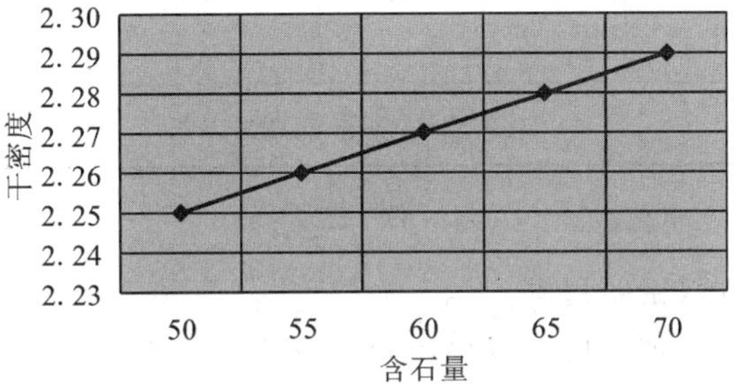

最大干密度/(g/cm^3)	2.29	最佳含石量/(%)	70
备注	—		

签发:×××　　审核:×××　　试验:×××　　检测单位:(公章)

表 3-39　土工密实度试验报告

委托编号:201409849　　报告编号:L4-140400087　　检验编号:禾(L4)1400071

委托单位	四川省××建筑有限公司	检验日期	2014.04.03
工程名称	××公司新建办公楼及宿舍	报告日期	2014.04.15
取样部位	办公楼及宿舍地坪连砂石层		
见证单位	四川××工程咨询设计有限责任公司	检测方法	灌水法
样品来源		项目地点	
土质类别	连砂石		
检验类别	委托	要求压实度/(%)	94

续表

检验依据	《土工试验方法标准》(GB/T 50123—2019)							
检验结果								
测点部位	填土层次	土样描述	取样深度/cm	湿密度/(g/cm^3)	含水量/(%)	干密度/(g/cm^3)	最大干密度/(g/cm^3)	压实度/(%)
1	连砂石层	连砂石	19.6	2.27	5.2	2.16	2.29	94.3
2	连砂石层	连砂石	19.9	2.31	5.8	2.18	2.28	95.6
3	连砂石层	连砂石	20.3	2.29	5.4	2.17	2.28	95.2
4	连砂石层	连砂石	19.7	2.28	5.3	2.17	2.28	95.2
5	连砂石层	连砂石	20.2	2.30	5.6	2.18	2.28	95.6
备注	本报告复制无效							

签发：××× 审核：××× 试验：××× 检测单位：(公章)

4)钢筋机械连接、焊接试验报告

①钢筋机械连接接头、焊接接头或焊接制品应按连接或焊接方式和检验批的划分进行质量验收，并现场取样复试，做力学性能检验。

②钢筋接头取样的检验批量。

根据住房和城乡建设部发布的《钢筋焊接及验收规程》(JGJ 18—2012)和《钢筋机械连接技术规程》(JGJ 107—2016)的规定，钢筋接头取样的检验批量应满足下列要求：

a. 同一厂家、同一牌号、同一焊接方式的钢筋，不超过 300 个焊接接头(房屋建筑中，还应不超过连续两楼层且不超过 300 个接头)为一检验批；

b. 当箍筋采用闪光对焊时，同一厂家、同一牌号、同一焊工不超过 600 个焊接接头为一检验批；

c. 采用机械连接(如套筒连接、锥螺纹连接、镦粗直螺纹连接等)时，螺纹钢筋按同一施工条件下采用同一批材料的同等级、同类型、同规格接头，不超过 500 个接头为一检验批。

③钢筋机械连接、焊接试验一般委托有相应资质的检测机构来做，并出具“钢筋机械连接试验报告”或“焊接试验报告”。

④进行钢筋焊接或机械连接施工的工人必须具有有效的岗位证书。

表 3-40 为××公司新建办公楼及宿舍工程的钢筋焊接力学性能试验报告。

表 3-41 为××公司新建厂房工程的钢筋机械连接拉伸性能试验报告。

表 3-40　钢筋焊接力学性能试验报告

编号:JD/GH2014-00078

委托单位	四川省××建筑有限公司				委托编号	JD/2014-00053	
工程名称	××公司新建办公楼及宿舍				委托日期	2014.01.20	
检测性质	委托检测				送样人	×××	
来样方式	有见证送样				见证人	×××	
钢筋种类	热轧带肋钢筋				检测日期	2014.01.20	
依据标准	《钢筋焊接及验收规程》(JGJ 18—2012)				报告日期	2014.01.21	
焊接类型		电渣压力焊			—		
型号、规格		HRB400E　16 mm			—		
接头数量		3			—		
工程部位		办公楼及宿舍一层			—		
试件编号		1	2	3	—	—	—
抗拉强度/MPa	标准值	≥540	≥540	≥540	—	—	—
	实测值	681	686	683	—	—	—
焊点至断点位置/mm		25	20	19	—	—	—
断裂性质		延性断裂	延性断裂	延性断裂	—	—	—
结论	该批接头样品所检参数符合要求						
备注	—						
声明	检测报告未加盖“CMA 章”和“检测资质专用章”无效						

审批:×××　　　　校核:×××　　　　主检:×××

表 3-41　钢筋机械连接拉伸性能试验报告

编号:JD/JX2013-00025

委托单位	四川省××建筑有限公司				委托编号	JD/2013-00240	
工程名称	××公司新建厂房				委托日期	2013.12.17	
来样方式	有见证送样				送样人	×××	
钢筋种类	热轧带肋钢筋				见证人	×××	
检测日期	2013.12.18				报告日期	2014.01.21	
依据标准	《钢筋机械连接技术规程》(JGJ 107—2016)						
牌号		HRB400			—		
规格/mm		25			—		
接头类型		套筒挤压接头			—		
接头等级		Ⅰ级			—		
接头数量		3			—		
使用部位		厂房基础			—		
试件编号		1	2	3	—	—	—
抗拉强度/MPa	标准值	≥540	≥540	≥540	—	—	—
	实测值	632	633	630	—	—	—

续表

断裂位置/mm		72	97	75	—	—	—
断裂性质		钢筋拉断	钢筋拉断	钢筋拉断	—	—	—
结论	该样品所检参数符合《钢筋机械连接技术规程》(JGJ 107—2016)要求						
备注	—						
声明	检测报告未加盖“CMA章”和“检测资质专用章”无效						

审批:××× 校核:××× 主检:×××

5)砂浆的试验

(1)砂浆配合比设计报告

砂浆在搅拌前应具备组成砂浆的所有原材料的合格证及复验报告,证明其质量合格,再进行配合比设计。配合比设计通过试配、计算、调整等步骤逐步完成,最后形成“配合比设计报告”。现场搅拌的砂浆应具有“配合比申请单”和“配合比通知单”;预拌砂浆只有“配合比设计报告”,由供应商提供。当砌筑砂浆的组成材料有变更时,其配合比应重新确定。

表3-42为××公司新建办公楼及宿舍工程的砂浆配合比设计报告。

表3-42 砂浆配合比设计报告

委托编号:201405270 报告编号:禾(F1)1400104 检验编号:F1-140300123

委托单位		四川省××建筑有限公司				检验日期	2014.03.17
工程名称		××公司新建办公楼及宿舍				报告日期	2014.03.18
使用部位		整个工程				检验项目	委托
样品来源		见证取样				项目地点	—
依据标准		《砌筑砂浆配合比设计规程》(JGJ/T 98—2010)					
设计强度等级		M5.0	砂浆种类	混合砂浆	稠度/mm	60～80	
原材料信息	水泥	厂家	德阳川雄水泥	品种强度等级	复合硅酸盐水泥 32.5	实测强度	—
	细骨料	产地	—				
		含泥石量/(%)	3.9	表观密度/(kg/m³)	—		
		空隙率/(%)	—	堆积密度/(kg/m³)	1 400		
		品种	天然砂	细度模数	2.2		
	外加剂一	厂家	—	品牌	—	型号/规格	—
		掺量/(%)	—				
	外加剂二	厂家	—	品牌	—	型号/规格	—
		掺量/(%)	—				
	掺合料一	厂家	—	品牌	石灰膏	型号/规格	—
		掺量/(%)	—				
	掺合料二	厂家	—	品牌	—	型号/规格	—
		掺量/(%)	—				
基本性能		稠度/mm	72	保水率/(%)	87		

续表

拌和物捣固方法	机拌				适宜温度/℃	10～25	
配合比	每立方米材料用量(kg)及比例						
	水	水泥	细骨料	外加剂一	外加剂二	掺合料一	掺合料二
	285	270	1 400	—	—	70	—
	1.05	1.00	5.19	—	—	0.259	—
备注	①检测结果仅对本样品有效。②报告人工修改数据无效。③材料应严格计量。④本配合比所用砂均为干燥状态下用量。⑤拌和用水应符合《混凝土结构工程施工质量验收规范》(GB 50204—2015)中相应规定。⑥本报告复制无效						

签发:×××　　　　审核:×××　　　　检验:×××　　　　检验单位(章):

(2)砂浆立方体试块抗压强度试验报告

根据现行规范的规定,砂浆的抗压强度以标准养护、28 d 龄期试块的立方体抗压强度为准。

①砂浆的检验批量。

a. 砌筑砂浆:以同一强度等级、同一配合比、同种类型的砂浆试块不少于 3 组且不超过 250 m^3 砌体的砂浆为一检验批。

b. 干拌砂浆:同强度等级每 400 t 为一验收批,不足 400 t 也按一批计。每批从 20 个以上的不同部位取等量样品。总质量不少于 15 kg,分成两份,一份送试验,一份备用。

c. 建筑地面用砂浆:建筑地面用水泥砂浆,以每一层或 1 000 m^2 为一检验批,不足 1 000 m^2 也按一批计。每批砂浆至少取样一组。当改变配合比时,也要相应地留置试块。

②砂浆的取样。砂浆试件一般采用标准试件,即边长为 70.7 mm×70.7 mm×70.7 mm 的立方体试件。试件的取样地点为搅拌机出料口或到现场的砂浆运送车、砂浆槽。试件的留置数量应满足下列要求。

a. 现场拌制的砂浆,同一强度等级、同一配合比、同种类型的普通砂浆,每一检验批一般不少于 3 组(每组 3 个试块),每台搅拌机至少抽检一次,同盘砂浆只制作 1 组。同一检验批砂浆试块只有 1 组或 2 组的,进行强度评定时有特殊要求。对于结构安全等级为一级或设计使用年限为 50 年及以上的房屋,同一检验批砂浆试块不得少于 3 组。

b. 预拌砂浆或蒸压加气混凝土砌块专用砂浆,每一检验批抽检 3 组。

③砂浆抗压强度试验一般委托具有相应资质的检测机构来做,并出具"砂浆立方体试块抗压强度试验报告"。

表 3-43 为××公司新建办公楼及宿舍工程的砂浆立方体试块抗压强度试验报告。

表 3-43　砂浆立方体试块抗压强度试验报告

编号:JD/SK2014-00002

委托单位	四川省××建筑有限公司	委托编号	JD/2014-00226
工程名称	××公司新建办公楼及宿舍	委托日期	2014.04.17
检测性质	委托检测	送样人	×××
来样方式	有见证送样	见证人	×××

续表

试件尺寸	70.7 mm×70.7 mm×70.7 mm				检测日期	2014.05.11	
依据标准	《建筑砂浆基本性能试验方法标准》(JGJ/T 70—2009)				报告日期	2014.05.12	
检测结果							
成型日期	工程部位(砂浆种类)	设计强度等级	龄期/d	承压面积/mm²	破坏荷载/kN	抗压强度/MPa	
						单块值	代表值
2014.04.13	办公楼及宿舍一层(混合砂浆)	M5.0	28	5 000	48.4	13.1	14.5
				5 000	57.8	15.6	
				5 000	55.1	14.9	
—	—	—	—	—	—	—	—
				—	—	—	
				—	—	—	
—	—	—	—	—	—	—	—
				—	—	—	
				—	—	—	
—	—	—	—	—	—	—	—
				—	—	—	
				—	—	—	
备注	标准养护						
声明	检测报告未加盖“CMA”和“检测资质专用章”无效						

审批:×××　　　　校核:×××　　　　主检:×××

(3)砌筑砂浆试块强度统计、评定记录

资料员收集砂浆立方体试块抗压强度试验报告后,需要对试验报告进行统计汇总,形成“砂浆试块强度汇总表”,也可以用主要原材料汇总表进行汇总。汇总完毕后,就需要对砂浆强度进行评定,填写“砌筑砂浆强度评定表”。

①单位工程砂浆试块抗压强度的评定应按砌筑砂浆的检验批进行。

②根据《砌体结构工程施工质量验收规范》(GB 50203—2011)第 4.0.12 条的规定,砌筑砂浆试块强度验收时,其强度合格标准应符合下列规定。

a. 同一检验批砂浆试块强度平均值应大于或等于设计强度等级值的 1.10 倍。

b. 同一检验批砂浆试块抗压强度的最小一组平均值应大于或等于设计强度等级值的 85%。

③同一检验批砂浆试块只有 1 组或 2 组的,进行强度评定时每组砂浆试块抗压强度平均值应大于或等于设计强度等级值的 1.10 倍。

④当施工中或验收时有下列情况的,可以采用现场检验方法对砂浆或砌体强度进行实体检验,并判定其强度:

a. 砂浆试块缺乏代表性或试块数量不足；

b. 对砂浆试块的试验结果有怀疑或有争议；

c. 砂浆试块的试验结果不能满足设计要求；

d. 发生工程事故，需要进一步分析事故原因。

表 3-44 为××公司新建办公楼及宿舍工程的砌筑砂浆立方体抗压强度汇总表。

表 3-45 为××公司新建办公楼及宿舍工程的砌筑砂浆强度评定表。

表 3-44 砌筑砂浆立方体抗压强度汇总表

单位工程名称：××公司新建办公楼及宿舍　　施工单位：四川省××建筑有限公司

序号	材料(设备)名称	品种	型号(规格)	单位	代表数量	使用部位	出厂证明	试验单编号	备注
1	砌筑砂浆	混合砂浆	M5.0			一层		JD/SK2014-00002	
2	砌筑砂浆	混合砂浆	M5.0			二层		JD/SK2014-00006	
3	砌筑砂浆	混合砂浆	M5.0			三层		JD/SK2014-00007	
4									
注册建造师(技术负责人)：(签字) ×××				审核：(签字) ×××			填表：(签字) ×××		

注：本表一式四份，建设单位、施工单位、监理单位、城建档案馆各一份。

表 3-45 砌筑砂浆强度评定

工程名称		××公司新建办公楼及宿舍		施工单位	四川省××建筑有限公司	
养护条件		标准养护				
序号	$F_{m,k}$	$0.85f_m$	使用部位	验收批各组试块强度/MPa	强度最大值/MPa	强度最小值/MPa
1	M5.0	4.25	一层	14.5	15.6	13.1
2	M5.0	4.25	二层	13.1	16.5	12.3
3	M5.0	4.25	三层	16.5	17.3	15.7
评定结论		根据《砌体结构工程施工质量验收规范》(GB 50203—2011),经评定合格				

注册建造师(技术负责人):(签字)××× ×年×月×日	审核人:(签字) ××× ×年×月×日	评定人:(签字) ××× ×年×月×日	监理工程师:(注册方章) ×年×月×日

6)混凝土试验

(1)混凝土配合比设计报告

①混凝土搅拌前,也需要进行配合比设计,同时组成混凝土的所有原材料都必须检验合格,以有相应的检验报告为证。施工单位应根据设计的混凝土强度等级和混凝土施工和易性的要求,现场取样送实验室,填写"混凝土配合比申请单"并向实验室提出试配申请;实验室试配后签发"混凝土配合比通知单"或"混凝土配合比设计报告"。现场搅拌的混凝土应有"混凝土配合比申请单"和"混凝土配合比通知单";预拌混凝土只有"混凝土配合比通知单",由供应商提供。

②首次使用的混凝土,其配合比应进行开盘鉴定,工作性能应满足设计配合比的要求。

表 3-46 为××公司新建办公楼及宿舍工程的混凝土配合比设计报告。

表 3-46 混凝土配合比设计报告

委托编号:201324751　　报告编号:禾(E10)3305318　　检验编号:E10-130801568

委托单位	××混凝土有限公司	检验日期	2013.12.13
工程名称	—	报告日期	2013.12.16
使用部位	—	检验项目	委托

续表

样品来源		无见证			项目地点		—
依据标准		《普通混凝土配合比设计规程》(JGJ 55—2011)					
设计强度等级		C30	设计抗渗等级		—		
混凝土种类		泵送混凝土	坍落度/mm		160～200		
原材料信息	水泥	厂家	中联	品种强度等级	普通硅酸盐水泥 42.5R	实测强度	—
	细骨料	产地	—	石粉含量/(%)		3.1	
		含泥量/(%)	3.9	表观密度/(kg/m³)		—	
		空隙率/(%)	—	堆积密度/(kg/m³)		1 460	
		品种	人工砂	细度模数		2.7	
	粗骨料 1	品种	碎石	粗骨料 1 粒径/mm		5～25	
		空隙率/(%)	—	表观密度/(kg/m³)	—	压碎值/(%)	—
		产地	—	堆积密度/(kg/m³)	1 460	含泥量/(%)	0.3
	外加剂 1	厂家	眉山	品牌	减水剂	型号/规格	三三科技
		掺量/(%)	2.0				
	掺合料 1	厂家	江油电厂	品牌	粉煤灰	型号/规格	Ⅱ级
		掺量/(%)	18				
基本性能		维勃稠度/s	—	砂率/(%)	44	水胶比	0.45
拌和物捣固方法		机拌		表观密度/(kg/m³)		2 420	

配合比	每立方米材料用量(kg)及比例							
	水	水泥	细骨料	粗骨料 1	粗骨料 2	外加剂 1	外加剂 2	掺合料 1	掺合料 2
	182	331	807	1027	—	8.08	—	73	—
	0.55	1.00	3.63	3.1	—	0.024	—	0.221	—

备注	①检测结果仅对本样品有效。②报告人工修改数据无效。③材料应严格计量。④本配合比所用砂均为干燥状态下用量。⑤拌和用水应符合《混凝土结构工程施工质量验收规范》(GB 50204—2015)中相应规定。⑥本报告复制无效

签发:××× 审核:××× 检验:××× 检验单位:(公章)

(2)混凝土立方体试块抗压强度试验报告

混凝土的抗压强度指的是立方体抗压强度,通过对按标准方法制作和养护的边长为 150 mm 的立方体试块(标准试块),用标准试验方法在 28 d 龄期测得的抗压强度。

①混凝土试块的取样与留置。

根据《混凝土结构工程施工质量验收规范》(GB 50204—2015)第 7.4.1 条的规定:用于检查混凝土强度的试块,应在混凝土的浇筑地点随机抽取。

对同一配合比的混凝土,取样与试块留置应符合下列规定。

a. 现场拌制的混凝土,每拌制 100 盘且不超过 100 m³的同配合比的混凝土,取样不得少于一次;每工作班拌制的同一配合比的混凝土不足 100 盘时,取样不得少于一次。

b. 当一次连续浇筑超过 1 000 m^3 时,同一配合比的混凝土每 200 m^3 取样不得少于一次。

c. 每一楼层取样不得少于一次。

d. 每次取样应至少留置一组标准养护试块。

②混凝土试块的制作与养护。

根据《混凝土强度检验评定标准》(GB/T 50107—2010)的规定,混凝土试块的制作与养护应符合以下要求。

a. 每次取样应至少制作一组标准养护试块。

b. 每组 3 个试块应由同一盘或同一车的混凝土中取样制作。

c. 检验评定混凝土强度用的混凝土试块,其标准养护条件应满足《混凝土物理力学性能试验方法标准》(GB/T 50081—2019)的规定:采用标准养护的试块,应在温度为(20±5) ℃的环境中静置一昼夜至两昼夜,然后编号、拆模。拆模后应立即放入温度为(20±2) ℃、相对湿度为 95%以上的标准养护室中养护,或在温度为(20±2) ℃的不流动 $Ca(OH)_2$ 饱和溶液中养护。

d. 采用蒸汽养护的构件,其试块应先随构件同条件养护,然后应置入标准养护条件下继续养护,两段养护至 28 d 或设计规定龄期。

e. 标准养护龄期为 28 d(从搅拌加水开始计时)。

③混凝土抗压强度试验一般委托具备相应资质的检测单位来做,并出具"混凝土立方体试块抗压强度试验报告"。在试验报告中,一般取 3 个试件强度的算术平均值作为每组试件的强度代表值。值得注意的是,当采用非标准尺寸试件时,应将其抗压强度乘以尺寸折算系数,折算成边长为 150 mm 的标准尺寸试件的抗压强度。尺寸折算系数按下列规定采用。

a. 当混凝土强度等级低于 C60 时,对边长为 100 mm 的立方体试件取 0.95,对边长为 200 mm 的立方体试件取 1.05。

b. 当混凝土强度等级不低于 C60 时,宜采用标准试件。使用非标准尺寸试件时,折算系数由试验确定,且试件数量不少于 30 组。

表 3-47 为××公司新建办公楼及宿舍工程的混凝土立方体试块抗压强度试验报告。

表 3-47 混凝土立方体试块抗压强度试验报告

编号:JD/KY2013-01931

委托单位	四川省××建筑有限公司	委托编号	JD/2013-00269
工程名称	××公司新建办公楼及宿舍	委托日期	2013.12.31
检测性质	委托检测	见证人	赵勇
来样方式	有见证送样	见证单位	—
检测日期	2014.01.21	报告日期	2014.01.24
依据标准	《混凝土物理力学性能试验方法标准》(GB/T 50081—2019)	养护条件	标准养护

续表

检测结果							
成型日期	使用部位(原编号)	设计强度等级	龄期/d	试件尺寸	破坏荷载/kN	抗压强度/MPa	
						单块值	代表值
2013.12.24	办公楼及宿舍基础承台	C30	28	100 mm×100 mm×100 mm	378.1	35.9	36.6
					402.8	38.3	
					374.7	35.6	
—	—	—	—	—	—	—	—
					—	—	
					—	—	
—	—	—	—	—	—	—	—
					—	—	
					—	—	
—	—	—	—	—	—	—	—
					—	—	
					—	—	
备注	—						
声明	检测报告未加盖“CMA”和“检测资质专用章”无效						

审批:××× 校核:××× 主检:×××

(3)混凝土试块强度统计、评定记录

①资料员收集混凝土立方体试块抗压强度试验报告后,需要对试验报告进行统计汇总,形成“单位工程混凝土试块强度汇总表”。汇总完毕后,就需要对混凝土强度进行评定,填写“混凝土强度评定表”。

表 3-48 为××公司新建办公楼及宿舍工程的单位工程混凝土试块强度汇总表。

②混凝土强度评定。

混凝土强度应分批进行检验评定,一个检验批的混凝土应由强度等级相同、试验龄期相同、生产工艺条件和配合比基本相同的混凝土组成。划入同一检验批的混凝土,其施工持续时间不宜超过 3 个月。检验评定混凝土强度时,应采用 28 d 或设计规定龄期的标准养护试件。

表 3-48 单位工程混凝土试块强度汇总表

工程名称:××公司新建办公楼及宿舍 施工单位:四川省××建筑有限公司

取样日期	试样单编号	试验单位	设计强度	龄期/d	强度/MPa	施工层段部位
2013.12.11	JD/KY2013-01874	四川建达	C15	28	23.4	垫层
2013.12.24	JD/KY2013-01931	四川建达	C30	28	36.6	基础承台
2014.01.06	JD/KY2014-00077	四川建达	C30	28	33.3	基础柱、一层梁
2014.01.25	JD/KY2014-00338	四川建达	C30	28	36.1	一层柱、二层梁板

续表

取样日期	试样单编号	试验单位	设计强度	龄期/d	强度/MPa	施工层段部位
2014.02.27	JD/KY2014-00424	四川建达	C30	28	34.9	二层柱、三层梁板
2014.03.10	JD/KY2014-00509	四川建达	C30	28	35.9	三层柱、屋面梁板

填表人:(签字) ××× ×年×月×日	注册建造师(技术负责人):(签字)××× ×年×月×日	监理工程师:(注册方章) ×年×月×日

根据《混凝土强度检验评定标准》(GB/T 50107—2010)的规定,混凝土强度的评定方法有统计方法和非统计方法。统计方法主要适用于大批量、连续生产的混凝土,包括标准差已知统计方法和标准差未知统计方法;对于小批量或零星生产的混凝土,应采用非统计方法评定其强度。

a. 标准差已知统计方法。

当连续生产的混凝土,其生产条件在较长时间内能保持一致(即维持原材料、设备、工艺以及人员配备的稳定性),并且同一品种、同一强度等级混凝土的强度变异性保持稳定时,应按下列规定进行评定。

一个检验批的样本容量应为连续的 3 组试件,其强度应同时符合下列规定:

$$m_{f_{cu}} \geqslant f_{cu,k} + 0.7\sigma_0 \tag{3-1}$$

$$f_{cu,min} \geqslant f_{cu,k} - 0.7\sigma_0 \tag{3-2}$$

式中:$m_{f_{cu}}$——同一检验批混凝土立方体抗压强度的平均值,MPa,精确到 0.1 MPa;

$f_{cu,k}$——混凝土立方体抗压强度标准值,MPa,精确到 0.1 MPa;

σ_0——检验批混凝土立方体抗压强度的标准差,MPa,精确到 0.01 MPa,当检验批混凝土强度标准差 σ_0 计算值小于 2.5 MPa 时,应取 2.5 MPa。

检验批混凝土立方抗压强度的标准差应按式(3-3)计算:

$$\sigma_0 = \sqrt{\frac{\sum_{i=1}^{n} f_{cu,i}^2 - n m_{f_{cu}}^2}{n-1}} \tag{3-3}$$

式中:$f_{cu,i}$——前一检验期内同一品种、同一强度等级的第 i 组混凝土试件的立方体抗压强度代表值,MPa,精确到 0.1 MPa;该检验期不应少于 60 d,也不得大于 90 d;

n——前一检验期内的样本容量，在该期间内样本容量不应少于 45。

需要注意的是，σ_0 由同类混凝土、生产周期不少于 60 d 且不超过 90 d、样本容量不少于 45 的强度数据计算确定。

当混凝土强度等级不高于 C20 时，其强度的最小值尚应满足式(3-4)要求：

$$f_{cu,min} \geqslant 0.85 f_{cu,k} \tag{3-4}$$

当混凝土强度等级高于 C20 时，其强度的最小值尚应满足式(3-5)要求：

$$f_{cu,min} \geqslant 0.9 f_{cu,k} \tag{3-5}$$

式中：$f_{cu,min}$——同一检验批混凝土立方体抗压强度的最小值，MPa，精确到 0.1 MPa。

b. 标准差未知统计方法。

当生产连续性较差，即在生产中无法维持基本相同的生产条件，或生产周期较短，无法积累强度数据以资计算可靠的标准差参数时，只能根据每一检验批抽样的样本强度数据来评定混凝土强度，即采用标准差未知的统计方法。

当评定的样本容量不少于 10 组时，其强度应同时满足下列要求：

$$m_{f_{cu}} \geqslant f_{cu,k} + \lambda_1 \cdot S_{f_{cu}} \tag{3-6}$$

$$f_{cu,min} \geqslant \lambda_2 \cdot f_{cu,k} \tag{3-7}$$

同一检验批混凝土立方体抗压强度的标准差应按式(3-8)计算：

$$S_{f_{cu}} = \sqrt{\frac{\sum_{i=1}^{n} f_{cu,i}^2 - n m_{f_{cu}}^2}{n-1}} \tag{3-8}$$

式中：$S_{f_{cu}}$——同一检验批混凝土立方体抗压强度的标准差，MPa，精确到 0.01 MPa，当检验批混凝土强度标准差 $S_{f_{cu}}$ 计算值小于 2.5 MPa 时，应取 2.5 MPa；

λ_1、λ_2——合格评定系数(见表 3-49)；

n——本检验期内的样本容量。

表 3-49 混凝土强度的统计法合格评定系数

试件组数	10～14	15～19	≥20
λ_1	1.15	1.05	0.95
λ_2	0.90	0.85	

c. 非统计方法。

当评定的样本容量小于 10 组时，应采用非统计方法评定混凝土强度。

按非统计方法评定混凝土强度时，其强度应同时满足下列要求：

$$m_{f_{cu}} \geqslant \lambda_3 \cdot f_{cu,k} \tag{3-9}$$

$$f_{cu,min} \geqslant \lambda_4 \cdot f_{cu,k} \tag{3-10}$$

式中：λ_3、λ_4——合格评定系数(见表 3-50)。

表 3-50 混凝土强度的非统计法合格评定系数

混凝土强度等级	<C60	≥C60
λ_3	1.15	1.10
λ_4	0.95	

当混凝土试件强度评定不合格时，可采用非破损或局部破损的检测方法，按国家现行有

关标准的规定对结构构件中的混凝土强度进行推定，并作为处理的依据。

××公司新建办公楼及宿舍工程留置的混凝土试件是边长为 100 mm 的非标准试件，但是检测报告中的结果已经根据尺寸折算系数作过调整，所以评定时无须再折算。本工程的主体结构共有 4 组标准养护试件，在“混凝土立方体试块抗压强度试验报告”中，其抗压强度值分别为 33.3 MPa、36.1 MPa、34.9 MPa 和 35.9 MPa，则混凝土强度合格评定如表 3-51 所示。

表 3-51　混凝土强度合格评定

施工单位：四川省××建筑有限公司

<table>
<tr><td>单位工程名称</td><td colspan="5">××公司新建办公楼及宿舍</td><td colspan="2">混凝土强度等级</td><td colspan="2">C30</td></tr>
<tr><td>水泥品种及标号</td><td colspan="5">配合比(质量比)</td><td>坍落度/cm</td><td>养护条件</td><td>同批混凝土代表数量</td><td>结构部位</td></tr>
<tr><td rowspan="2">普通硅酸盐水泥
42.5R</td><td>水</td><td>水泥</td><td>砂</td><td>石</td><td>外加剂</td><td rowspan="2">16～20</td><td rowspan="2">标准养护</td><td rowspan="2">—</td><td rowspan="2">主体</td></tr>
<tr><td>182</td><td>331</td><td>807</td><td>1 027</td><td>8.08</td></tr>
<tr><td colspan="10">试件组数 $n=4$　　合格判定系数　$\lambda_1=$　　$\lambda_3=1.15$
$\lambda_2=$　　$\lambda_4=0.95$</td></tr>
<tr><td colspan="10">同一检验批强度平均值/MPa：35.05　　最小值 $f_{cu,min}=33.3$ MPa</td></tr>
<tr><td colspan="10">前一检验期强度标准差：</td></tr>
<tr><td colspan="10">同一检验批强度标准差：</td></tr>
<tr><td colspan="10">检验批各组试件强度/MPa：33.3　36.1　34.9　35.9</td></tr>
<tr><td colspan="10"></td></tr>
<tr><td>标准差已知统计方法</td><td colspan="2">$m_{f_{cu}}=$　　MPa
$f_{cu,k}+0.7\sigma_0=$　　MPa
$m_{f_{cu}}$　　$f_{cu,k}+0.7\sigma_0$
$f_{cu,min}=$　　MPa
$f_{cu,k}-0.7\sigma_0=$　　MPa
$f_{cu,min}$　　$f_{cu,k}-0.7\sigma_0$</td><td>标准差未知统计方法</td><td colspan="3">$m_{f_{cu}}=$　　MPa
$f_{cu,k}+\lambda_1\cdot S_{f_{cu}}=$　　MPa
$m_{f_{cu}}$　　$f_{cu,k}+\lambda_1\cdot S_{f_{cu}}$
$f_{cu,min}=$　　MPa
$\lambda_2\cdot f_{cu,k}=$　　MPa
$f_{cu,min}$　　$\lambda_2\cdot f_{cu,k}$</td><td>非统计方法</td><td colspan="2">$m_{f_{cu}}=35.05$ MPa
$\lambda_3\cdot f_{cu,k}=34.5$ MPa
$m_{f_{cu}}>\lambda_3\cdot S_{f_{cu}}$
$f_{cu,min}=33.3$ MPa
$\lambda_4\cdot f_{cu,k}=28.5$ MPa
$f_{cu,min}>\lambda_4\cdot f_{cu,k}$</td></tr>
<tr><td colspan="10">验收评定结论：根据《混凝土强度检验评定标准》(GB/T 50107—2010)，采用非统计方法进行评定，达到合格标准。</td></tr>
<tr><td colspan="3">注册建造师(技术负责人)：
(签字)×××

×年×月×日</td><td colspan="3">审核人：(签字)
×××

×年×月×日</td><td colspan="2">评定人：(签字)
×××

×年×月×日</td><td colspan="2">监理工程师：(注册方章)

×年×月×日</td></tr>
</table>

注：本表一式四份，建设单位、施工单位、监理单位、城建档案馆各一份。

7)混凝土结构实体检验

根据《混凝土结构工程施工质量验收规范》(GB 50204—2015)第10.1条的规定:涉及混凝土结构安全的有代表性的部位,应进行结构实体检验。

(1)混凝土结构实体检验的实施者

混凝土结构实体检验应在监理工程师见证下,由施工单位组织实施。施工单位应制定结构实体检验专项方案,并经监理单位审核批准后实施。除结构位置与尺寸偏差外的结构实体检验项目,均应由具有相应资质的检测机构完成。

(2)混凝土结构实体检验的内容

混凝土结构实体检验的内容应包括混凝土强度、钢筋保护层厚度、结构位置与尺寸偏差以及合同约定的项目,必要时可检验其他项目。

(3)混凝土强度的实体检验方法

混凝土结构实体强度应按不同强度等级分别检验。检验方法宜采用同条件养护试块方法;当未取得同条件养护试块强度或同条件养护试块强度不符合要求时,可采用回弹-取芯法进行检验。

(4)混凝土结构实体同条件养护试块强度检验

①试件的留置。

同条件养护试块的留置方式和取样数量应符合下列要求:

a.同条件养护试块所对应的结构构件或结构部位,应由监理、施工等各方共同选定(在施工方案中确定),且同条件养护试块的取样宜均匀分布于工程施工周期内;

b.同条件养护试块应在混凝土浇筑入模处见证取样;

c.同条件养护试块应留置在靠近相应结构构件的适当位置,并应采取相同的养护方法;

d.同一强度等级的同条件养护试块,不宜少于10组,且不应少于3组,每连续两层楼取样不应少于1组,每2 000 m^3取样不得少于1组。

混凝土结构实体同条件养护试块强度检验的检验报告也称立方体试块抗压强度检验报告,因为同条件养护试块的规格与标准养护试块是一致的,所以检验报告的格式和内容也与标准养护试块的检验报告相似,只有养护条件、养护龄期和抗压强度存在不同。

②同条件养护试块的强度评定方法。

对于同一强度等级的同条件养护试块,其强度值除以0.88后,再采用与标准养护试块相同的评定方法进行评定。

××公司新建办公楼及宿舍的主体结构部分共有4组同条件养护试块,检验报告中显示其立方体抗压强度分别为38.98 MPa、41.82 MPa、40.23 MPa和39.55 MPa,则评定如表3-52所示。

(5)混凝土结构实体回弹-取芯法强度试验

①回弹-取芯法试验简介。

采用回弹-取芯法进行结构构件实体检验时,应先选取回弹试块,用回弹仪做回弹试验,再根据回弹结果选择钻芯构件,钻取芯样做抗压强度试验。试验中应注意以下几点:

表 3-52 混凝土强度合格评定

施工单位：四川省××建筑有限公司

<table>
<tr><td>单位工程名称</td><td colspan="5">××公司新建办公楼及宿舍</td><td colspan="2">混凝土强度等级</td><td colspan="2">C30</td></tr>
<tr><td>水泥品种及标号</td><td colspan="5">配合比(质量比)</td><td>坍落度/cm</td><td>养护条件</td><td>同批混凝土代表数量</td><td>结构部位</td></tr>
<tr><td rowspan="2">普通硅酸盐水泥 42.5R</td><td>水</td><td>水泥</td><td>砂</td><td>石</td><td>外加剂</td><td rowspan="2">16～20</td><td rowspan="2">同条件养护</td><td rowspan="2">—</td><td rowspan="2">主体</td></tr>
<tr><td>182</td><td>331</td><td>807</td><td>1 027</td><td>8.08</td></tr>
<tr><td colspan="10">试件组数 $n=4$　　合格判定系数 $\lambda_1=$　　$\lambda_3=1.15$
$\lambda_2=$　　$\lambda_4=0.95$</td></tr>
<tr><td colspan="10">同一检验批强度平均值/MPa：40.15　　最小值 $f_{cu,min}=38.98$ MPa</td></tr>
<tr><td colspan="10">前一检验期强度标准差：</td></tr>
<tr><td colspan="10">同一检验批强度标准差：</td></tr>
<tr><td colspan="10">检验批各组试件强度/MPa：38.98　41.82　40.23　39.55</td></tr>
<tr><td colspan="10"></td></tr>
<tr><td>标准差已知统计方法</td><td colspan="3">$m_{f_{cu}}=$　MPa
$f_{cu,k}+0.7\sigma_0=$　MPa
$m_{f_{cu}}$　　$f_{cu,k}+0.7\sigma_0$
$f_{cu,min}=$　MPa
$f_{cu,k}-0.7\sigma_0=$　MPa
$f_{cu,min}$　　$f_{cu,k}-0.7\sigma_0$</td><td>标准差未知统计方法</td><td colspan="2">$m_{f_{cu}}=$　MPa
$f_{cu,k}+\lambda_1\cdot S_{f_{cu}}=$　MPa
$m_{f_{cu}}$　　$f_{cu,k}+\lambda_1\cdot S_{f_{cu}}$
$f_{cu,min}=$　MPa
$\lambda_2\cdot f_{cu,k}=$　MPa
$f_{cu,min}$　　$\lambda_2\cdot f_{cu,k}$</td><td>非统计方法</td><td colspan="2">$m_{f_{cu}}=40.15$ MPa
$\lambda_3\cdot f_{cu,k}=34.5$ MPa
$m_{f_{cu}}>\lambda_3\cdot S_{f_{cu}}$
$f_{cu,min}=38.98$ MPa
$\lambda_4\cdot f_{cu,k}=28.5$ MPa
$f_{cu,min}>\lambda_4\cdot f_{cu,k}$</td></tr>
<tr><td colspan="10">验收评定结论：根据《混凝土强度检验评定标准》(GB/T 50107—2010)，采用非统计方法进行评定，达到合格标准</td></tr>
<tr><td colspan="3">注册建造师(技术负责人)：
(签字)×××

×年×月×日</td><td colspan="3">审核人：(签字)
×××

×年×月×日</td><td colspan="2">评定人：(签字)
×××

×年×月×日</td><td colspan="2">监理工程师：(注册方章)

×年×月×日</td></tr>
</table>

注：本表一式四份，建设单位、施工单位、监理单位、城建档案馆各一份。

a. 回弹试块的抽样数量应满足《混凝土结构工程施工质量验收规范》(GB 50204—2015)附录 D 的要求；

b. 对于同一强度等级的混凝土结构构件，应选择测区平均回弹值排序较低的 3 个测区对应的部位各钻取 1 个芯样试块；

c. 芯样试块的直径宜为 100 mm，且不宜小于混凝土骨料最大粒径的 3 倍。

②合格判定。

对同一强度等级的构件，当符合下列规定时，结构实体混凝土强度可判为合格：

a. 3 个芯样的抗压强度算术平均值不小于设计要求的混凝土强度等级值的 88%；

b. 3 个芯样的抗压强度的最小值不小于设计要求的混凝土强度等级值的 80%。

(6)结构实体钢筋保护层厚度的检验

①检验构件的选取。

钢筋保护层厚度检验构件的选取应均匀分布，抽检数量符合下列要求：

a. 非悬挑梁、板，抽检 2%且不少于 5 个构件；

b. 悬挑梁抽检 5%且不少于 10 个构件；

c. 悬挑板抽检 10%且不少于 20 个构件。

②对选定的梁类构件，应对全部纵向受力钢筋的保护层厚度进行检验；对选定的板类构件，应抽取不少于 6 根纵向受力钢筋的保护层厚度进行检验。对每根钢筋应选择有代表性的部位测量 3 点取平均值。

③检验方法。钢筋保护层厚度的检验，可采用非破损或局部破损的方法，也可采用非破损方法并用局部破损方法进行校准。

④钢筋保护层厚度检验的检测误差不应大于 1 mm。

⑤纵向受力钢筋保护层厚度的允许偏差：梁类构件为＋10 mm、－7 mm，板类构件为＋8 mm、－5 mm。

⑥合格判定。

梁类、板类构件纵向受力钢筋的保护层厚度应分别进行验收，并应符合下列规定：

a. 当全部钢筋保护层厚度检验的合格点率为 90%及以上时，钢筋保护层厚度的检验结果应判为合格；

b. 当全部钢筋保护层厚度检验的合格点率小于 90%但不小于 80% 时，可再抽取相同数量的构件进行检验，当按两次抽样总和计算的合格点率为 90%及以上时，仍可判为合格；

c. 每次抽样检验结果中不合格点的最大偏差均不应大于规范规定允许偏差的 1.5 倍。

表 3-53 为××公司新建办公楼及宿舍工程的钢筋混凝土结构实体钢筋保护层厚度检验记录。

表 3-53　钢筋混凝土结构实体钢筋保护层厚度检验记录

工程名称	××公司新建办公楼及宿舍	分项工程名称	钢筋分项工程		
验收部位	二层梁、板（标高＋3.550 m）	施工单位	四川省××建筑有限公司		
项目负责人	×××	专业工长	×××	施工班组长	×××
施工执行标准及编号		《混凝土结构工程施工质量验收规范》(GB 50204—2015)			

续表

<table>
<tr><th colspan="4">质量验收规范的情况</th><th colspan="12">施工单位检查评定记录</th><th>监理(建设)单位验收记录</th></tr>
<tr><td rowspan="3">主控项目</td><td colspan="3">钢筋保护层厚度检验的结构部位和构件数量,应符合第 E.0.1 条要求</td><td colspan="12">二层共有梁 20 根,其中悬挑梁 6 根,故选定梁 4 根,其中悬挑梁 2 根,进行检测;共有板 40 块,其中悬挑板 10 块,故选定板 10 块,其中悬挑板 4 块,进行检测</td><td rowspan="13">由监理单位、施工单位和建设单位根据结构构件的重要性,共同选定结构部位,进行检验。二层梁按总数的 20%选定 4 根进行检测,其中悬挑梁占 50%,即 2 根;共有板 40 块,其中悬挑板 10 块,故选定板 10 块,其中悬挑板 4 块,进行检测。检测数据见表中数据。《混凝土结构工程施工质量验收规范》(GB 50204—2015)有关规定,二层钢筋混凝土梁钢筋保护层厚度验收合格(二层板钢筋混凝土保护层厚度验收合格)</td></tr>
<tr><td colspan="3">对选定的梁类构件,纵向受力钢筋的保护层厚度全部检验,板类构件至少检验 6 根纵向受力钢筋。每根钢筋应在有代表性的部位测量 1 点</td><td colspan="12">对选定的梁,纵向受力钢筋的保护层厚度全部检验;板类构件每块检验 6 根纵向受力钢筋,每根钢筋在弯矩最大处测量</td></tr>
<tr><td colspan="3">可采用非破损或局部破损的方法,也可两法并用,检测仪器应经过计量检验,检测操作应符合相应规程的规定</td><td colspan="12">测量采用钢筋保护层厚度测定仪进行非破损检测</td></tr>
<tr><td rowspan="8">保护层实测值</td><td rowspan="4">梁纵向受力钢筋</td><td rowspan="2">设计给定值</td><td rowspan="4">+10、-7</td><td>26</td><td>25</td><td>27</td><td>26</td><td>30</td><td>25</td><td>32</td><td>29</td><td>24</td><td>25</td><td>24</td><td></td></tr>
<tr><td>24</td><td>25</td><td>31</td><td>25</td><td></td><td></td><td></td><td></td><td></td><td></td><td></td><td></td></tr>
<tr><td rowspan="2">20 mm</td><td>24</td><td>25</td><td>24</td><td>27</td><td>19</td><td>24</td><td>25</td><td></td><td></td><td></td><td></td><td></td></tr>
<tr><td></td><td></td><td></td><td></td><td></td><td></td><td></td><td></td><td></td><td></td><td></td><td></td></tr>
<tr><td rowspan="4">板纵向受力主筋</td><td rowspan="2">设计给定值</td><td rowspan="4">+8、-5</td><td>15</td><td>14</td><td>16</td><td>20</td><td>18</td><td>18</td><td>10</td><td>11</td><td>10</td><td>11</td><td>18</td><td>19</td></tr>
<tr><td>12</td><td>14</td><td>11</td><td>12</td><td>13</td><td>15</td><td>20</td><td>17</td><td>19</td><td>14</td><td>12</td><td>17</td></tr>
<tr><td rowspan="2">15 mm</td><td>15</td><td>16</td><td>16</td><td>18</td><td>21</td><td>15</td><td>15</td><td>16</td><td>15</td><td>14</td><td>16</td><td>21</td></tr>
<tr><td>20</td><td>14</td><td>15</td><td>14</td><td>18</td><td>16</td><td>15</td><td>13</td><td>17</td><td>16</td><td></td><td></td></tr>
<tr><td colspan="16">共实测 22 点,其中合格 20 点,合格点率 91%</td></tr>
<tr><td>检测合格判定</td><td colspan="3">①合格点率为 90%及以上时,钢筋保护层厚度的检验应判合格。
②合格点率小于 90%但不小于 80%时,可再抽取相同数量的构件进行检验;当两次抽样总和计算的合格点率为 90%及以上时,应判为合格。
③不合格点的最大偏差均不应大于本表允许偏差的 1.5 倍</td><td colspan="12">二层梁钢筋混凝土保护层厚度检验合格点率 91% > 90%,未见 1.5 倍超差点,判定为合格;二层板钢筋混凝土保护层厚度检验合格点率 100% > 90%,判定为合格</td></tr>
</table>

续表

施工单位检查评定结果	经过对二层20根钢筋混凝土梁选定4根检测，判定钢筋混凝土保护层厚度合格；经过对二层40块钢筋混凝土板选定10块检测，判定钢筋混凝土保护层厚度合格 项目专业质量检查员：×××　　　　项目专业质量(技术)负责人：××× ×年×月×日
监理(建设)单位验收结论	经检测，二层钢筋混凝土梁、板钢筋保护层厚度合格 监理工程师(建设单位项目技术负责人)：×××　　　　×年×月×日

(7)结构实体位置与尺寸偏差检验

①检验构件的选取。

结构实体位置与尺寸偏差检验构件的选取应均匀分布，抽检数量应符合下列规定：

a. 梁、柱抽检1%且不少于3个构件；

b. 板、墙按有代表性的自然间抽检1%且不少于3间；

c. 层高按有代表性的自然间抽检1%且不少于3间。

②检验项目及检验方法如表3-54所示。

表3-54　结构实体位置与尺寸偏差检验项目及检验方法

项　目	检验方法
柱截面尺寸	选取柱的一边量测柱中部、下部及其他部位，取3点平均值
柱垂直度	沿两个方向分别量测，取较大值
墙厚	墙身中部量测3点，取平均值；测点间距不应小于1 m
梁高	量测一侧边跨中及两个距离支座0.1 m处，取3点平均值；量测值可取腹板高度加上此处楼板的实测厚度
板厚	悬挑板：取距离支座0.1 m处，沿宽度方向取包括中心位置在内的随机3点，取平均值 其他楼板：在同一对角线上量测中间及距离两端各0.1 m处，取3点平均值
层高	与板厚测点相同，量测板顶至上层楼板板底净高，层高量测值为净高与板厚之和，取3点平均值

墙厚、板厚、层高的检验可采用非破损或局部破损的方法，也可采用非破损方法并用局部破损方法进行校准。

③合格判定。

结构实体位置与尺寸偏差项目应分别进行验收，并应符合下列规定。

a. 当检验项目的合格率为80%及以上时，可判为合格；

b. 当检验项目的合格率小于80%但不小于70%时，可再抽取相同数量的构件进行检验；当按两次抽样总和计算的合格率为80%及以上时，仍可判为合格。

3.1.7　土建工程施工质量验收文件

土建工程施工质量验收文件目录如表3-55所示。

表 3-55　土建工程施工质量验收文件目录

序号	资料名称	保存单位	备注
1	检验批质量验收记录	建设、施工、监理	
2	分项工程质量验收记录	建设、施工、监理	
3	分部工程质量验收记录	建设、施工、监理、城建档案馆	
4	分部工程质量验收报告	建设、施工、监理、城建档案馆	
5	其他施工质量验收资料		

1)检验批质量验收记录

检验批质量验收记录 PPT

①检验批是指按相同的生产条件或按规定的方式汇总起来供抽样检验用的,由一定数量的样本组成的检验体。检验批是施工质量验收最小、最基本的单位,也是分项工程、分部工程和单位工程施工质量验收的基础。

②检验批可根据施工、质量控制和专业验收的需要,按工程量、楼层、施工段、变形缝等进行划分。

③检验批质量验收合格应符合下列规定:

a. 主控项目的质量经抽样检验均应合格。因为主控项目是对检验批的基本质量起决定性影响的检验项目,所以不允许有不符合要求的检验结果存在。

b. 一般项目的质量经抽样检验合格。一般项目在质量验收时不像主控项目那么严格,允许有一定的偏差项目存在。对于这类允许有一定偏差的项目,当专业质量验收规范中用数据规定其标准时,只要求有 80%以上的检查点、位、项的检验结果与设计要求之间的偏差在专业验收规范的规定以内,允许有 20%以下的检查点的偏差值超出规范允许偏差值,但不得超出允许偏差值的 150%,其中钢结构工程不能超出允许值的 120%。当采用计数抽样时,一般项目的合格点率应符合有关专业验收规范的规定,且不得存在严重缺陷。对于计数抽样的一般项目,正常检验一次、两次抽样可按《建筑工程施工质量验收统一标准》(GB 50300—2013)附录 D 判定。

c. 具有完整的施工操作依据和质量验收记录。这是对检验批的质量保证资料的检查,主要检查从原材料进场检验批验收的各施工工序的操作依据、质量检查情况及质量控制的各项管理制度。这是检验批合格的先决条件。

④检验批验收时,应进行现场检查,并填写"现场验收检查原始记录"。该原始记录应由专业监理工程师和施工单位专业质量检查员、专业工长共同签署,并在单位工程竣工验收前存档备查,保证该记录的可追溯性。"现场验收检查原始记录"的格式可由施工、监理等单位确定,包括检查项目、检查位置、检查结果等内容。

⑤填写完"现场验收检查原始记录"后,再归纳汇总形成"检验批质量验收记录"。若缺少"现场验收检查原始记录",则"检验批质量验收记录"视同作假,结果无效。

⑥实际工程中,在检验批的质量验收完毕后填写的"检验批质量验收记录",一般不用通用表格,而是选用根据各专业质量验收规范的规定编制而成的专用表格,如对土方开挖的施工质量进行验收,应填写"土方开挖工程检验批质量验收记录"。

值得注意的是,我国对"现场验收检查原始记录"并没有统一的格式要求。

表 3-56 为××公司新建办公楼及宿舍工程的砖砌体现场验收检查原始记录。

表 3-57 为××公司新建办公楼及宿舍工程的砖砌体工程检验批质量验收记录。

表 3-56　砖砌体现场验收检查原始记录

单位(子单位)工程名称		××公司新建办公楼及宿舍		
检验批名称		砖砌体	检验批编号	SG-T049
编号	验收项目	验收部位	验收情况记录	备注
5.2.2	砖墙水平灰缝砂浆饱满度≥80%	二层 A/1～3 轴墙	95%、90%、88%，平均 91%	
		二层 B/2～4 轴墙	96%、92%、94%，平均 94%	
		二层 C/3～5 轴墙	95%、90%、94%，平均 93%	
		二层 D/5～7 轴墙	88%、91%、85%，平均 88%	
		⋮	⋮	
5.2.3	砖砌体转角处和交接处应同时砌筑	二层 A/6 轴	同时砌筑	
		二层 B/1 轴	同时砌筑	
		二层 D/2 轴	同时砌筑	
		⋮	⋮	
5.2.4	直槎留置及拉结筋敷设	二层 A～C/2 轴墙	施工洞留直槎，240 mm 墙，2 根 ϕ8 拉结筋，末端弯钩，沿墙高 500 mm 间距，植入墙体 1 000 mm	
		二层 B/4 轴墙	施工洞留直槎，240 mm 墙，2 根 ϕ8 拉结筋，末端弯钩，沿墙高 500 mm 间距，植入墙体 1 000 mm	
		⋮	⋮	
5.3.1	组砌方法应正确	二层 C/3～5 轴墙	组砌方法正确，内外搭砌，上下错缝，没有大于 300 mm 的通缝	
		⋮	⋮	

监理校核：×××　　检查：×××　　记录：×××　　验收日期：×年×月×日

表 3-57　砖砌体工程检验批质量验收记录

工程名称	××公司新建办公楼及宿舍	分项工程名称	砖砌体	验收部位	一层砖砌体
施工单位	四川省××建筑有限公司			项目经理	×××

续表

施工执行标准及编号	《砌体结构工程施工质量验收规范》(GB 50203—2011)								专业工长			×××
分包单位	—								施工班组长			×××
质量验收规范的规定					施工单位检查评定记录							监理(建设)单位验收记录
主控项目	①砖强度等级必须符合设计要求				砖强度等级符合设计要求							经查验砖出厂合格证、见证检验报告和砂浆强度报告,并对实体进行检验,符合规范和设计要求
	②砂浆强度等级必须符合设计要求				砂浆强度等级符合设计要求							
	③斜槎留置,直槎拉结筋及接槎处理: 抗震设防烈度为8度及8度以上地区,临时间断处应砌成斜槎,普通砖斜槎水平投影长度不应小于高度的2/3,多孔砖斜槎长高比不应小于1/2; 非抗震及6度、7度设防地区除转角外可留直槎,按设计及规范要求设拉结筋				本工程临时间断处砌成斜槎,且斜槎水平投影长度不小于高度的2/3							
	④转角、交接处应同时砌筑,严禁无可靠措施的内外墙分砌施工				转角处、交接处均同时砌筑,无内外墙分砌							
	⑤砂浆饱满度			≥80%(墙)	90	91	98	94	95	94		
				≥90%(柱)								
一般项目	①轴线位移			≤10 mm	9	6	7	8	6	9		组砌方法正确,实测54点,其中合格52点、不合格2点,合格点率96%
	②垂直度	每层		≤5 mm	4	1	3	3	5	⑥		
		全高	≤10 m	≤10 mm								
			>10 m	≤20 mm								
	③组砌方法应正确				组砌方法符合规范和设计要求							
	④水平灰缝厚度			8~12 mm	10	9	9	10	10	10		
	⑤竖向灰缝厚度			8~12 mm	8	8	10	10	9	9		
	⑥基础顶面、楼面标高			±15 mm以内	12	10	8	9	10	9		
	⑦表面平整度	清水墙、柱		≤5 mm								
		混水墙、柱		≤8 mm	5	4	8	7	⑨	8		
	⑧门窗洞口高宽(后塞口)			±10 mm以内	8	9	10	7	8	9		
	⑨外墙上下窗口偏移			≤20 mm	12	17	19	15	15	14		
	⑩水平灰缝平直度	清水墙、柱		≤7 mm								
		混水墙、柱		≤10 mm	8	9	7	8	8	2		
	⑪清水墙游丁走缝			≤20 mm								

续表

共实测 54 点，其中合格 52 点、不合格 2 点，合格点率 96%	
施工单位检查评定结果	经检查，该检验批主控项目和一般项目施工质量符合设计和相关规范要求，资料完整，评定合格。 项目专业质量检查员：×××　项目专业质量(技术)负责人：××× ×年×月×日
监理(建设)单位验收结论	经旁站检查，见证取样验收，该检验批主控项目和一般项目施工质量符合设计和相关规范要求，评定合格，可进入下道工序。 监理工程师(建设单位项目技术负责人)：×××　×年×月×日

2)分项工程质量验收记录

分项工程质量验收记录微课　分项工程质量验收记录 PPT

分项工程的划分方式在第 1 章已经叙述过，在《建筑工程施工质量验收统一标准》(GB 50300—2013)的附录 B 中，较为详尽地罗列了建筑工程的各分项工程。

①分项工程质量验收合格应符合下列规定：

a. 该分项工程所含检验批的质量均应验收合格；

b. 该分项工程所含检验批的质量验收记录应完整。

②分项工程的验收是以检验批为基础进行的。一般情况下，检验批和分项工程两者具有相同或相近的性质，只是批量的大小不同而已。分项工程质量合格的条件是构成分项工程的各检验批验收资料齐全完整，且各检验批均已验收合格。

因此，分项工程的验收是在检验批验收的基础上进行的，是一个统计过程，没有直接的验收内容。其主要是对构成分项工程的各检验批的验收资料的完整性的核查，所以在验收分项工程时应注意两点：

a. 核对检验批的部位、区段是否全部覆盖该分项工程的范围，有没有漏、缺、差的部位；

b. 检验批验收记录的内容及签字是否齐全、正确。

分项工程质量验收完毕后，应填写“分项工程质量验收记录”。

另外，填表时还应注意，隶属于不同分部工程的同一类检验批，不应该汇总到同一张“分项工程质量验收记录”中，而应该分开汇总，比如基础分部工程中的模板检验批和主体结构的模板检验批就不能汇总到同一张“分项工程质量验收记录”中。

表 3-58 是××公司新建办公楼及宿舍的主体结构分部工程的填充墙砌体分项工程质量验收记录。

表 3-58　填充墙砌体分项工程质量验收记录

工程名称	××公司新建办公楼及宿舍	结构类型	框架	检验批数	3
施工单位	四川省××建筑有限公司	项目负责人	×××	项目技术负责人	×××
分包单位	—	分包单位负责人	—	分包项目负责人	—
序号	检验批部位、区段	施工单位检查评定记录		监理(建设)单位验收记录	
1	一层填充墙	合格		合格	
2	二层填充墙	合格		合格	
3	三层填充墙	合格		合格	
4					

续表

5			
6			
7			
8			
9			
10			
11			
12			
13			
施工单位检查评定结果	经检查,填充墙砌体分项工程的检验批质量验收记录完整,质量符合设计和规范要求,评定为合格 项目专业质量检查员:××× 注册建造师(质量技术负责人):××× ×年×月×日		
监理(建设)单位验收结论	经检查,该分项工程的资料完整,符合设计和规范要求,评定为合格,同意后续工程施工 监理工程师(建设单位项目技术负责人):××× ×年×月×日		

3)分部工程质量验收记录

(1)分部工程的主要项目

对于建筑工程来说,分部工程主要包括10个项目:地基与基础、主体结构、装饰装修、屋面、给排水及供暖、通风与空调、建筑电气、智能建筑、建筑节能、电梯。每个分部工程施工结束后,都应进行分部工程验收,填写“分部工程质量验收记录”。

分部工程质量验收记录 PPT

(2)分部工程质量验收合格应符合的规定要求

①该分部工程所含分项工程的质量均应验收合格。

分部工程的验收是以所含各分项工程验收为基础进行的。这项工作实际上也是一个统计工作,只是要注意以下三点:

a. 检查每个分项工程验收程序是否正确;

b. 检查列出的分项工程是否覆盖了该分部工程的全部内容;

c. 检查每个分项工程的资料是否完整,包括格式、内容、签字是否符合要求。

②质量控制资料应完整。

这一条主要是检查和归纳各检验批的施工操作依据、质量检查记录是否配套完整,包括有关施工工艺、原材料、构配件的出厂质量证明文件和进场复验报告的完整程度。

③有关安全、节能、环境保护和主要使用功能的抽样检验结果应符合相应规定。

这一条主要是检查有关安全、节能、环境保护和主要使用功能四个方面的检验资料。先检查各专业规范中规定的检验项目是否都进行了检验,在此基础上进一步检查各项检验报告的格式、内容、数据、结果、签字盖章手续等是否符合相关标准要求。

④观感质量应符合要求。

所谓观感质量,就是由验收人员通过观察、触摸或简单量测的方式进行验收得到的关于施工质量的判定。这种判定结论虽然带有很强的主观色彩，但是也要求验收人员一定要在施工现场对所验收的分部工程的各个部位进行全面查看，能操作的应操作（如门窗、锁的开启和关闭），能打开观看的应打开观看（如水、电的开关），不能只看外观，应全面了解分部工程的实物质量。

观感质量的检查结果并不给出“合格”或“不合格”的结论，而是综合给出“好”“一般”“差”的质量评价结果。对于“差”的检查点应进行返修处理。

分部工程质量验收记录微课

表 3-59 是××公司新建办公楼及宿舍工程的地基与基础分部工程质量验收记录。

表 3-59　地基与基础分部工程质量验收记录

<table>
<tr><td colspan="2">工程名称</td><td colspan="2">××公司新建办公楼及宿舍</td><td>结构类型</td><td>框架</td><td>层数/规模</td><td>三层/909.7 m^2</td></tr>
<tr><td colspan="2">施工单位</td><td colspan="2">四川省××建筑有限公司</td><td>技术部门负责人</td><td>×××</td><td>质量部门负责人</td><td>×××</td></tr>
<tr><td colspan="2">分包单位</td><td colspan="2"></td><td>分包单位负责人</td><td></td><td>分包技术负责人</td><td></td></tr>
<tr><td>序号</td><td colspan="2">分项工程名称</td><td>检验批数</td><td colspan="2">施工单位检查评定记录</td><td colspan="2">验收意见</td></tr>
<tr><td>1</td><td colspan="2">模板分项工程</td><td>2</td><td>合格</td><td></td><td colspan="2" rowspan="8">各分项工程质量验收记录完整，符合设计和规范要求，该分部工程质量评定为合格，同意后续工序施工</td></tr>
<tr><td>2</td><td colspan="2">钢筋分项工程</td><td>2</td><td>合格</td><td></td></tr>
<tr><td>3</td><td colspan="2">混凝土分项工程</td><td>2</td><td>合格</td><td></td></tr>
<tr><td>4</td><td colspan="2">现浇结构分项工程</td><td>2</td><td>合格</td><td></td></tr>
<tr><td>5</td><td colspan="2">土方开挖分项工程</td><td>1</td><td>合格</td><td></td></tr>
<tr><td>6</td><td colspan="2">土方回填分项工程</td><td>1</td><td>合格</td><td></td></tr>
<tr><td>7</td><td colspan="2"></td><td></td><td></td><td></td></tr>
<tr><td>8</td><td colspan="2"></td><td></td><td></td><td></td></tr>
<tr><td colspan="4">质量控制资料</td><td colspan="4">完整</td></tr>
<tr><td colspan="4">安全和功能检验（检测）报告</td><td colspan="4">完整</td></tr>
<tr><td colspan="4">观感质量验收情况</td><td colspan="4">观感质量符合设计和规范要求，质量评价好</td></tr>
<tr><td rowspan="5">验收单位</td><td colspan="3">分包单位</td><td colspan="4">注册建造师（项目经理）：（签字）×××　　×年×月×日</td></tr>
<tr><td colspan="3">施工单位</td><td colspan="4">注册建造师（项目经理）：（签字）×××　　×年×月×日</td></tr>
<tr><td colspan="3">勘察单位</td><td colspan="4">项目负责人：（签字）×××　　×年×月×日</td></tr>
<tr><td colspan="3">设计单位</td><td colspan="4">项目负责人：（签字）×××　　×年×月×日</td></tr>
<tr><td colspan="3">监理（建设）单位</td><td colspan="4">总监理工程师（建设单位项目专业负责人）：（签字）×××
×年×月×日</td></tr>
</table>

(3)分部工程质量验收报告

分部工程验收除了需要填写分部工程质量验收记录以外，有一些分部工程还需要填写另一张分部工程验收的专用表格，如“地基与基础分部工程质量验收报告”“主体结构分部工程质量验收报告”。这两张表格也是对地基与基础、主体结构这两个分部工程的实体质量和涉及的质量文件进行检查验收后填写的。

分部工程质量验收报告 PPT

表 3-60 是××公司新建办公楼及宿舍的地基与基础分部工程质量验收报告。

表 3-60 地基与基础分部工程质量验收报告

<table>
<tr><td>建设单位</td><td>四川省××制造有限公司</td><td>工程名称</td><td>××公司新建办公楼及宿舍</td></tr>
<tr><td>施工单位</td><td>四川省××建筑有限公司</td><td>项目负责人</td><td>×××</td></tr>
<tr><td>设计单位</td><td>××市××设计有限公司</td><td>基础类型</td><td>独立基础</td></tr>
<tr><td>建筑面积</td><td>909.7 m^2</td><td>地下室层数</td><td>0 层</td></tr>
<tr><td>施工周期</td><td>2013.11.20—2014.1.13</td><td>验收日期</td><td>2014.1.15</td></tr>
<tr><td>实体质量检查情况</td><td colspan="3">地基土为粉质黏土层，能满足设计要求的承载力特征值 120 kPa。钢筋绑扎符合设计和规范要求，混凝土浇筑密实，成型较好，构造符合设计要求；经抽测，各分项检验批的主控项目和一般项目均符合要求</td></tr>
<tr><td>质量文件检查情况</td><td colspan="3">共核查18项，其中经鉴定符合要求18项。
核查意见：质量文件齐全</td></tr>
<tr><td colspan="2">检测单位监测情况：
（公章）
项目负责人：××× ×年×月×日</td><td colspan="2" rowspan="2">监理单位验收意见：
经旁站见证、取样检查验收，地基与基础分部各分项符合经审查批准的设计图纸和施工规范，质量合格。同意进入下道工序
（公章）
总监理工程师：××× ×年×月×日</td></tr>
<tr><td colspan="2">施工单位评定意见：
经检查验收，该工程地基与基础分部各分项符合经审查批准的设计图纸和施工规范，质量合格。
注册建造师(项目经理)：×××
（公章）
企业技术负责人：××× ×年×月×日</td></tr>
<tr><td colspan="2">设计单位验收意见：
经检查验收，地基与基础分部符合经审查批准的设计图纸要求
（公章）
设计项目负责人：××× ×年×月×日</td><td colspan="2">勘察单位验收意见：
基槽开挖后经检查验收，符合勘察报告的要求
（公章）
勘察项目负责人：××× ×年×月×日</td></tr>
<tr><td colspan="4">建设单位验收结论：
经检查验收，地基与基础分部质量合格，同意进入下道工序施工
（公章）
项目负责人：××× ×年×月×日</td></tr>
</table>

注：①地基与基础分部工程完成后，建设单位或监理单位应组织有关单位进行质量验收，并按规定的内容填写和签署意见，工程建设参与各方按规定承担相应质量责任；

②地基与基础分部工程质量文件按要求填写汇总表并整理成册，附后备查。

表 3-61 是××公司新建办公楼及宿舍的主体结构分部工程质量验收报告。

表 3-61　主体结构分部工程质量验收报告

<table>
<tr><td>建设单位</td><td>四川省××制造有限公司</td><td>工程名称</td><td>××公司新建办公楼及宿舍</td></tr>
<tr><td>施工单位</td><td>四川省××建筑有限公司</td><td>项目负责人</td><td>×××</td></tr>
<tr><td>建筑面积</td><td>909.7 m^2</td><td>结构类型</td><td>框架</td></tr>
<tr><td>层　数</td><td>三层</td><td>验收层段</td><td>主体 1～3 层</td></tr>
<tr><td>施工周期</td><td>2014.1.16—2014.4.17</td><td>验收日期</td><td>2014.4.21</td></tr>
<tr><td>实体质量检查情况</td><td colspan="3">钢筋绑扎符合设计和规范要求;混凝土浇筑密实、成形好;砌体组砌正确,构造符合设计要求。经抽测,各分项工程检验批的主控项目和一般项目符合要求</td></tr>
<tr><td>质量文件检查情况</td><td colspan="3">共核查 24 项,其中经鉴定符合要求 24 项。
核查意见:质量文件齐全</td></tr>
<tr><td colspan="2">施工单位评定意见:
经检查验收,该工程主体分部各分项符合经审查批准的设计图纸和施工规范,质量合格
注册建造师(项目经理):×××　(公章)
企业技术负责人:×××　×年×月×日</td><td colspan="2">监理单位验收意见:
经旁站见证、取样检查验收,主体分部各分项符合经审查批准的设计图纸和施工规范,质量合格。同意进入下道工序
(公章)
总监理工程师:×××　×年×月×日</td></tr>
<tr><td colspan="2">设计单位验收意见:
经检查验收,主体分部符合经审查批准的设计图纸要求
(公章)
设计项目负责人:×××　×年×月×日</td><td colspan="2">建设单位验收结论:
经检查验收,主体分部质量合格,同意进入下道工序施工
(公章)
项目负责人:×××　×年×月×日</td></tr>
</table>

注:①主体分部工程完成后,建设单位或监理单位应组织有关单位进行质量验收,并按规定的内容填写和签署意见,工程建设参与各方按规定承担相应质量责任;

②主体结构分部工程质量文件按要求填写汇总表并整理成册,附后备查。

3.2　安装资料的收集与编制

本节所阐述的安装资料只涉及民用建筑及设备的安装,不包括工业建筑及设备的安装。民用建筑的安装资料产生于给排水及采暖、建筑电气工程、智能建筑工程、通风与空调工程和电梯工程共五个分部工程中。安装工程资料主要分为施工物资资料、施工记录及施工质量验收文件、施工试验记录三部分。

3.2.1 安装工程的施工物资资料

安装工程施工物资资料方面的规定与土建工程物资资料类似，主要工作是收集厂家提供的物资质量证明文件、物资抽样与送检、物资报审和物资资料汇总等。

1)物资质量证明文件

对于进场的物资，需要在进场时检验，并收集相关质量证明文件。安装工程所用的物资种类多，而且不同物资需要收集的质量证明文件也各不相同。

(1)建筑给水排水及供暖工程

①各类管材应有产品质量证明文件。

②阀门、调压装置、消防设备、卫生洁具、给水设备、中水设备、排水设备、采暖设备、热水设备、散热器、锅炉及附属设备、各类开(闭)式水箱(罐)、分(集)水器、安全阀、水位计、减压阀、热交换器、补偿器、疏水器、除污器、过滤器、游泳池水系统设备等应有产品质量合格证及相关检验报告。

③对于国家及地方有规定的特定设备及材料，如消防、卫生、压力容器等，应附有相应资质的检验单位提供的检验报告，如安全阀和减压阀的调试报告、锅炉(承压设备)焊缝无损探伤检测报告、给水管道材料的卫生检验报告、卫生器具的环保检测报告、水表和热量表的计量检定证书等。

④绝热材料应有产品质量合格证和材质检验报告。

⑤主要设备、器具应有安装使用说明书。

(2)建筑电气工程

①电力变压器、柴油发电机组、高压成套配电柜、蓄电池柜、不间断电源柜、控制柜(屏、台)等应有出厂合格证、生产许可证和试验记录。

②低压成套配电柜和动力、照明配电箱(盘、柜)等应有出厂合格证、生产许可证、"CCC"认证标志和认证证书复印件及试验记录。

③电动机、电加热器、电动执行机构和低压开关设备等应有出厂合格证、生产许可证、"CCC"认证标志和认证证书复印件。

④电线、电缆、照明灯具、开关、插座、风扇及附件等应有出厂合格证、"CCC"认证标志和认证证书复印件，此外电线、电缆还须具有生产许可证。

⑤导管、型钢应具有出厂合格证和材质证明书。

⑥电缆桥架、线槽、裸母线、裸导线、电缆头部件及接线端子、钢制灯柱、混凝土电杆和其他混凝土制品应有出厂合格证。

⑦镀锌制品(支架、横担、接地极、避雷用型钢等)和外线金具应有出厂合格证和镀锌质量证明书。

⑧封闭母线、插接母线等应有出厂合格证、安装技术文件、"CCC"认证标志和认证证书复印件。

(3)通风与空调工程

①制冷机组、空调机组、风机、水泵、冰蓄冷设备、热交换设备、冷却塔、除尘设备、风机盘管、诱导器、水处理设备、加热器、空气幕、空气净化设备、蒸汽调压设备、热泵机组、去(加)湿机(器)、装配式洁净室、变风量末端装置、过滤器、消声器、软接头、风口、风阀、风罩等以及防

爆超压排气活门、自动排气活门等与人防有关的物资,应有产品合格证和其他质量合格证明。

②阀门、疏水器、水箱、分(集)水器、减震器、储冷罐、集气罐、仪表、绝热材料等应有产品合格证、质量合格证明及检测报告。

③压力表、温度计、湿度计、流量计、水位计等应有产品合格证和检测报告。

④各类板材、管材等应有质量合格证明文件。

⑤主要设备应有安装使用说明书。

(4)智能建筑工程

智能建筑工程的主要设备、材料及附件应有产品合格证及产品说明书。

(5)电梯设备

电梯设备进场后,应由建设单位、监理单位、施工单位和供货单位共同开箱检验,并进行记录,填写“电梯设备开箱检验记录”。电梯工程的主要设备、材料及附件应有出厂合格证、产品说明书及安装技术文件。

2)物资抽样与送检

安装工程各类物资进场检验后,在使用前还需要将物资样本送第三方检测机构复验。见证取样的规则和方法,不同物资规定不一样。

(1)建筑给排水所用的各类管材、管件

①冷热水用聚丙烯(PP-R)管材、管件。

根据《冷热水用聚丙烯管道系统　第 2 部分:管材》(GB/T 18742.2—2017)的规定,管材的取样规则为同一原料、配方和工艺连续生产的同一规格管材作为一批,每批数量不超过 50 t,如果连续生产 7 d 仍不足 50 t,则以 7 d 产量为一批。取样方法为每一单位工程中,每种规格随机抽取 6 根,每根长 1 m。

根据《冷热水用聚丙烯管道系统　第 3 部分:管件》(GB/T 18742.3—2017)的规定,管件的取样规则为用同一原料和工艺连续生产的同一规格管件为一批。当 DN≤32 mm 时,管件每批不超过 1 万件;当 DN>32 mm 时,管件每批不超过 5 000 件;如果连续生产 7 d 仍不足上述数量,则以 7 d 产量为一批。取样方法为每一单位工程每种规格随机抽取 8 件。

②建筑排水用硬聚氯乙烯(PVC-U)管材、管件。

根据《建筑排水用硬聚氯乙烯(PVC-U)管材》(GB/T 5836.1—2018)的规定,管材的取样规则为同一原料、同一配方、同一工艺和同一规格连续生产的管材作为一批,每批数量不超过50 t;如果生产 7 d 尚不足 50 t,则以 7 d 产量为一批。取样方法为每一单位工程每种规格随机抽取 6 根,每根长 1 m。

根据《建筑排水用硬聚氯乙烯(PVC-U)管件》(GB/T 5836.2—2018)的规定,管件的取样规则为同一原料、同一配方和同一工艺生产的同一规格的管件作为一批。当 DN<75 mm 时,每批数量不超过 1 万件;当 DN≥75 mm 时,每批数量不超过 5 000 件;如果生产 7 d 仍不足一批,以 7 d 的生产量为一批。取样方法为每一单位工程每种规格随机抽取 8 件。

③给水用硬聚氯乙烯(PVC-U)管材。

根据《给水用硬聚氯乙烯(PVC-U)管材》(GB/T 10002.1—2006)的规定,管材的取样规则为用同一原料、同一配方和同一工艺生产的同一规格的管材作为一批。当 DN≤63 mm

时,每批数量不超过 50 t;当 DN>63 mm 时,每批数量不超过 100 t;如果生产 7 d 仍不足批量,以 7 d 产量为一批。取样方法为每一单位工程每种规格随机抽取 6 根,每根长 1 m。

(2)建筑电气工程所用的电工套管、电线电缆、低压配电箱和开关插座等

根据《建筑用绝缘电工套管及配件》(JG 3050—1998)的规定,电工套管为每一单位工程每种规格为一批。取样方法为随机取样 12 根,每根长 1 m。

根据 GB/T 5023—2008 系列标准的规定,电线电缆取样批数为同一单位工程中所使用的同一厂家、同一规格型号、同一批号的电线电缆为一批,取样方法为随机抽取包装完好的整卷电线一卷。

低压配电箱的送检批数为每一单位工程中所使用的同一厂家、同一规格型号的低压配电箱为一批,取样方法为随机抽取组装完好的低压配电箱 2 个。

开关和插座的抽样批数为每一单位工程中所使用的同一厂家、同一规格型号的开关、插座为一批,取样方法为每批随机抽取开关、插座各 6 个。

第三方有资质的检测机构对施工单位送检的样品进行检测,并出具复验报告。

表 3-62 为××公司新建办公楼及宿舍工程建筑用绝缘电工套管及配件检测报告。

表 3-62 建筑用绝缘电工套管及配件检测报告

工程概况			
委托单位	四川省××建筑有限公司	委托日期	2014.03.10
工程名称	××公司新建办公楼及宿舍	检测日期	2014.03.21
建设单位	四川省××制造有限公司	报告日期	2014.03.21
施工单位	××市××建筑有限公司	检测性质	委托
监理单位	四川省××建设工程有限公司	送样人	—
监督单位	—	见证人	×××
产品信息			
代表部位	整个工程	试验环境	符合标准要求
产品名称	建筑用绝缘电工导管	样品状态	无异常
规格型号	GY405-16	颜色	白色
生产厂家	崇州市天胜达塑胶有限公司	生产批次	—
试验条件及结论			
标验标准	《建筑用绝缘电工套管及配件》(JG 3050—1998)		
主要设备	压力试验装置、冲击试验仪、氧指数测定仪、弯曲试验仪、冷冻箱、烘箱、量规、游标卡尺、交流耐电压测试仪		
结论	该样品委托检验项目符合标准要求		
备注	—		
检测参数及数据汇总表			
检测项目	标准要求	实测结果	单项结论
外观	满足标准中第 6.2.1 条要求	符合	合格

续表

尺 寸				
外形尺寸	最大外径	量规自重通过	符合	合格
	最小外径	量规不能通过	符合	合格
	最小内径	量规自重通过	符合	合格
	最小壁厚	壁厚最小值大于等于1.22 mm	1.59	合格
机 械 性 能				
抗压性能		载荷 1 min 时，$D\leqslant 25\%$；卸荷 1 min 时，$D\leqslant 10\%$	0.23、0.08	合格
冲击性能		12 个试件中至少 10 个不坏、不裂	11/12 未破坏	合格
弯曲性能		无可见裂纹	符合	合格
弯扁性能		量规自重通过	符合	合格
跌落性能		无震裂、破碎	符合	合格
耐热性能		$D_1\leqslant 2$ mm	0.8	合格
阻燃性能	自熄时间	$t_0\leqslant 30$ s	6	合格
	氧指数	$OI\geqslant 32$	>32	合格
电气连续性能	电气强度	15 min 内不击穿	—	—
	绝缘电阻	$R\geqslant 100$ MΩ	—	—

签发：××× 审核：××× 试验：××× 试验单位：(章)

3)物资报审

安装物资资料的报审，做法与土建物资资料的报审相同。

4)物资资料汇总

安装工程应按所属专业及分部工程的不同，分开汇总各类原材料及构配件的物资资料信息。实际工程中通常按照建筑排水及采暖工程、建筑电气、智能建筑、通风与空调工程等分类，填写“主要原材料及构配件出厂证明及试验单目录”。

表 3-63 是××公司新建办公楼及宿舍工程主要原材料及构配件出厂证明及试验单目录。

表 3-63 主要原材料及构配件出厂证明及试验单目录

单位工程：××公司新建办公楼及宿舍 施工单位：四川省××建筑有限公司 共×页第×页

序号	材料(设备)名称	品种	型号(规格)	单位	代表数量	使用部位	出厂证明	试验单编号	备注
1	建筑用绝缘电工套管		GY405-25			整个工程	M-2013 1475	禾(U5) 1400200	
2	建筑用绝缘电工套管		GY405-32			整个工程	M-2013 1481	禾(U5) 1400221	
3	建筑用绝缘电工套管		GY405-16			整个工程	M-2013 1476	禾(U5) 1400198	

续表

4	建筑用绝缘电工套管		GY405-20			整个工程	M-2013 1477	禾(U5) 1400199	
注册建造师(技术负责人):(签字)×××					审核:(签字)×××		填表:(签字)×××		

3.2.2 安装工程的施工记录及施工质量验收文件

安装工程的施工记录及施工质量验收文件目录如表 3-64 所示。

表 3-64 安装工程的施工记录及施工质量验收文件目录

序号	分部工程	资料名称	序号	分部工程	资料名称
1	给水排水与供暖工程	管道工程隐蔽验收记录	1	电梯	隐蔽工程验收表
2		施工记录(施工日志等)	2		施工记录
3		分项、分部工程质量验收记录	3		负荷试验、安全装置检查记录
4		相关各检验批质量验收记录	4		分项、分部工程质量验收记录
			5		相关各检验批质量验收记录
1	建筑电气	电气工程隐蔽验收记录	1	智能建筑	隐蔽工程验收记录
2		电气配管安装工程隐蔽验收记录	2		系统功能测定及设备调试记录
3		施工记录	3		系统管理、操作人员培训记录
4		分项、分部工程质量验收报告	4		施工记录
5		相关各检验批质量验收记录	5		分项、分部工程质量验收报告
			6		相关各检验批质量验收记录
1	通风与空调	隐蔽工程验收记录			
2		施工记录			
3		分项、分部工程质量验收记录			

1)隐蔽工程验收记录

安装工程的隐蔽验收,如果是给排水、采暖、通风等方面的隐蔽验收,一般应填“管道工程隐蔽验收记录”,如果是建筑电气、智能建筑方面的隐蔽验收,电气配管应填“电气配管安装工程隐蔽验收记录”,其他项目应填“电气工程隐蔽验收记录”。需要注意的是,消防工程隐蔽验收记录应视具体情况确定,如果是普通消防系统,可以填“管道工程隐蔽验收记录”;如果是自动消防系统,则填“电气工程隐蔽验收记录”。“建筑工程隐蔽验收记录”主要用于地基与基础、主体结构、装饰装修方面的隐蔽验收。

(1)管道工程隐蔽验收记录

对于直接埋地、墙内暗敷、天棚或者竖井内的各类管道、阀门和管件等，都应该在隐蔽之前进行验收，验收合格后方可进行隐蔽。

隐蔽验收的主要检查项目包括管道及管件的材质、规格数量、坐标位置、标高、坡度、埋设深度、墙内暗敷时的保护层厚度、油漆防腐、试压记录、灌水渗漏试验及保温检查等。室内直埋给水管道(塑料管道和复合管道除外)做防腐处理，埋地管道防腐层材质和结构也应按照设计要求进行检查。

检查完毕后，施工单位应根据实际情况填写“管道工程隐蔽验收记录”，并根据设计文件及施工图对所检查验收的管道隐蔽工程进行说明及附图，项目专业质量(技术)负责人审查并检查评定结果，最后由监理工程师给出验收结论，并签字确认。

表 3-65 为管道工程隐蔽验收记录。

表 3-65　管道工程隐蔽验收记录

<table>
<tr><td>工程名称</td><td colspan="2">××公司新建办公楼及宿舍</td><td>分项工程名称</td><td colspan="2">管道工程</td></tr>
<tr><td>隐蔽验收部位</td><td colspan="2">一层卫生间</td><td>施工单位</td><td colspan="2">四川省××建筑有限公司</td></tr>
<tr><td>项目负责人</td><td>×××</td><td>专业工长</td><td>×××</td><td>施工班组长</td><td>×××</td></tr>
<tr><td>设计图号</td><td>—</td><td>材质</td><td>PVC 塑料管</td><td>规格</td><td>DN50</td></tr>
<tr><td>单位</td><td>—</td><td>数量</td><td>15 m</td><td>隐蔽日期</td><td>2014.05.03</td></tr>
<tr><td colspan="3">检查验收记录</td><td colspan="3">附图及说明</td></tr>
<tr><td>位置标记</td><td colspan="2">一层</td><td colspan="3" rowspan="10">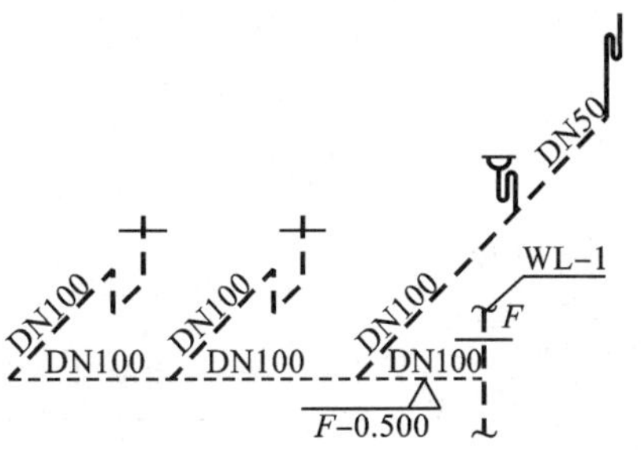
</td></tr>
<tr><td>标高、坡度、坡向</td><td colspan="2">−1.2、0.02、坡向室外</td></tr>
<tr><td>接口、接头材质</td><td colspan="2">给水专用黏结剂承插连接</td></tr>
<tr><td>基座、支架</td><td colspan="2">原土、砖支墩</td></tr>
<tr><td>防腐措施</td><td colspan="2">—</td></tr>
<tr><td>保温方式</td><td colspan="2">—</td></tr>
<tr><td>灌水、试压结果</td><td colspan="2">灌水试验不渗不漏</td></tr>
<tr><td>预留孔洞处理</td><td colspan="2">细石混凝土填充</td></tr>
<tr><td>渗水量试验结果</td><td colspan="2">—</td></tr>
<tr><td>保护层厚度</td><td colspan="2">—</td></tr>
<tr><td>施工单位
检查评定结果</td><td colspan="5">符合设计及规范要求
项目专业质量检查员：×××　　项目专业质量(技术)负责人：×××
2014 年 5 月 3 日</td></tr>
<tr><td>监理(建设)
单位验收结论</td><td colspan="5">符合设计及规范要求，同意隐蔽
监理工程师(建设单位项目技术负责人)：×××　　2014 年 5 月 4 日</td></tr>
</table>

(2)电气工程隐蔽验收记录

电气工程中,接线盒及导管、直埋电缆、室外直埋导管、建筑物基础接地体和人工接地体、女儿墙暗敷的接口等工程内容及工序,都需要按照要求在隐蔽前进行检查验收。

隐蔽验收主要检查项目包括品种、规格、位置、标高、弯度、连接、焊接、跨接地线、防腐、焊接部位的焊接质量、搭接长度、管道及接线盒的固定、管口处理、敷设情况、保护层厚度以及与其他管线的相对位置和距离等。

检查完毕,应由施工单位专业工长根据检查的实际情况填写“检查验收情况”栏的内容,需要附图或说明者,应在“附图及说明”栏中填写及绘图。由项目专业质量检查员审查并填写检查评定结果,监理(建设)单位应做出验收结论,且有关人员应签字确认。

表 3-66 是防雷接地安装工程隐蔽验收记录。

表 3-66 防雷接地安装工程隐蔽验收记录

<table>
<tr><td>工程名称</td><td colspan="2">××公司新建办公楼及宿舍</td><td>分项工程名称</td><td colspan="2">防雷接地安装工程</td></tr>
<tr><td>隐蔽验收部位</td><td colspan="2">室外</td><td>施工单位</td><td colspan="2">四川省××建筑有限公司</td></tr>
<tr><td>项目负责人</td><td>×××</td><td>专业工长</td><td>×××</td><td>施工班组长</td><td>×××</td></tr>
<tr><td>设计图号</td><td></td><td>单　位</td><td></td><td>数　量</td><td></td></tr>
<tr><td colspan="3">检查验收情况</td><td colspan="3">附图及说明</td></tr>
<tr><td colspan="3">防雷引下线利用柱内四角的钢筋引下,在基础底板筋上连成一个整体,再用 40 mm×4 mm 的镀锌扁钢引出,安装符合设计和规范要求</td><td colspan="3">附图略</td></tr>
<tr><td>施工单位
检查评定结果</td><td colspan="5">经检查,该检验批的接地装置安装符合设计和规范要求,评定合格
项目专业质量检查员:×××　项目专业质量(技术)负责人:×××
2014 年 5 月 8 日</td></tr>
<tr><td>监理(建设)
单位验收结论</td><td colspan="5">经旁站检查验收,该检验批的施工质量符合设计和规范要求,同意验收
监理工程师(建设单位项目技术负责人):×××　2014 年 5 月 8 日</td></tr>
</table>

注:本表一式四份,建设单位、施工单位、监理单位、城建档案馆各一份。

(3)电气配管安装工程隐蔽验收记录

电气工程中的金属线管、塑料线管、电缆导管等在混凝土梁、板、柱、砖墙上及顶棚内暗敷设,以及电线管、电缆管预埋于地下时,均需要按照使用功能的区域、层段进行划分,进行电气配管安装工程隐蔽验收记录。

隐蔽验收主要检查项目包括接零接地、连接、保护层厚度、补偿装置、弯曲半径、防腐处理及埋设深度等。

检查完毕,应由施工单位专业工长根据检查实际情况填写“检查验收情况”栏的内容,需要附图或说明者,应在“附图及说明”栏中填写及绘图。由项目专业质量检查员审查并填写检查评定结果,监理(建设)单位应做出验收结论,且有关人员应签字确认。

表 3-67 为电气配管安装工程隐蔽验收记录。

表 3-67 电气配管安装工程隐蔽验收记录

<table>
<tr><td>工程名称</td><td colspan="2">××公司新建办公楼及宿舍</td><td>分项工程名称</td><td colspan="2">电气配管安装工程</td></tr>
<tr><td>隐蔽验收部位</td><td colspan="2">二层</td><td>施工单位</td><td colspan="2">四川省××建筑有限公司</td></tr>
<tr><td>项目负责人</td><td>×××</td><td>专业工长</td><td>×××</td><td>施工班组长</td><td>×××</td></tr>
<tr><td>设计图号</td><td></td><td>单位</td><td></td><td>数量</td><td></td></tr>
<tr><td rowspan="2">回路层段编号</td><td rowspan="2">配管及规格</td><td colspan="4">配管敷设情况</td></tr>
<tr><td>弯曲半径</td><td>接头处理</td><td>跨箱盘处理</td><td>防腐</td></tr>
<tr><td>WLM2</td><td>SC40</td><td>6</td><td>丝结</td><td>Φ8 圆钢</td><td>镀锌</td></tr>
<tr><td>WL1、W1</td><td>PC16</td><td>6</td><td>黏结</td><td></td><td></td></tr>
<tr><td>W2、W3</td><td>PC20</td><td>7</td><td>黏结</td><td></td><td></td></tr>
<tr><td>WL2-WL6</td><td>PC32</td><td>6</td><td>黏结</td><td></td><td></td></tr>
<tr><td colspan="5">附图及说明</td><td>检查验收情况</td></tr>
<tr><td colspan="5">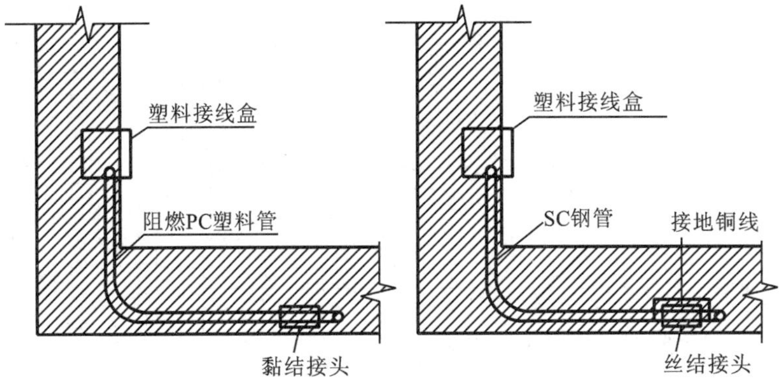
</td><td>线导管随土建支模、绑扎钢筋、砌墙预埋于混凝土楼板和墙体中，楼板内的线管应置于底层钢筋网上面，PC 管为黏结接头，SC 管为丝结接头，并按规范用铜线跨接接地。线管走向全部按图施工</td></tr>
<tr><td>施工单位检查评定结果</td><td colspan="5">经检查，该检验批的线管连接紧密，走向位置符合设计要求，弯曲半径符合规范要求，评定合格。

项目专业质量检查员：××× 项目专业质量(技术)负责人：×××
2014 年 6 月 3 日</td></tr>
<tr><td>监理(建设)单位验收结论</td><td colspan="5">经旁站检查及验收，该检验批的施工质量符合设计和规范要求，同意隐蔽。

监理工程师(建设单位项目技术负责人)：××× ×年×月×日</td></tr>
</table>

2)检验批质量验收记录

检验批是建筑工程质量验收的基本单元，《建筑工程施工质量验收统一标准》(GB 50300—2013)提出，检验批可以根据施工、质量控制和专业验收的需要，按工程量、楼层、施工段和变形缝等进行划分。工程实践中安装工程各检验批的划分通常以该原则为基础，结合专业验收规范及工程实践经验进行操作。检验批完成后，由专业监理工程师组织施工单位项目专业质量检查员、专业工长等进行验收，根据现场检测数据，形成“现场验收检查原始记录”，然后根据原始记录填写“检验批质量验收记录”。

"检验批质量验收记录"如表 3-68 所示。填写该表时需要注意以下几点。

表 3-68 室内消火栓系统安装工程检验批质量验收记录

<table>
<tr><td colspan="3">工程名称</td><td colspan="4">××公司新建办公楼及宿舍</td><td colspan="4">分项工程名称</td><td colspan="3">室内消火栓系统安装工程</td></tr>
<tr><td colspan="3">验收部位</td><td colspan="4">屋顶层、首层</td><td colspan="4">施工单位</td><td colspan="3">四川省××建筑有限公司</td></tr>
<tr><td colspan="2">项目负责人</td><td>×××</td><td colspan="4">专业工长</td><td colspan="4">×××</td><td colspan="2">施工班组长</td><td>×××</td></tr>
<tr><td colspan="3">施工执行标准及编号</td><td colspan="11">《建筑给水排水及采暖工程施工质量验收规范》(GB 50242—2002)</td></tr>
<tr><td colspan="3">质量验收规范的规定</td><td colspan="10">施工单位检查评定记录</td><td>监理(建设)
单位验收记录</td></tr>
<tr><td>主控项目</td><td colspan="2">室内消火栓系统安装完成后应取屋顶层(或水箱间内)试验消火栓和首层取两处消火栓做试射试验,且应达到设计及设计变更或技术核定要求</td><td colspan="10">取屋顶层和首层两处做试射试验,达到设计要求</td><td>屋顶、首层两处试射试验经旁站监督检查验收符合要求,同意下道工序施工</td></tr>
<tr><td rowspan="4">一般项目</td><td colspan="2">①水龙带与水枪和快速接头绑扎牢固紧密,根据箱内构造将水龙带挂放在箱内的挂钉、托盘或支架上</td><td colspan="10">水龙带与水枪和快速接头均绑扎牢固紧密,箱内挂带位置正确</td><td rowspan="4">共实测 30 点,合格 27 点,合格点率 90%,同意下道工序施工</td></tr>
<tr><td rowspan="3">②箱式消火栓安装</td><td>栓口朝外,且不应安装在门轴侧,栓口中心距地面 1.1 m,允许偏差为±20 mm</td><td>17</td><td>12</td><td>8</td><td>5</td><td>㉑</td><td>12</td><td>10</td><td>10</td><td>9</td><td>7</td></tr>
<tr><td>阀门中心距箱侧面为 140 mm,距箱后内表面为 100 mm,允许偏差为±5 mm</td><td>5</td><td>3</td><td>2</td><td>3</td><td>4</td><td>⑥</td><td>3</td><td>3</td><td>1</td><td>0</td></tr>
<tr><td>箱体安装的垂直度允许偏差为 3 mm</td><td>3</td><td>3</td><td>1</td><td>2</td><td>3</td><td>3</td><td>2</td><td>2</td><td>④</td><td>2</td></tr>
<tr><td colspan="3">施工单位检查
评定结果</td><td colspan="11">经检查主控项目合格,一般项目符合要求,质保资料齐全,该检验批评定合格

项目专业质量检查员:××× 项目专业质量(技术)负责人:×××
2014 年 7 月 14 日</td></tr>
<tr><td colspan="3">监理(建设)
单位验收结论</td><td colspan="11">主控项目合格,一般项目符合要求,质保资料齐全,该检验批评定合格

监理工程师(建设单位项目技术负责人):××× 2014 年 7 月 14 日</td></tr>
</table>

①表头中的工程名称、分项工程名称、验收部位、施工单位、项目负责人等信息应填写清楚，其中分项工程名称按《建筑工程施工质量验收统一标准》(GB 50300—2013)附录B规定，按照检验批所属分项工程名称填写。

②施工执行标准和编号应为该检验批所对应的分部工程质量验收规范。

③表中的主控项目和一般项目分定性和定量描述两种。对材料、设备及工程试验等结果的检查项目，多采用定性的文字描述方式，说明实际质量验收内容及结论；对于计数检验项目，则必须依据对应的"现场验收检查原始记录"中验收情况记录填写；对于检验批验收不涉及此验收项目时，则写入"—"。

④检查结果的填写。采用文字描述方式的验收项目，分为合格与不合格。对于抽样项目且为主控项目，无论是定性还是定量描述，全数合格为合格，有1处不合格即为不合格；对于抽样项目且为一般项目，定性描述项目所有抽查点全部合格(合格率为100%)，此条方为合格；定量描述项目，其中每个项目都必须有80%以上(混凝土保护层为90%)检测点的实测数值达到规范规定，其余20%按各专业施工质量验收规范规定，不能大于1.5倍，其中钢结构为1.2倍，满足方为合格，否则为不合格。

安装工程检验批合格的判定条件与土建工程相同。

3)分项工程质量验收记录

《建筑工程施工质量验收统一标准》(GB 50300—2013)提出了分项工程可按主要工种、材料、施工工艺和设备类别等进行划分的基本原则，并在附录B中列出构成各分部工程的主要分项工程列表。安装工程中常见的分项工程详见《建筑工程施工质量验收统一标准》(GB 50300—2013)附录B。

分项工程完成后，由专业监理工程师组织施工单位项目专业技术负责人等进行验收，并填写"分项工程质量验收记录"，填写方法和要点与土建工程的相同。

表3-69为导管敷设分项工程质量验收记录。

表3-69 导管敷设分项工程质量验收记录

<table>
<tr><td>工程名称</td><td colspan="2">××公司新建办公楼及宿舍</td><td>结构类型</td><td>框架</td><td>检验批数</td><td>3</td></tr>
<tr><td>施工单位</td><td colspan="2">四川省××建筑有限公司</td><td>项目负责人</td><td>×××</td><td>质量部门负责人</td><td>×××</td></tr>
<tr><td>分包单位</td><td colspan="2">×××</td><td>分包单位负责人</td><td>×××</td><td>分包技术负责人</td><td>×××</td></tr>
<tr><td>序号</td><td colspan="2">检验批部位、区段</td><td colspan="2">施工单位检查评定记录</td><td colspan="2">监理(建设)单位验收结论</td></tr>
<tr><td>1</td><td colspan="2">一层</td><td colspan="2">合 格</td><td colspan="2">合 格</td></tr>
<tr><td>2</td><td colspan="2">二层</td><td colspan="2">合 格</td><td colspan="2">合 格</td></tr>
<tr><td>3</td><td colspan="2">三层</td><td colspan="2">合 格</td><td colspan="2">合 格</td></tr>
<tr><td>4</td><td colspan="2"></td><td colspan="2"></td><td colspan="2"></td></tr>
<tr><td>5</td><td colspan="2"></td><td colspan="2"></td><td colspan="2"></td></tr>
<tr><td>6</td><td colspan="2"></td><td colspan="2"></td><td colspan="2"></td></tr>
</table>

续表

7			
8			
9			
10			
11			
12			
13			
14			
15			
16			
17			
18			
19			
20			
施工单位检查评定结果	经检查,该分项工程的检验批符合设计及规范要求,评定为合格 项目专业质量检查员:××× 项目专业质量(技术)负责人:××× 2014 年 7 月 2 日		
监理(建设)单位验收结论	经检查,该分项工程资料完整,符合设计及规范要求,评定为合格,同意后续施工 监理工程师(建设单位项目技术负责人):××× 2014 年 7 月 2 日		

四川省建设厅制

4)分部工程质量验收记录

分部工程的划分一般依据专业性质和工程部位确定,同时《建筑工程施工质量验收统一标准》(GB 50300—2013)明确指出,分部工程的划分应该按照附录 B 的要求完成。安装工程各分部工程主要是依据专业性质来确定,根据附录 B,主要包括建筑给水排水及供暖工程、建筑电气工程、智能建筑工程、通风与空调工程和电梯工程。分部工程完成后,由总监理工程师组织施工单位项目负责人和项目技术、质量负责人等进行验收,并由施工单位填写“分部工程质量验收记录”,填写方法和要点与土建工程相同,施工、勘察、设计、监理(建设)、分包单位共同验收后签署验收意见。

表 3-70 为建筑电气分部工程质量验收记录。

表 3-70　建筑电气分部工程质量验收记录

<table>
<tr><td colspan="2">工程名称</td><td colspan="2">××公司新建办公楼及宿舍</td><td colspan="2">结构类型</td><td>框架</td><td>层数</td><td>3层</td></tr>
<tr><td colspan="2">施工单位</td><td colspan="2">四川省××建筑有限公司</td><td colspan="2">技术部门负责人</td><td>×××</td><td>质量部门负责人</td><td>×××</td></tr>
<tr><td colspan="2">分包单位</td><td colspan="2"></td><td colspan="2">分包单位负责人</td><td></td><td>分包技术负责人</td><td></td></tr>
<tr><td>序号</td><td colspan="3">分项工程名称</td><td>检验批数</td><td colspan="2">施工单位
检查评定记录</td><td colspan="2">验收意见</td></tr>
<tr><td>1</td><td colspan="3">成套配电柜、控制柜和动力分项</td><td>1</td><td colspan="2">合格</td><td colspan="2" rowspan="8">经检验，符合规范和设计要求，验收记录完整</td></tr>
<tr><td>2</td><td colspan="3">照明配电箱安装</td><td>3</td><td colspan="2">合格</td></tr>
<tr><td>3</td><td colspan="3">导管敷设</td><td>3</td><td colspan="2">合格</td></tr>
<tr><td>4</td><td colspan="3">管内穿线</td><td>3</td><td colspan="2">合格</td></tr>
<tr><td>5</td><td colspan="3">电缆头制作</td><td>1</td><td colspan="2">合格</td></tr>
<tr><td>6</td><td colspan="3">导线连接</td><td>1</td><td colspan="2">合格</td></tr>
<tr><td>7</td><td colspan="3">线路绝缘测试</td><td>3</td><td colspan="2">合格</td></tr>
<tr><td>8</td><td colspan="3">普通灯具安装</td><td>3</td><td colspan="2">合格</td></tr>
<tr><td colspan="5">质量控制资料</td><td colspan="4">完整</td></tr>
<tr><td colspan="5">安全和功能检验(检测)报告</td><td colspan="4">完整</td></tr>
<tr><td colspan="3">观感质量验收情况</td><td colspan="6">观感质量验收符合设计规范要求，评定为好。</td></tr>
<tr><td rowspan="5">验收单位</td><td colspan="2">分包单位</td><td colspan="6">项目负责人：×××　　×年×月×日</td></tr>
<tr><td colspan="2">施工单位</td><td colspan="6">项目负责人：×××　　×年×月×日</td></tr>
<tr><td colspan="2">勘察单位</td><td colspan="6">项目负责人：×××　　×年×月×日</td></tr>
<tr><td colspan="2">设计单位</td><td colspan="6">项目负责人：×××　　×年×月×日</td></tr>
<tr><td colspan="2">监理(建设)单位</td><td colspan="6">总监理工程师：×××　　×年×月×日</td></tr>
</table>

3.2.3　安装工程的施工试验记录

如果安装工程的施工质量得不到保证，将会严重影响建筑物的使用功能，因此，安装工程在施工过程中需要做许多功能性试验。

1)阀门试验检查记录

“阀门试验检查记录”用来记录房屋建筑及市政工程的阀门的强度试验和严密性试验结果。

根据《建筑给水排水及采暖工程施工质量验收规范》(GB 50242—2002)第3.2.4条的规定,阀门安装前应做强度和严密性试验。试验应在每批(同牌号、型号、规格)数量中抽查10%,且不少于1个。对于安装在主干管上起切断作用的闭路阀门,应逐个做强度和严密性试验。

阀门试验应用洁净水做试压介质,当阀门的工作介质为轻质油类时,应用煤油做试验介质。

(1)阀门的强度试验

阀门的强度试验应两端盲闭,阀芯启开,试验压力为公称压力的1.5倍,且应在持续时间内保持不变,试验时间如表3-71所示,阀体、阀盖及填料无渗漏为合格。

公称压力是指为了设计、制造和使用的方便而规定的一种标准压力(即耐压能力,在数值上它正好等于第一级工作温度下的最大工作压力),用PN表示,其后附加压力数值。例如,公称压力10 MPa,用PN10表示。

(2)阀门的严密性试验

除碟阀、止回阀、节流阀外,其他阀门尚应做严密性试验。严密性试验应盲闭阀门的进口端,出口端敞开,关闭阀芯。试验压力为阀门公称压力的1.1倍,且在持续时间内应保持不变,试验时间如表3-71所示,以阀芯(瓣)密封面无渗漏为合格。

阀门强度和严密性试验的试验持续时间应不少于表3-71的规定。

表3-71 阀门试验持续时间

公称直径 DN/mm	最短试验持续时间/s		
	严密性试验		强度试验
	金属密封	非金属密封	
≤50	15	15	15
65～200	30	15	60
250～450	60	30	180

严密性试验不合格者,应进行解体检查和研究,并重新试验直至合格为止。大批量的阀门试验应在阀门试验台上进行,以便适应各种规格和各种压力等级的阀门试验。

此项试验可以委托专业的检测机构来做,并由其出具检测报告即可。

2)管道工程压力试验记录

根据《建筑给水排水及采暖工程施工质量验收规范》(GB 50242—2002)第3.3.16条的规定,各种承压管道系统和设备应做水压试验。

“管道工程压力试验记录”适用于室内外冷、热水管(钢管、复合管、塑料管),消防管(普消管、自消管),空调供回水管,冷却水管,气消管的强度和严密性试验。

《建筑给水排水及采暖工程施工质量验收规范》(GB 50242—2002)第4.2.1条规定:室内给水管道的水压试验必须符合设计要求。当设计未注明时,各种材质的给水管道系统的试验压力均为工作压力的1.5倍,但不得小于0.6 MPa。

(1)试验检查方法

①金属及复合管给水管道在试验压力下观测10 min,压力降不应大于0.02 MPa,然后降到工作压力进行检查,应不渗不漏。

②塑料管给水系统应在试验压力下稳压1 h,压力降不得超过0.05 MPa,然后在工作压

力的 1.15 倍状态下稳压 2 h，压力降不得超过 0.03 MPa，同时检查各连接处不得渗漏。

③消防管道水压试验的检查方法：试验压力下，10 min 内压力降不大于 0.05 MPa，然后降至工作压力进行检查，压力保持不变，不渗不漏为合格。

(2)试验注意事项

①管道试压应分系统、分区域进行，按系统所在部位分层、段、干管、立管进行试压，系统全部完成后再整体试压。

②试压用的压力表不少于 2 只，精度不低于 1.5 级，量程为试验压力值的 1.5～2 倍。试压泵采用手动或电动试压泵。

③对不能参与试压的设备和仪表、阀门、附件等，应加以拆除或隔离。管道中断处设置临时连接短管或临时盲板、丝堵，试压合格后拆除。

④试压时在试压管段的低点缓慢向系统内注水，同时在高点排气，系统最高点连续冒水时关闭排气阀。

⑤系统注满水后进行检查，无渗漏后方可升压，升压时要缓慢，升压时间不少于 10 min。试压合格后，水要及时放尽。放水时将水引至集水坑或排水管道。

⑥试压时应设多人进行巡回检查，严防跑水、冒水现象。

⑦试压过程中出现泄漏时，应停止试压，消除缺陷后重新再试。

⑧冬季试压环境温度不得低于 5 ℃。

⑨采暖系统的水压试验，应在系统安装完毕，管道保温之前进行。试验压力应符合设计要求。当设计未注明时，应符合下列规定：

a. 蒸汽、热水采暖系统，应以系统顶点工作压力加 0.1 MPa 做水压试验，同时在系统顶点的试验压力不小于 0.3 MPa。

b. 高温热水采暖系统，试验压力应为系统顶点的试验压力且不小于 0.4 MPa。

c. 使用塑料管及复合管的热水采暖系统，应以系统顶点工作压力加 0.2 MPa 做水压试验，同时在系统顶点的试验压力不小于 0.4 MPa。

此项试验一般委托专业检测机构来做，并由其出具检测报告。

表 3-72 为××公司新建办公楼及宿舍工程的管道工程压力试验记录。

表 3-72　管道工程压力试验记录

<table>
<tr><td colspan="2">工程名称</td><td colspan="2">××公司新建
办公楼及宿舍</td><td colspan="4">分项工程名称</td><td colspan="4">给水系统</td></tr>
<tr><td colspan="2">验收部位</td><td colspan="2">泵房截止阀</td><td colspan="4">施工单位</td><td colspan="4">四川省××建筑有限公司</td></tr>
<tr><td colspan="2">项目负责人</td><td>×××</td><td>专业工长</td><td colspan="4">×××</td><td>施工班组</td><td colspan="3">×××</td></tr>
<tr><td rowspan="2">管段号</td><td rowspan="2">材质</td><td rowspan="2">设计工作压力
/MPa</td><td rowspan="2">温度</td><td colspan="4">强度试压</td><td colspan="4">严密性试验</td></tr>
<tr><td>介质</td><td>压力
/MPa</td><td>时间
/min</td><td>结论</td><td>介质</td><td>压力
/MPa</td><td>时间
/min</td><td>结论</td></tr>
<tr><td>室内
给水 1 组</td><td>钢管</td><td>0.4</td><td>18</td><td>水</td><td>0.6</td><td>10</td><td>合格</td><td></td><td></td><td></td><td></td></tr>
<tr><td>室内
给水 1 组</td><td>PE 管</td><td>0.4</td><td>18</td><td>水</td><td>0.6</td><td>10</td><td>合格</td><td></td><td></td><td></td><td></td></tr>
</table>

续表

施工单位检查评定结果	给水管系统在试验压力下观测 10 min,压力降不大于 0.02 MPa,然后降到工作压力进行稳压,120 min压力不降。 项目专业质量检查员:××× 项目专业质量(技术)负责人:××× ×年×月×日									
监理(建设)单位验收结论	同意验收。 监理工程师(建设单位项目技术负责人):××× ×年×月×日									

注:本表一式四份,建设单位、设计单位、施工单位、监理单位各留一份。

3)给水管道通水试验记录

《建筑给水排水及采暖工程施工质量验收规范》(GB 50242—2002)第 4.2.2 条规定:给水系统交付使用前必须进行通水试验并做好记录。其实不仅是室内外给水系统(包括冷、热水),包括中水及游泳池系统、卫生洁具、地漏、地面清扫口及室内外排水系统也应进行通水试验,并做记录。

通水试验应在水压试验合格后,分系统、分区域进行,按系统所在位置分层、分段逐个打开配水点水嘴和阀门,观察和开启阀门或水嘴放水,管道接口无渗漏、无堵塞、出水通畅为合格。

施工单位应当在通水之前通知监理(建设单位)工程师审查。监理(建设单位)工程师必须旁站监理,在核对"给水管道通水试验记录"的数据无误后,签署结论性意见。

表 3-73 为××公司新建办公楼及宿舍工程的通水试验记录。

表 3-73 通水试验记录

工程名称	××公司新建办公楼及宿舍		分项工程名称	给水管道	
验收部位	给水管道 2~3 层		施工单位	四川省××建筑有限公司	
项目负责人	×××	专业工长	×××	施工班组长	×××
试验管、段	通水时间/h	配水点开放数量/(%)		检查结果	备 注
JL-1-2F	0.5	100		接口无渗漏,水压正常	
JL-1-3F	0.5	100		接口无渗漏,水压正常	

续表

施工单位检查评定结果	室内给水管道经通水试验检查合格。 项目专业质量检查员:××× 项目专业质量(技术)负责人:××× ×年×月×日			
监理(建设)单位验收结论	同意验收。 监理工程师(建设单位项目技术负责人):××× ×年×月×日			

注:本表由承包单位填写,一式四份,建设单位、监理单位、承包单位、城建档案馆各留一份。

4)管道系统消毒清洗记录

《建筑给水排水及采暖工程施工质量验收规范》(GB 50242—2002)第 4.2.3 条规定:"生产给水系统管道,在交付使用前必须冲洗和消毒,并经有关部门取样检验,符合国家《生活饮用水标准》方可使用。"(注意:上述《生活饮用水标准》实际指《生活饮用水卫生标准》。)检验方法为检查有关部门提供的检测报告。

管道系统的消毒清洗,一般应在管道水压试验合格后进行,并且按先室外后室内、先主管后支管的原则,分系统、分区域进行。

消毒方法:管道应采用含量不低于 20 mg/L 的氯离子溶液浸泡 24 h,再冲洗。

冲洗方法:冲洗时应完全打开水阀,放水并引至排水系统,使管道在能够达到的最大流量下进行冲洗,且流速不小于 1.5 m/s。启动增压水泵向系统加压,由专人观察出水口的水质情况。冲洗应连续进行,最后在排水出口用目测进行检查,若排水出口的水色和透明度与入口处的一致,即可由水质管理部门取样化验。化验结果符合国家《生活饮用水卫生标准》(GB 5749—2006)的要求方可使用。

要求试验人员签字齐全。

表 3-74 为××公司新建办公楼及宿舍工程的管道系统消毒清洗记录。

表 3-74　系统消毒清洗记录

工程名称	××公司新建办公楼及宿舍		分项工程名称		给水系统
验收部位	2～3 层		施工单位		四川省××建筑有限公司
项目负责人	×××	专业工长	×××	施工班组长	×××
管段	消毒情况				化验结果
	消毒介质	留置时间/h	冲洗介质	检查情况	
JL-1-2F	游离氯	24	自来水	出水清澈透明	合格
JL-1-3F	游离氯	24	自来水	出水清澈透明	合格
施工单位检查评定结果	给水管材达到饮用水卫生标准,并有卫生防疫站的水质检验报告 项目专业质量检查员:×××　项目专业质量(技术)负责人:×××　×年×月×日				
监理(建设)单位验收结论	符合规范要求,同意验收 监理工程师(建设单位项目技术负责人):×××　×年×月×日				

5)室内消火栓系统试射试验

《建筑给水排水及采暖工程施工质量验收规范》(GB 50242—2002)第 4.3.1 条规定:室内消火栓系统安装完成后应取屋顶层(或水箱间内)试验消火栓和首层取两处消火栓做试射试验,达到设计要求为合格。

检验方法:实地试射检查。

实际上,做此项试验的工程很少。

6)水箱的满水(水压)试验

《建筑给水排水及采暖工程施工质量验收规范》(GB 50242—2002)第 4.4.3 条规定:敞口水箱的满水试验和密闭水箱的水压试验必须符合设计和规范规定。

水箱满水(水压)试验微课

检验方法如下:

①敞口水箱的满水试验:满水试验静置 24 h 观察,不渗不漏为合格。

②密闭水箱的水压试验：水压试验在试验压力下 10 min 压力不降，不渗不漏为合格。

7）排水管道灌水试验记录

《建筑给水排水及采暖工程施工质量验收规范》(GB 50242—2002)第 5.2.1 条规定：隐蔽或埋地的排水管道在隐蔽前必须做灌水试验，其灌水高度应不低于底层卫生器具的上边缘或底层地面高度。

①灌水试验应分区、分段、分层进行。

②试验程序：封闭排水出口→向管内灌水→检查渗漏→第二次灌水→试验记录。

③检验方法：满水 15 min 水面下降后，再灌满观察 5 min，液面不降、管道及接口无渗漏为合格。

室内排水管灌水试验——气囊封堵法微课

表 3-75 为××公司新建办公楼及宿舍工程的排水管道灌水试验记录。

表 3-75　排水管道灌水试验记录

<table>
<tr><td>工程名称</td><td colspan="2">××公司新建办公楼及宿舍</td><td colspan="2">分项工程名称</td><td colspan="2">排水管道</td></tr>
<tr><td>验收部位</td><td colspan="2">2～3 层卫生间</td><td colspan="2">施工单位</td><td colspan="2">四川省××建筑有限公司</td></tr>
<tr><td>项目负责人</td><td>×××</td><td>专业工长</td><td colspan="2">×××</td><td>施工班组长</td><td>×××</td></tr>
<tr><td rowspan="2">试验管段</td><td rowspan="2">灌水高度
/m</td><td colspan="4">灌水持续时间/min</td><td rowspan="2">检查情况</td></tr>
<tr><td colspan="2">浸泡时间</td><td colspan="2">观察时间</td></tr>
<tr><td>WL1</td><td>10.5</td><td colspan="2">15</td><td colspan="2">5</td><td>液面不降，接口不漏</td></tr>
<tr><td>WL2</td><td>10.5</td><td colspan="2">15</td><td colspan="2">5</td><td>液面不降，接口不漏</td></tr>
<tr><td></td><td></td><td colspan="2"></td><td colspan="2"></td><td></td></tr>
<tr><td></td><td></td><td colspan="2"></td><td colspan="2"></td><td></td></tr>
<tr><td></td><td></td><td colspan="2"></td><td colspan="2"></td><td></td></tr>
<tr><td></td><td></td><td colspan="2"></td><td colspan="2"></td><td></td></tr>
<tr><td></td><td></td><td colspan="2"></td><td colspan="2"></td><td></td></tr>
<tr><td></td><td></td><td colspan="2"></td><td colspan="2"></td><td></td></tr>
<tr><td></td><td></td><td colspan="2"></td><td colspan="2"></td><td></td></tr>
<tr><td></td><td></td><td colspan="2"></td><td colspan="2"></td><td></td></tr>
<tr><td></td><td></td><td colspan="2"></td><td colspan="2"></td><td></td></tr>
<tr><td></td><td></td><td colspan="2"></td><td colspan="2"></td><td></td></tr>
<tr><td>施工单位检查
评定结果</td><td colspan="6">排水管道经灌水试验检查合格

项目专业质量检查员：×××　项目专业质量(技术)负责人：×××　　×年×月×日</td></tr>
<tr><td>监理(建设)
单位验收结论</td><td colspan="6">同意验收

监理工程师(建设单位项目技术负责人)：×××　　×年×月×日</td></tr>
</table>

注：本表由承包单位填写，一式四份，建设单位、监理单位、承包单位、城建档案馆各留一份。

8)污水管道立管通球试验记录

排水系统做完灌水试验后,必须现做通球试验。《建筑给水排水及采暖工程施工质量验收规范》(GB 50242—2002)第 5.2.5 条规定:排水主立管及水平干管管道均应做通球试验,通球球径不小于排水管道管径的 2/3,通球率必须达到 100%。

排水管道做通球试验的目的是防止水泥、砂浆、铅丝等异物卡在管内,导致排水不畅甚至不排水。

试验顺序:从上而下分段进行,将球从排水立管顶端投入,注入一定水量,球能顺利流出为合格。

表 3-76 为××公司新建办公楼及宿舍工程的污水管道立管通球试验记录。

表 3-76 污水管道立管通球试验记录

<table>
<tr><td colspan="2">工程名称</td><td colspan="3">××公司新建办公楼及宿舍</td><td colspan="2">分项工程名称</td><td>排水管道</td></tr>
<tr><td colspan="2">验收部位</td><td colspan="3">污水立管至检查井</td><td colspan="2">施工单位</td><td>四川省××建筑有限公司</td></tr>
<tr><td colspan="2">项目负责人</td><td>×××</td><td colspan="2">专业工长</td><td>×××</td><td>施工班组长</td><td>×××</td></tr>
<tr><td>序号</td><td>通球日期</td><td>管线号</td><td>管内径/mm</td><td>管材质</td><td>球外径/mm</td><td>球材质</td><td>附图或说明</td></tr>
<tr><td>1</td><td>2014.10.08</td><td>WL1</td><td>DN100</td><td>PVC-U</td><td>Φ75</td><td>塑料</td><td rowspan="11">见附页</td></tr>
<tr><td>2</td><td>2014.10.08</td><td>WL2</td><td>DN100</td><td>PVC-U</td><td>Φ75</td><td>塑料</td></tr>
<tr><td></td><td></td><td></td><td></td><td></td><td></td><td></td></tr>
<tr><td></td><td></td><td></td><td></td><td></td><td></td><td></td></tr>
<tr><td></td><td></td><td></td><td></td><td></td><td></td><td></td></tr>
<tr><td></td><td></td><td></td><td></td><td></td><td></td><td></td></tr>
<tr><td></td><td></td><td></td><td></td><td></td><td></td><td></td></tr>
<tr><td></td><td></td><td></td><td></td><td></td><td></td><td></td></tr>
<tr><td></td><td></td><td></td><td></td><td></td><td></td><td></td></tr>
<tr><td></td><td></td><td></td><td></td><td></td><td></td><td></td></tr>
<tr><td></td><td></td><td></td><td></td><td></td><td></td><td></td></tr>
<tr><td colspan="2">施工单位检查
评定结果</td><td colspan="6">污水立管经通球检查全部合格

项目专业质量检查员:××× 项目专业质量(技术)负责人:××× ×年×月×日</td></tr>
<tr><td colspan="2">监理(建设)
单位验收结论</td><td colspan="6">同意验收

监理工程师(建设单位项目技术负责人):××× ×年×月×日</td></tr>
</table>

9)雨水管道灌水试验记录

《建筑给水排水及采暖工程施工质量验收规范》(GB 50242—2002)第 5.3.1 条规定:安装在室内的雨水管安装完毕后应做灌水试验。实际工程中,有些地方所有雨水管都要做灌水试验。

试验方法：封闭雨水管下口，将水灌至每根立管上部雨水斗，1 h后观察雨水管道的接口是否漏水。

表3-77为××公司新建办公楼及宿舍工程的雨水管道灌水试验记录。

雨水管灌水试验记录微课

表3-77　雨水管道灌水试验记录

<table>
<tr><td>工程名称</td><td colspan="2">××公司新建办公楼及宿舍</td><td>分项工程名称</td><td colspan="3">雨水管道</td></tr>
<tr><td>验收部位</td><td colspan="2">雨水系统</td><td>施工单位</td><td colspan="3">四川省××建筑有限公司</td></tr>
<tr><td>项目负责人</td><td>×××</td><td>专业工长</td><td>×××</td><td>施工班组长</td><td colspan="2">×××</td></tr>
<tr><td>管段编号</td><td>材料规格</td><td colspan="4">检查情况</td><td>备注</td></tr>
<tr><td>YL-1</td><td>PVC-UΦ110</td><td colspan="4">灌水直到雨水斗，1 h接口不漏</td><td></td></tr>
<tr><td>YL-2</td><td>PVC-UΦ110</td><td colspan="4">灌水直到雨水斗，1 h接口不漏</td><td></td></tr>
<tr><td></td><td></td><td colspan="4"></td><td></td></tr>
<tr><td></td><td></td><td colspan="4"></td><td></td></tr>
<tr><td></td><td></td><td colspan="4"></td><td></td></tr>
<tr><td></td><td></td><td colspan="4"></td><td></td></tr>
<tr><td></td><td></td><td colspan="4"></td><td></td></tr>
<tr><td></td><td></td><td colspan="4"></td><td></td></tr>
<tr><td></td><td></td><td colspan="4"></td><td></td></tr>
<tr><td></td><td></td><td colspan="4"></td><td></td></tr>
<tr><td></td><td></td><td colspan="4"></td><td></td></tr>
<tr><td></td><td></td><td colspan="4"></td><td></td></tr>
<tr><td></td><td></td><td colspan="4"></td><td></td></tr>
<tr><td>施工单位检查评定结果</td><td colspan="6">雨水管道经灌水试验检查，符合要求
项目专业质量检查员：×××　项目专业质量（技术）负责人：×××　×年×月×日</td></tr>
<tr><td>监理（建设）单位验收结论</td><td colspan="6">同意验收
监理工程师（建设单位项目技术负责人）：×××　×年×月×日</td></tr>
</table>

10）卫生器具蓄水试验记录

《建筑给水排水及采暖工程施工质量验收规范》（GB 50242—2002）第7.2.2条规定：卫生器具交工前应做满水和通水试验。这里的“卫生器具”包括室内污水盆、洗涤盆、洗脸（手）盆、盥洗槽、浴盆、淋浴器、大便器、小便器、小便槽、排水栓、地漏、加热器、煮沸消毒器和饮水器等卫生器具。

已安装的卫生器具及其附件，交工前应按规定进行器具蓄水试验。

卫生器具满（蓄）水试验微课

即先将下水管道堵住,然后把卫生间的水龙头打开,将水蓄至卫生器具上口边缘。蓄水时间至少为 24 h。蓄水后,各连接件在规定的时间内,不应出现渗漏现象。

表 3-78 为××公司新建办公楼及宿舍工程的卫生器具蓄水试验记录。

表 3-78　卫生器具蓄水试验记录

<table>
<tr><td colspan="2">工程名称</td><td colspan="2">××公司新建
办公楼及宿舍</td><td colspan="2">分项工程名称</td><td colspan="2">给水卫生器具</td></tr>
<tr><td colspan="2">验收部位</td><td colspan="2">2～3 层卫生间</td><td colspan="2">施工单位</td><td colspan="2">四川省××建筑有限公司</td></tr>
<tr><td colspan="2">项目负责人</td><td>×××</td><td>专业工长</td><td colspan="2">×××</td><td>施工班组长</td><td>×××</td></tr>
<tr><td>序号</td><td>名称</td><td>部位</td><td>盛水规定
时间/h</td><td>盛水
高度</td><td>检查
数量</td><td>试验结果和处理情况</td><td>班组自检签字</td></tr>
<tr><td>1</td><td>洗面盆</td><td>卫生间</td><td>≥24</td><td>至上口
边缘</td><td>6</td><td>经过规定时间蓄水,
无渗漏,启用正常</td><td>×××</td></tr>
<tr><td>2</td><td>蹲便器</td><td>卫生间</td><td>≥24</td><td>按要求</td><td>8</td><td>经过规定时间蓄水,
无渗漏,启用正常</td><td>×××</td></tr>
<tr><td>3</td><td>小便器</td><td>卫生间</td><td>≥24</td><td>按要求</td><td>6</td><td>经过规定时间蓄水,
无渗漏,启用正常</td><td>×××</td></tr>
<tr><td>4</td><td>拖布池</td><td>卫生间</td><td>≥24</td><td>至上口
边缘</td><td>2</td><td>经过规定时间蓄水,
无渗漏</td><td>×××</td></tr>
<tr><td>5</td><td></td><td></td><td></td><td></td><td></td><td></td><td></td></tr>
<tr><td>6</td><td></td><td></td><td></td><td></td><td></td><td></td><td></td></tr>
<tr><td>7</td><td></td><td></td><td></td><td></td><td></td><td></td><td></td></tr>
<tr><td>8</td><td></td><td></td><td></td><td></td><td></td><td></td><td></td></tr>
<tr><td>9</td><td></td><td></td><td></td><td></td><td></td><td></td><td></td></tr>
<tr><td colspan="2">施工单位检查
评定结果</td><td colspan="6">卫生器具经蓄水试验检查,符合规范要求

项目专业质量检查员:×××　项目专业质量(技术)负责人:×××
×年×月×日</td></tr>
<tr><td colspan="2">监理(建设)
单位验收结论</td><td colspan="6">符合规范,同意验收

监理工程师(建设单位项目技术负责人):×××　×年×月×日</td></tr>
</table>

11)污水管道渗水量试验记录

按照《给水排水管道工程施工及验收规范》(GB 50268—2008)第 9.1.11 条规定:污水管道回填前,必须做严密性试验,试验合格后方可投入使用。严密性试验分为闭水试验和闭气试验。渗水量试验属于闭水试验。

①试验对象:渗水量试验的试验对象为室外污水管,且管材为混凝土、钢筋混凝土、土陶和管渠。

②试验方法:以两个排水检查井为界进行分段试验,试验水头以试验段上游管顶加4 m,

时间不少于 30 min,观察渗水量,渗水量在规范允许值范围内就合格。

12)设备管道吹洗(扫)记录

供水系统在系统试压后,交付使用前(试运行前)必须做吹洗(扫)试验,而且吹洗(扫)试验必须持续整个系统(包括管道和设备)。供水系统包括生活给水系统、中水给水系统、消防系统、热水系统等。

供水系统在试验前应先选好冲洗水源和动力设备,并拆除阻碍污物通过的附件(如止回阀),断开设备与管道的连接,加设盲板或安装联络管。然后向管路系统内注满水,保持一定的压力和最大冲洗水量,反复冲洗。待冲洗合格后放净系统内的存水,拆除盲板,同时对冲洗后可能存留脏物、杂物的管道段进行清理后,再装上拆下的部件,连接设备与管道。

冲洗顺序一般为先地下后地上,室内部分按主干管、干管、立管、支管的顺序进行,必须保证将管道系统内的杂物冲洗干净。

需要注意的是,各地对“设备管道吹洗(扫)记录”的填写要求不一,有些地方只要求对工业用压力管道和公用压力管道进行吹洗(扫),如集中的供水厂(站)的供水设备及管道,而有的地方则要求对民用建筑的每栋房屋的供水系统都进行吹洗(扫)。如果是后者,分段冲洗时按冲洗顺序开启管路上的阀门,分层冲洗时由顶层开始逐层往下冲洗。

工业管道和公用管道的管道种类和吹洗(扫)方法都比较多,常见的吹洗(扫)方法有人工清扫、清水冲洗、空气吹扫、蒸汽吹扫、脱脂、化学清洗、油清洗等。

表 3-79 为××公司新建办公楼及宿舍工程的设备管道吹洗(扫)记录。

表 3-79 设备管道吹洗(扫)记录

<table>
<tr><td>工程名称</td><td colspan="2">××公司新建办公楼及宿舍</td><td>分项工程名称</td><td colspan="2">给水管道</td></tr>
<tr><td>验收部位</td><td colspan="2">给水管道 JL-1 系统</td><td>施工单位</td><td colspan="2">四川省××建筑有限公司</td></tr>
<tr><td>项目负责人</td><td>×××</td><td>专业工长</td><td>×××</td><td>施工班组长</td><td>×××</td></tr>
<tr><td>工作介质</td><td colspan="2">自来水</td><td>工作温度</td><td colspan="2">20 ℃</td></tr>
<tr><td>吹洗(扫)介质</td><td colspan="2">自来水</td><td>检查方法</td><td colspan="2">观察检查</td></tr>
<tr><td colspan="6">吹洗(扫)检验结果:
用自来水连续进行冲洗,保持流速 3 m/s 和冲洗管末端 0.045 MPa 的水头压力,经观察,进出口自来水的透明度一致,达到规范要求</td></tr>
<tr><td>施工单位检查评定结果</td><td colspan="5">吹洗记录符合规范要求
项目专业质量检查员:××× 项目专业质量(技术)负责人:××× ×年×月×日</td></tr>
<tr><td>监理(建设)单位验收结论</td><td colspan="5">同意验收
监理工程师(建设单位项目技术负责人):××× ×年×月×日</td></tr>
</table>

13)系统通电试验记录

“系统通电试验记录”用于记录各种电气照明、一般低压动力系统的通电试验及运行质量情况。系统通电试验的检验批可按建筑物和构筑物的层段或供电系统及设备的类型(台/

套)进行划分。每个检验批需要填写一张“系统通电试验记录”。

(1)试验准备

系统送电前,应检查和校核线路的接线、相关电器设备、电气元件、漏电保护装置等,同时电气设备及线路的绝缘电阻测试必须满足规范规定。

(2)试验过程

将用电器具全部开启,测量电压、电流,并每 2 h 记录一次运行情况,连续试运行时间内无故障为合格。其中,公用建筑照明系统通电连续试运行的时间应为 24 h,民用住宅照明系统通电连续试运行时间为 8 h。低压电气动力设备试运行的电压、电流应正常,各种仪表指示正常。电动机应试通电,检查运转方向和机械运转有无异常,空载试运行的电动机时间一般为 2 h,并记录电动机的空载电流及机身和轴承的温升。

表 3-80 为××公司新建办公楼及宿舍工程的系统通电试验记录。

表 3-80　系统通电试验记录

<table>
<tr><td>工程名称</td><td colspan="2">××公司新建办公楼及宿舍</td><td>施工单位</td><td colspan="2">四川省××建筑有限公司</td></tr>
<tr><td>建设单位</td><td colspan="2">四川×××制造有限公司</td><td>试验日期</td><td colspan="2">2014.11.02</td></tr>
<tr><td>序号</td><td>通电时间/h</td><td>系统器具名称</td><td>数量</td><td colspan="2">检查情况</td></tr>
<tr><td>1</td><td>24</td><td>照明灯具</td><td>128 盏</td><td colspan="2">1 支灯管损坏,其余完好</td></tr>
<tr><td>2</td><td>24</td><td>插座</td><td>170 个</td><td colspan="2">全部完好</td></tr>
<tr><td>3</td><td>24</td><td>开关</td><td>48 个</td><td colspan="2">控制灵活可靠</td></tr>
<tr><td>4</td><td>24</td><td>照明配电箱</td><td>20 台</td><td colspan="2">工作可靠不发热</td></tr>
<tr><td></td><td></td><td></td><td></td><td colspan="2"></td></tr>
<tr><td></td><td></td><td></td><td></td><td colspan="2"></td></tr>
<tr><td colspan="6">问题及处理情况:
通电 2 h,日光灯管由于质量问题损坏 1 支,重新换上灯管后,运行全部正常</td></tr>
<tr><td>结论</td><td colspan="5">照明系统经过 24 h 系统通电试验,全部开关、灯具、插座完好无损,合格</td></tr>
<tr><td>建设单位</td><td colspan="3">施工单位</td><td colspan="2">监理单位</td></tr>
<tr><td>现场代表:(签字)
×××
×年×月×日</td><td colspan="2">专业技术负责人:(签字)
×××
×年×月×日</td><td>试验员:(签字)
×××
×年×月×日</td><td colspan="2">监理工程师:(签字)
(注册方章)
×××
×年×月×日</td></tr>
</table>

注:本表一式四份,建设单位、施工单位、监理单位、城建档案馆各一份。

14)接地电阻测试记录

“接地电阻测试记录”适用于建筑物、构筑物各种线路和电气设备等的防雷接地、保护接地、工作接地、防静电接地以及有设计要求的接地电阻测试,并应附示意图。电气接地电阻的检测仪器应在检定有效期内。

①接地电阻测试的检验批的划分可按建筑物、构筑物的区段,电气线路的标段和电气设

备的类型进行划分。

②测试要求如下。

a. 接地电阻测试应在晴天进行，如果是阴天，土壤较潮湿，应将测试表上的实读值乘以1.3的系数。

b. 测试时将被测点除锈以确保被测点接触良好。地阻表的接地极钎子打在与接地网垂直的方向。为了说明建筑物体结构隐蔽部分钢筋焊接可靠，导电性能良好，将屋面接闪器、重复接地、消防接地、微机接地等被测点用导线引至测试仪表，按要求接线进行测试。

需要注意的是，接地电阻测试需要委托给具有资质的检测单位进行，并由其出具检测报告。

15)绝缘电阻测试记录

“绝缘电阻测试记录”适用于电气安装工程的电线、电缆、电气设备、照明器具、消防线路、消防设备等电气装置的绝缘电阻测试。应注意绝缘电阻的检测仪器应在检定有效期内，且各层、各路径、各系统应分别进行测试。测试工作需要委托有资质的检测单位进行，并出具检测报告。

绝缘电阻测试的检验批可按建筑物电气安装的系统、电气设备的种类及电气设备的台(套)进行划分。

表3-81为××公司新建办公楼及宿舍工程的绝缘电阻测试报告。

表3-81　绝缘电阻检测报告

报告编号：禾(SF3)1400173　　　　检验编号：SF3-141000179

工程名称	××公司新建办公楼及宿舍		检测日期	2014.10.13
施工单位	四川省××建筑有限公司	建设单位	四川××制造有限公司	
监理单位	四川省××建设工程有限公司	见证人	×××	
测试仪表型号	ZC-7			
检测依据	《建筑电气工程施工质量验收规范》(GB 50303—2015)			

序号	检测项目	检测内容	检测结果
1	接线图与资料	相关电路接线图及资料是否与设备相符合	符合要求
2	设备外观	设备外部是否有影响运行及安全的破损	符合要求
3	导线与导线配线	导线规格与颜色是否符合技术图纸要求	符合要求
		连接器件间的电线是否存在不应有的中间接头或焊接点	符合要求
		是否存在绝缘导线支撑在不同带电部件和带有尖角的边缘上(应有防护措施固定绝缘导线)	符合要求
		是否存在可移动的移动部件对导线产生机械损伤	符合要求
		计量回路的二次配线是否符合规范或审图意见书的要求(电流回路大于等于4 mm^2、电压回路小于等于2.5 mm^2)	符合要求
4	主母排	主母排规格是否符合设计文件的要求	符合要求

续表

5	母线	母线接触面是否光滑平整,折弯处是否存在不应有的裂纹或裂口	符合要求
		各搭接处螺钉紧固是否能保证足够持久的接触压力	
		母线规格是否符合技术要求	
		母线相序排列是否符合规定	
6	电气间距	所有母线间及母线与裸露导电部件间距是否大于等于 20 mm	
7	绝缘电阻	线间和线对地间的绝缘电阻值必须大于 0.5 MΩ,共测试回 14 组,实测值大于等于 10 MΩ	符合要求
结论	所检项目均符合设计要求		
备注: ①本报告为即时检测报告,仅对检测时环境条件下的检测结果有效,本报告无签发人签字无效,无资质专用章、无“CMA”章无效,涂改无效 ②若对本报告有异议,自收到报告之日起 15 d 内查询有效 ③本报告盖章生效			

3.3 监理资料的编制

3.3.1 监理管理文件

监理管理文件目录如表 3-82 所示。

表 3-82 监理管理文件目录

序号	资料名称	保存单位	备注
1	监理规划	建设、监理、城建档案馆	本节略
2	监理实施细则	建设、监理、城建档案馆	本节略
3	监理月报	建设、施工、监理、城建档案馆	
4	监理会议纪要	建设、施工、监理	
5	施工监理日志	监理	
6	监理工作总结	监理、城建档案馆	
7	工作联系单	建设、施工、监理	
8	监理工程师通知单	建设、施工、监理、城建档案馆	
9	监理工程师通知回复单	建设、施工、监理、城建档案馆	
10	建筑材料报审表	建设、施工、监理、城建档案馆	
11	工程暂停令	建设、施工、监理、城建档案馆	
12	工程复工申请表	建设、施工、监理、城建档案馆	

1)监理月报

监理月报由总监理工程师组织专业监理工程师编写，签认后报送本监理单位和建设单位。监理月报的编制应全面、客观、及时，并具有前瞻性和评判性。监理月报主要包括以下内容。

监理月报 PPT

①本月工程概况。

②本月工程形象进度。

③工程进度，包括本月实际完成情况和本月计划进度的比较，并对进度完成情况及采取措施的效果进行分析。

④工程质量，涵盖本月工程质量情况分析及采取的质量措施及其效果分析。

⑤工程计量与工程款支付，包括工程量审核情况、工程款审批情况及月支付情况、工程支付情况分析、本月采取的措施及效果。

⑥合同其他事项的处理情况，包括工程变更、工程延期和费用索赔。

⑦本月监理工作小结，包括对本月进度、质量、工程款支付等方面情况的综合评价，本月监理工作情况，有关本工程的意见和建议及下月监理工作的重点。

监理月报如表 3-83 所示。

表 3-83 监理月报

工程建设监理工作月报

第 4 期

2014 年 2 月 1 日至 2014 年 2 月 28 日

内容提要：

本月工程形象进度完成情况

工程签证情况

本月工程情况评述

本月监理工作小结

下月监理工作打算

总监理工程师(签字)：××× 项目监理机构(公章)： 日期：2014.03.04

工程名称	××公司新建办公楼及宿舍	设计单位	××市××设计有限公司
建设单位	四川××制造有限公司	承包单位	四川省××建筑有限公司
形象进度完成情况	计划完成	新建办公楼主体工程完成	
	实际完成	完成新建办公楼主体工程	
	原因分析	无	

续表

<table>
<tr><td rowspan="5">工程签订情况</td><td>例会纪要
专题报告</td><td>1份</td><td>内容
简要</td><td>施工图纸不明确,写专题报告给建设单位</td></tr>
<tr><td>工程质量
签证</td><td>1份</td><td>内容
简要</td><td>新建办公楼主体结构验收,提出整改意见</td></tr>
<tr><td>向承包单位
发出的通知、
指标、指令</td><td>1份</td><td>内容
简要</td><td>指令:一楼柱混凝土存在少量蜂窝麻面,要求修复</td></tr>
<tr><td>承包单位
提出的
各种报告</td><td>0份</td><td>内容
简要</td><td>无</td></tr>
<tr><td>工程付款
签证</td><td>1份</td><td>内容
简要</td><td>本月实际完成工程量符合质量要求,按合同规定对施工单位月付款申请进行核验,予以认可,已报建设单位</td></tr>
<tr><td colspan="5">本月监理工作小结如下。
①进度方面:新建办公楼主体结构按期完成。
②质量方面:新建办公楼主体经建设、设计、施工和监理各方共同检查,轴线标高、墙面平整度、水平灰缝饱满度、构造柱、圈梁几何尺寸均符合相应标准规范和施工图要求,核查混凝土强度试验报告、钢材复试报告、砂浆强度均符合设计要求。一构造柱存在蜂窝麻面,修补后符合要求。新建办公楼主体评为优良。
③投资方面:工程进度款按合同约定付给施工单位</td></tr>
<tr><td colspan="5">下月监理工作计划如下。
①进度方面:新建办公楼装饰工程开工,交叉作业多,需努力协调各方关系,使得各工种安装做到井然有序。
②质量方面:新建办公楼装饰施工前要求施工单位做好样板,组织验收,明确材质和工艺要求后对照实施。
③安全方面:继续坚持日常安全巡视检查和月检制度,发现隐患及时要求施工方整改</td></tr>
<tr><td colspan="5">本月工程情况评述:
略</td></tr>
<tr><td colspan="5">本工程情况评述内容包括材料、设备、人员、机械进场情况、投资情况、质量情况、存在问题等</td></tr>
</table>

2)监理会议纪要

会议是工程建设监理过程中协调和解决问题的主要方式,常见的监理会议包括工地例会、专题会议等。对于会议讨论的结果,一般由监理单位负责整理,形成书面会议记录,并完成监理会议纪要表,经各参会单位人员会签后,作为后续检查落实的依据。

监理会议纪要
PPT

监理会议纪要表应按照表格要求填写完整,简明扼要填写会议主要议题,并要求所有参会人员填写个人基本信息,签字确认。

表后附会议记录,对会议议定事项应归纳整理,逐条列出,对会议确定要办理或解决的问题,应明确由谁负责,什么时候完成等,对未能达成一致的问题或暂时不能解决的问题也应列出,留待以后解决。会议记录一般包括下列内容。

①检查上次会议议定事项的落实情况,分析未完成事项的原因。

②检查分析工程项目进度计划完成情况,提出下一阶段进度目标及实现目标的措施。

③检查分析工程项目质量情况,针对存在的质量问题提出改进措施。

④检查工程量核定及工程款支付情况。

⑤解决需要协调的有关事项。

⑥其他相关事宜。

监理会议纪要表格如表3-84所示。

表3-84 监理会议纪要

工程名称:××公司新建办公楼及宿舍 编号:003

<table>
<tr><td>分部工程</td><td colspan="2">砌体工程</td><td>主持人</td><td>×××</td></tr>
<tr><td>会议地点</td><td colspan="2">项目经理部办公室</td><td>会议日期</td><td>2014.04.06</td></tr>
<tr><td colspan="5">会议主要议题:
雨季来临之前,明确施工单位的生产任务及完成时间,协调关系,为按期完成施工任务提供有利条件。

附:会议纪要内容(4页)</td></tr>
<tr><td>签到者</td><td>工作单位</td><td>职务</td><td>联系地址</td><td>电话</td></tr>
<tr><td>×××</td><td>四川省××制造有限公司</td><td>业主代表</td><td>×××</td><td>×××</td></tr>
<tr><td>×××</td><td>四川省××建设工程有限公司</td><td>项目总监</td><td>×××</td><td>×××</td></tr>
<tr><td>×××</td><td>四川省××建筑有限公司</td><td>项目经理</td><td>×××</td><td>×××</td></tr>
<tr><td>……</td><td>……</td><td>……</td><td>……</td><td>……</td></tr>
</table>

注:本表一式多份,参加会议单位各留一份,表后附会议纪要内容。

3)施工监理日志

施工监理日志是项目监理机构在监理工程施工过程中记录气象、施工工作、监理工作以及有关事项的工作日志。施工监理日志可以为今后追溯问题、分清责任提供依据,为撰写监理月报、监理工作总结积累素材,同时也是监理单位进行内部人员考核的重要材料。施工监理日志由专业监理工程师填写,项目总监理工程师签阅。

施工监理日志
PPT

施工监理日志如表3-85所示。

表3-85 施工监理日志

2014年2月20日　　星期四　　气温最高15 ℃　　上午晴
最低11 ℃　　下午晴

(1) 施工现场情况 ①质量情况:新建办公楼三层梁板钢筋安装,施工人员10人;模板班组加固三层梁板支撑及模板调平,施工人员6人。 ②安全情况:三层楼梯临边及洞口防护安装,施工人员1人。 (2)材料进场情况 上午进场攀成钢生产的16 mm三级钢5 t。 (3)监理工作情况 ①旁站:旁站新建办公楼三层A轴梁钢筋安装。 ②签收文件:下午签收新建办公楼二层柱及三层梁板钢筋加工检验批质量验收记录、钢筋安装检验批质量验收记录和模板工程检验批质量验收记录各一份,建筑工程隐蔽检验记录(二层柱、三层梁板钢筋)1份。 ③工地例会:下午参加工地例会,施工单位汇报一、二层主体结构存在问题的整改情况,及后续工作安排。 (4)其他 无

监理人员:×××　　总监理工程师:×××

4)监理工作总结

施工阶段监理工作结束后,工程质量竣工验收时,监理单位应该向建设单位提交监理工作总结。

监理工作总结应包括以下内容:

①工程概况;

②勘察、设计技术文件情况;

③施工单位项目组织情况;

④建设监理现场机构设置与实际变化情况;

⑤投资、质量、进度控制和合同管理的措施与方法;

⑥材料报验与工程报验情况;

⑦监理工作情况;

⑧经验与教训;

⑨工程交付使用后的注意事项。

5)工作联系单

施工过程中与监理有关各方之间的联系用表,为告知特定事项、督促特定工作,或者提出建议和意见的联系文件。

工作联系单如表3-86所示。

表 3-86　工作联系单

工程名称：××公司新建办公楼及宿舍　　　　编号：001

<table>
<tr><td>事由</td><td>卫生间防水施工整改后未请监理复查，强行隐蔽</td><td>签收人姓名及时间</td><td>×××，2014.06.04</td></tr>
<tr><td colspan="4">致四川省××建筑有限公司××公司新建办公楼及宿舍项目部：
6月1日下午二层卫生间防水施工完毕，经闭水24 h后，于6月2日下午观察发现有渗漏情况，我监理部要你方整改后重新做闭水观察，并请我部人员复查。但6月3日我部人员发现二层卫生间已被隐蔽，我部人员立即要求你方必须返工做闭水试验，合格后才能隐蔽。但6月4日下午，我部人员发现你方已在二层卫生间完成了部分面层。
基于以上情况，我监理部再次提出二层B型卫生间必须返工重做闭水试验，合格后才能进入下道工序。
（附件共3页）
项目监理机构（章）：
专业监理工程师：×××　总监理工程师：×××
日期：2014.06.04</td></tr>
</table>

6）监理工程师通知单

监理工程师通知单是在施工现场（部位或过程）存在质量或安全隐患，或者告知承包单位应知的事项时，由监理工程师签发的文件。对于已经口头给承包单位明确提出的整改要求，也应由专业监理工程师发出书面通知，重要的监理工程师通知单还要由总监理工程师签认。

监理工程师通知单及其回复PPT

监理工程师通知单如表3-87所示。本表需要承包单位签收表示认可，并与表3-88配套使用。

在填表过程中，“事由”应简明扼要，写明存在的问题或告知的事项；“内容”应该尽可能写明存在问题的部位、程度，或告知的具体内容；“要求”应写明整改意见、措施和具体要求。

表 3-87　监理工程师通知单

工程名称：××公司新建办公楼及宿舍　　　　编号：2014-011

致：四川省××建筑有限公司××公司新建办公楼及宿舍项目部（承包单位项目部）
事由：施工现场安全防护存在安全隐患
内容：①施工作业层的安全防护网未铺设； ②部分安全通道未按照规范要求搭设； ③外脚手架拉接点存在部分松脱处
要求：①严格按照要求铺设施工作业车安全防护网； ②按照要求搭设安全通道； ③全面清查外脚手架拉结点松脱处，并整改
总/专业监理工程师：×××　项目监理机构：（公章）　2014年4月7日

注：本表一式三份，建设、承包、监理单位各一份。

7)监理工程师通知回复单

监理工程师通知回复单，又称整改复查报审表，是承包单位按监理单位发出的“监理工程师通知单”或“工程质量整改通知”中的要求执行完成后，报项目监理机构请求复查的回复用表。承包单位完成“监理工程师通知单”的工作后要求继续整改的，仍使用此表回复。

监理工程师通知回复单如表 3-88 所示。

表 3-88　监理工程师通知回复单

工程名称：××公司新建办公楼及宿舍　　　　编号：2014-011

<table>
<tr><td colspan="4">致四川省××建设工程有限公司(监理单位)：
2014-011 号监理工程师通知单的内容完成情况如下(逐条对应写明)：
①施工作业层的安全防护网已铺设；
②所有安全通道均按规范搭设；
③外脚手架拉结点松脱处已全部清查处理完毕
承包单位项目经理部(公章)：×××
项目经理：×××日期：2014.04.08</td></tr>
<tr><td>项目监理机构签收人姓名及时间</td><td>×××，2014.04.08</td><td>承包单位签收人姓名及时间</td><td></td></tr>
<tr><td colspan="4">监理审核意见：
经复查，施工单位已按 2014-011 号通知内容整改，并达到整改要求
项目监理机构(公章)：×××
专业监理工程师：×××　总监理工程师：×××　日期：2014.04.08</td></tr>
</table>

8)建筑材料报审表

根据规范规定，施工单位进场的原材料(构配件、设备)要先收集厂家出具的产品合格证、材质报告单等材料，然后按照取样规则现场见证取样，交施工单位材料试验室或者第三方有检测资质机构进行复验，符合要求的材料出具“材料自检试验报告”。

原材料(构配件、设备)具备完整质量证明材料后，由施工单位填写建筑材料报审表，准确填写材料名称、来源及厂家、规格、本次数量和使用部位等信息，由项目负责人签字，加盖施工单位项目部公章，并附厂家出厂质量证明和材料自检试验报告，交监理单位专业监理工程师审核通过后，方可用于工程。

建筑材料报审表如表 3-89 所示。

表 3-89　建筑材料报审表

工程名称：××公司新建办公楼及宿舍　　　　编号：2014-013

<table>
<tr><td>致四川省××建设工程有限公司(监理单位)：
我方于2014 年3 月14 日进场的工程材料如下。现将质量证明文件及自检结果报上。
附件：
①材料出厂质量证明书 (1 份)；
②材料自检试验报告 (1 份)
承包单位项目部：(公章)　　项目负责人：×××　　2014 年 3 月 25 日</td></tr>
</table>

续表

材料名称	水泥			
材料来源、厂家	乙供、川雄			
规格	32.5			
本次数量				
使用部位	整个工程			
专业监理工程师意见 （附审查报告）	同意/不同意	同意/不同意	同意/不同意	同意/不同意

专业监理工程师：×××　　2014 年 3 月 26 日

9)工程暂停令

工程暂停令
PPT

当项目监理单位发现承包单位在施工过程中存在严重违反合同约定的行为、发生严重质量事故或存在重大安全隐患，继续施工将可能造成严重损失时，应下达工程暂停令。

由于停工对承包单位带来重大影响，因此在下达“工程暂停令”前应向建设单位说明情况，取得一致意见，并考虑由于停工可能带来的索赔事件。

监理单位应当详细写明下达“工程暂停令”的原因，以及要求承包单位在接到“工程暂停令”后完成的各项工作，并由总监理工程师签发，加盖监理单位公章。

对于非承包商原因（包括因建设单位的原因和应由建设单位承担责任的风险或其他事件）造成的工程暂停，总监理工程师应在签发“工程暂停令”和签署“复工申请表”期间，主动就因工程暂停引起的工期和费用补偿问题与承包单位、建设单位进行协商和处理，以免日后再来处理索赔。

“工程暂停令”与“复工申请表”配合使用。

工程暂停令如表 3-90 所示。

表 3-90　工程暂停令

工程名称：××公司新建办公楼及宿舍　　编号：2014-001

致四川省××建筑有限公司（承包单位项目部）： 由于办公楼二层框架柱和三层梁板混凝土同条件试块达不到强度要求，现通知你方必须自2014 年2 月25 日10 时起，对本工程的办公楼部位（工序）实施暂停施工，并按下述要求做好各项工作： ①因办公楼二层框架柱混凝土试块同条件（报告编号：JD/KY20140123）强度 85％和三层梁板试块同条件（报告编号：JD/KY20140124）强度 87％，均未满足设计规范要求，现要求施工单位停止办公楼所有施工内容，经专业第三方检测单位处理意见之前，不得进行任何工种施工； ②要求施工单位做好办公楼现场清理及保护工作； ③及时办理检测及方案报审工作 项目监理机构：（公章）×××　　总监理工程师：×××　　2014 年 2 月 25 日

注：本表一式三份，建设、承包、监理单位各一份。

10)工程复工申请表

在工程暂停施工之后,造成停工的因素已经消除,并且现场具备复工条件时,由承包单位填写“工程复工申请表”。

复工申请表
PPT

对于因自身原因引起的工程暂停,承包单位应有针对性地提出整改措施并进行整改,证明引起停工的原因已经消除;对于非承包单位原因引起的工程暂停,承包单位只需说明引起停工的原因已经消除,具备复工条件。

总监理工程师对复工申请提出审定意见:对于承包单位引起的工程暂停,总监理工程师应重点审查整改措施是否正确有效,还应确认承包单位在采取这些措施后不会再发生类似的问题;对于非承包单位原因引起的工程暂停,总监理工程师只需审查确认这些原因确实已经消除,便可签发本表。

《建设工程施工合同(示范文本)》(GF-2017-0201)规定,总监理工程师应在 48 h 内答复承包单位以书面形式提出的复工要求。总监理工程师未能在规定的时间内提出处理意见,或收到承包单位复工要求后 48 h 内未给予答复,承包单位可自行复工。

复工申请表如表 3-91 所示。

表 3-91 复工申请表

工程名称:××公司新建办公楼及宿舍　　　　编号:2014-001

致四川省××建设工程有限公司监理项目部(监理单位): 鉴于××公司新建办公楼及宿舍工程的停工因素(见工程暂停令 第2014-001 号)已经消除,特请批准复工。 附件: 混凝土立方体试件抗压强度检测报告(2 份) 承包单位项目部:(公章)　　项目技术负责人:×××　　2014 年 3 月 5 日
总监理工程师审定意见: 1.具备复工条件 ☑ 2.不具备复工条件 ☐ 3.满足以下条件后再报 ☐ 项目监理机构:(公章) 专业监理工程师:×××　　总监理工程师:×××　　日期:2014 年 3 月 6 日

注:本表由承包单位填写,一式三份,审核后建设、监理、施工单位各留一份。

3.3.2　进度控制文件

进度控制文件目录如表 3-92 所示。

表 3-92　进度控制文件目录

序号	资料名称	保存单位	备注
1	工程开工报审表	建设、施工、监理、城建档案馆	本节略
2	施工进度计划报审表	建设、施工、监理	

施工单位编制完施工进度计划（调整计划）后，需要填写编制说明或计划表、“工程施工进度计划（调整计划）报审表”，报送监理单位审查。

专业监理工程师应该重点审查：进度计划是否符合总进度计划的要求，是否符合施工合同中的开、竣工日期的要求；施工总进度计划中项目施工是否有遗漏，施工顺序的安排是否符合施工工艺的要求；主要工程材料和设备供应、劳动力、水电配套等是否能保证施工进度计划的需要；施工条件是否具备等。根据审查结果填写“同意”“不同意”或“应补充”的意见，最后由总监理工程师签认，并加盖监理单位公章。

工程施工进度计划（调整计划）报审表 PPT

对于因各种原因而导致的计划调整，同样需要填写工程施工进度计划（调整计划）报审表。进度计划的调整方法是采取压缩关键工作的持续时间、组织搭接或平行作业来缩短工期这两种方法。对于调整计划，可能增加费用或延长工期，专业监理工程师应慎重对待，尽量减少变更计划的调整。表 3-93 为××公司新建办公楼及宿舍工程的工程施工进度计划（调整计划）报审表。

表 3-93　工程施工进度计划（调整计划）报审表

工程名称：××公司新建办公楼及宿舍　　　　编号：001

致四川省××建设工程有限公司（监理单位）：

兹报上××公司新建办公楼及宿舍工程施工进度计划（调整计划），请予审查批准。

编制说明：

①工程施工图纸；

②工程承包合同；

③施工工期定额；

④相关技术规范；

⑤公司技术实力、机械设备情况及企业管理条例、制度；

⑥ISO9000 标准施工程序控制文件；

⑦本工程勘察报告；

⑧甲方提供的本工程坐标图、高程图、红线定位图

附件：计划表

编制人：×××　　2013 年 10 月 1 日

总承包单位：（公章）　　项目负责人：　　2013 年 10 月 1 日

续表

监理工程师审查意见: 1.同意 ☑ 2.不同意 ☐ 3.应补充 ☐ 专业监理工程师:××× 2013 年 10 月 3 日 项目监理机构:(公章) 总监理工程师:××× 2013 年 10 月 3 日
抄报:

注:本表由施工单位填写,一式三份,审核后建设、监理、施工单位各一份。

3.3.3 质量控制文件

质量控制文件目录如表 3-94 所示。

表 3-94 质量控制文件目录

序号	资料名称	保存单位	备注
1	质量事故报告及处理文件	建设、施工、监理、城建档案馆	
2	旁站监理记录	建设、施工、监理	
3	见证取样和送检人员备案表	建设、施工、监理	本节略
4	见证记录	建设、施工、监理	本节略
5	工程技术文件报审表	施工	本节略

1)工程质量问题(事故)报告单

承包单位在发生施工质量问题(事故)后,应及时向监理单位提交"工程质量问题(事故)报告单",并采取必要措施防止事故后果扩大。

在填写"工程质量问题(事故)报告单"时,承包单位应将发生质量问题(事故)的详细情况、原因初步分析、性质、造成的经济损失、人员伤亡情况、补救措施及初步处理意见全面如实地填写。

监理机构签收后,建设单位和承包单位各留一份,重大事故还需上报当地质监站。

"工程质量问题(事故)报告单"如表 3-95 所示。

工程质量问题(事故)报告单 PPT

表 3-95　工程质量问题(事故)报告单

工程名称:××公司新建办公楼及宿舍　　　　编号:2013-001

<table>
<tr><td colspan="2">致四川省××建设工程有限公司(监理单位):
2013 年11 月16 日11 时在××公司新建办公楼及宿舍工程施工中,发生工程质量问题(事故)。报告如下:
(1)情况及原因的初步分析
①回填土中块径超标;
②回填土层碾压厚度超标。
(2)性质
责任质量问题。
(3)造成损失及人员伤亡
损失金额 0.3 万元,伤 0 人、亡 0 人。
(4)补救措施及初步处理意见
①对责任班组停工整顿;
②对存在质量问题部位土方回填全部返工。

待进行现场调查后,再另作详细报告,并提出处理方案待审查</td></tr>
<tr><td>承包单位:(公章)×××
项目负责人:×××

2013 年 11 月 16 日</td><td>项目监理机构:(公章)×××
专业监理工程师:×××
总监理工程师:×××

2013 年 11 月 16 日</td></tr>
<tr><td colspan="2">抄报:</td></tr>
</table>

注:本表一式四份,由施工总承包单位填写,监理签收后建设、设计、施工、监理单位各留一份,重大质量事故报质监站。

2)工程质量问题(事故)处理方案报审表

承包单位在发生工程施工质量问题(事故)后,需根据实际情况提出工程施工质量问题(事故)处理方案,并填写"工程质量问题(事故)处理方案报审表"和"工程质量问题(事故)报告单"提交监理单位审查。

工程质量问题(事故)处理方案报审表 PPT

总监理工程师针对承包单位提交的资料,组织设计单位、施工单位和建设单位等对处理方案进行论证,重点审查方案是否满足安全可靠、技术可行、经济合理的要求,以及是否满足建筑物的功能和使用要求。如论证表明处理方案符合要求,则经设计单位、监理单位审查批准后实施;如处理方案存在问题,则要求承包单位完善后再行申报。对于需要返工处理或加固补强的质量事故,监理单位需要对处理过程及处理结果进行跟踪检查和验收。

总监理工程师应及时向建设单位及本监理单位提交有关质量事故的书面报告,并应将完整的质量事故处理记录整理归档。

“工程质量问题(事故)处理方案报审表”如表 3-96 所示。

表 3-96　工程质量问题(事故)处理方案报审表

工程名称:××公司新建办公楼及宿舍　　　　编号:2013-001

<table>
<tr><td colspan="2">致四川省××建设工程有限公司(监理单位):
于2013 年11 月16 日11 时在××公司新建办公楼及宿舍工程施工中发生的回填土质量问题(事故),已于2013 年11 月17 日提出“工程质量问题(事故)报告单”。现提出处理方案,请予审查

附件:
①工程质量事故详细报告;
②工程质量事故处理方案

承包单位:(公章)×××　　项目负责人:×××　　2013 年 11 月 17 日</td></tr>
<tr><td>设计单位审查意见:
按“工程质量事故处理方案”整改后能够满足设计要求,同意此“工程质量事故处理方案”

设计人:×××
2013 年 11 月 18 日</td><td>总监理工程师审查意见:
该“工程质量事故详细报告”对质量事故原因分析透彻,“工程质量事故处理方案”切实可行,同意“工程质量事故详细报告”,批准按“工程质量事故处理方案”实施

项目监理机构:(公章)×××
总监理工程师:×××
2013 年 11 月 19 日</td></tr>
<tr><td colspan="2">抄报:</td></tr>
</table>

注:本表由承包单位填写,一式四份,审核后建设、设计、施工、监理单位各留一份。

3)旁站监理记录

监理单位需要对施工过程中的关键部位或关键工序进行连续不间断的现场监督,并填写“旁站监理记录表”,由承包单位和监理单位相关人员签章后双方各执一份。

旁站监理记录
PPT

根据《房屋建筑工程施工旁站监理管理办法》的规定,基础工程旁站监理的范围包括土方回填、混凝土灌注桩浇筑、地下连续墙、土钉墙、后浇带,以及其他结构混凝土、防水混凝土浇筑、卷材防水层细部构造处理、钢结构安装;主体结构工程旁站监理的范围包括梁柱节点钢筋隐蔽过程、混凝土浇筑、预应力张拉、装配式结构安装、钢结构安装、网架结构安装、索膜安装等。

旁站监理记录表如表 3-97 所示。

表 3-97　旁站监理记录表

工程名称:　　　　编号:

<table>
<tr><td>日期</td><td>2014.02.21</td><td>工程地点</td><td>××</td></tr>
<tr><td colspan="2">旁站监理的部位或工序</td><td colspan="2">二层柱、三层梁板混凝土浇筑</td></tr>
<tr><td>旁站监理开始时间</td><td>2014 年 2 月 21 日 11:00</td><td>旁站监理结束时间</td><td></td></tr>
</table>

续表

<table>
<tr><td colspan="2">施工情况：
11:00 开始浇筑 3 层①～④轴线楼板，期间一切正常，至 12:35 混凝土浇筑完成</td></tr>
<tr><td colspan="2">监理情况：
①11:00 开始浇筑 3 层①～④轴线楼板，期间一切正常，至 12:35 混凝土浇筑完成；
②施工单位混凝土工长×××，质检员×××到场，现场混凝土浇筑为×××班组；
③施工单位能按照规范施工，未发现质量问题和隐患</td></tr>
<tr><td colspan="2">发现问题：
浇筑到②轴线时，发现板端负弯矩筋局部被踩踏变形走位</td></tr>
<tr><td colspan="2">处理意见：
已督促施工人员整改完成</td></tr>
<tr><td colspan="2">备注：</td></tr>
<tr><td>施工企业：×××
项目负责人：×××
质检员：×××
2014 年 2 月 2 日</td><td>监理企业：×××
项目监理机构：×××
旁站监理人员：×××
2014 年 2 月 21 日</td></tr>
</table>

注：本表一式两份，施工、监理单位各留一份。

3.3.4 造价控制文件

造价控制文件目录如表 3-98 所示。

表 3-98　造价控制文件目录

序号	资料名称	保存单位	备注
1	月完成工程量报审表	建设、施工、监理	
2	月付款报审表	建设、施工、监理	
3	工程变更费用报审表	建设、施工、监理	
4	费用索赔报审表	建设、施工、监理	
5	费用索赔审批表	建设、施工、监理	

1)月完成工程量报审表

承包单位应按照合同约定(一般为每月 25 号)将本月完成工程量提交监理单位审核，填写“月完成工程量报审表”(见表 3-99)，本表中有关内容以审定的施工图预算为参照，作为拨付工程进度款的依据。

本表填写的内容是验收合格、手续齐全、资料符合要求，并且符合施工合同规定计量范围内的工程量。仅完成某项工程的部分工程量不能计量；虽完成但达不到质量安全，需要整改的部分也不能计量。

本表上半部分由承包单位填写，下半部分由项目监理单位按月进度计划有差异的项目分类填写，按土建、安装、消防、二次装饰等项，以计算月进度款需要来填写。

专业监理工程师在收到本表后，对所报资料进行审核，并于 7 d 内会同承包单位进行现场计量(专业监理工程师应在计量前 24 h 通知承包单位，承包单位应为计量提供便利条件，并派人参加)。

表 3-99 所示为月完成工程量报审表。

表 3-99 (2)月完成工程量报审表

工程名称：××公司新建办公楼及宿舍　　　　编号：2014-02

<table>
<tr><td colspan="2">工程名称</td><td colspan="5">××公司新建办公楼及宿舍</td></tr>
<tr><td colspan="7">致四川省××建设工程有限公司(监理单位)：
兹申报2014 年2 月份完成的工程量，请予以核验审定，核定的结果将作为我单位申请月付款的依据。
附件：
①月完成工程量统计报表；
②工程质量情况月报表

承包单位项目部：(公章)　　项目负责人：×××　　日期：2014.02.25</td></tr>
<tr><td colspan="7">经核验，以下项目申报数量有差异，以核定数量为准，其余可按已审报表支付月付款。</td></tr>
<tr><td colspan="2">统计表序号</td><td>项　　目</td><td>单位</td><td>申报数量</td><td>核定数量</td><td>简要说明</td></tr>
<tr><td rowspan="4">土建</td><td>1</td><td>现浇构件钢筋制安</td><td>t</td><td>300</td><td>240</td><td>制作部分未计</td></tr>
<tr><td>2</td><td>现浇柱梁板 C30</td><td>m^3</td><td>700</td><td>500</td><td>未浇部分不计</td></tr>
<tr><td>3</td><td>综合脚手架</td><td>m^2</td><td>600</td><td>470</td><td>未搭设不计</td></tr>
<tr><td>4</td><td></td><td></td><td></td><td></td><td></td></tr>
<tr><td rowspan="2">安装</td><td>电气</td><td></td><td></td><td></td><td></td><td></td></tr>
<tr><td>给排水</td><td>镀锌钢管安装 DN80</td><td>m</td><td>100</td><td>70</td><td>申报量多算</td></tr>
<tr><td colspan="7">其他意见：
详见被审核的工程量统计表。
项目监理机构：(公章)　　监理工程师：×××　　日期：2014.02.27</td></tr>
</table>

注：本表由承包单位填写，一式三份，送监理单位审查，建设、监理、施工单位各留一份。

2)月付款报审表

承包单位按照合同约定(一般为每月 25 号)向监理单位报送“月付款报审表”(见表 3-100)，用于申请月工程进度款，后附月工程造价预算书。

涉及的内容包括已完成单位工程当月的工程造价，并按合同规定比例应支付的月工程进度款，还应包括工程变更增减费用、批准的索赔费用、应扣除的预付款、保留金及合同中约定的其他费用。

监理单位收到本表后，按照月工程造价预算书的土建、安装、消防、二次装饰等大项填写。对于表中有关数据，一般先由专业监理工程师对初审的数据进行检查，总监理工程师核实主要大项数据，确认无误后签字确认。

表 3-100　(5)月付款报审表

工程名称：××公司新建办公楼及宿舍　　　　编号：2014-05

<table>
<tr><td colspan="2">工程名称</td><td colspan="7">××公司新建办公楼及宿舍</td></tr>
<tr><td colspan="9">致四川省××建设工程有限公司(监理单位)：
兹申报2014 年5 月份完成的工程进度款，请予以核定。
附件：月完成工程造价预算书

承包单位项目部：(公章)　　项目负责人：×××　　日期：2014.05.25</td></tr>
<tr><td colspan="9">经审核，以下项目申报数量有差异，应以核定工程量为准。本月度应付工程进度款为：[承包单位申报数(1 138 787)＋监理单位核定差别数(－280 716)]×合同规定百分比＝本月应付进度款数(858 071)×80％(合同规定)＝686 456.8 元</td></tr>
<tr><td rowspan="2">统计表序号</td><td rowspan="2">项目名称</td><td rowspan="2">单位</td><td colspan="3">申报数量</td><td colspan="3">核定数量</td></tr>
<tr><td>数量</td><td>单价/元</td><td>合价/元</td><td>数量</td><td>单价/元</td><td>合价/元</td></tr>
<tr><td>1</td><td>土建</td><td>元</td><td colspan="2">详见工程月付款申请表</td><td>782 431</td><td colspan="2">详见工程月付款申请表</td><td>606 781</td></tr>
<tr><td>2</td><td>安装</td><td>元</td><td colspan="2">详见工程月付款申请表</td><td>356 356</td><td colspan="2">详见工程月付款申请表</td><td>251 290</td></tr>
<tr><td></td><td></td><td></td><td colspan="2"></td><td></td><td colspan="2"></td><td></td></tr>
<tr><td></td><td></td><td></td><td colspan="2"></td><td></td><td colspan="2"></td><td></td></tr>
<tr><td>合计</td><td></td><td></td><td colspan="2"></td><td>1 138 787</td><td colspan="2"></td><td>858 071</td></tr>
<tr><td colspan="9">
项目监理机构：(公章)　　监理工程师：×××　　日期：2014.05.29</td></tr>
</table>

注：本表由承包单位填写，一式三份，送监理单位审查，建设、监理、施工单位各留一份。

3)工程变更费用报审表

当工程发生变更时，承包单位需填写“工程变更费用报审表”(见表 3-101)，以确定变更涉及工程费用增减数量。填写本表时，需详细写明变更理由，精确计算工程量增减情况。

监理单位签收后，由专业监理工程师审核该项变更的各项手续是否齐全、变更是否已经总监理工程师审批，同时审核承包单位是否在工程变更确认后的 14 d 内提出变更费用报告。若超过此期限，视为该项目不涉及合同价款的变更。

在符合以上条件要求后，专业监理工程师对工程变更概(预)算书进行审核，核对工程款的增减是否准确，最后签署详细意见后报总监理工程师。总监理工程师签认后报送建设单位审定。

表 3-101　工程变更费用报审表

工程名称:××公司新建办公楼及宿舍　　　　编号:2014-04

<table>
<tr><td colspan="2">变更项目</td><td colspan="8">内墙装饰涂料全部变更为乳胶漆</td></tr>
<tr><td colspan="2">申请日期</td><td colspan="4">2014.08.10</td><td colspan="2">要求批复日期</td><td colspan="2">2014.08.17</td></tr>
<tr><td rowspan="7">变更前后的工程量</td><td rowspan="2">项目名称</td><td colspan="4">原设计数量</td><td colspan="4">变更后的数量</td></tr>
<tr><td>工程量</td><td>单位</td><td>单价/元</td><td>合价/元</td><td>工程量</td><td>单位</td><td>单价/元</td><td>合价/元</td></tr>
<tr><td>内墙涂料</td><td>3 450</td><td>m^2</td><td>8</td><td>27 600</td><td>0</td><td>m^2</td><td>8</td><td>0</td></tr>
<tr><td>内墙乳胶漆</td><td>0</td><td>m^2</td><td>20</td><td>0</td><td>3 450</td><td>m^2</td><td>20</td><td>69 000</td></tr>
<tr><td></td><td></td><td></td><td></td><td></td><td></td><td></td><td></td><td></td></tr>
<tr><td></td><td></td><td></td><td></td><td></td><td></td><td></td><td></td><td></td></tr>
<tr><td></td><td></td><td></td><td></td><td></td><td></td><td></td><td></td><td></td></tr>
<tr><td colspan="3">变更情况及理由</td><td colspan="7">建设单位提出此项变更,经设计单位同意(设计单位意见附后)</td></tr>
<tr><td colspan="3">劳动力、主要设备材料及工程增减情况</td><td colspan="7">此项变更不涉及劳动力、主要设备材料的增减</td></tr>
<tr><td colspan="10">填表人:×××　　　　项目负责人:×××　　　　2014 年 8 月 10 日</td></tr>
<tr><td colspan="10">监理工程师审核意见:
同意变更,增加工程费用 41 400 元。
专业监理工程师:×××　2014 年 8 月 12 日
项目监理机构:(公章)　　　　总监理工程师:×××　2014 年 8 月 12 日</td></tr>
<tr><td colspan="10">建设单位审定意见:
同意变更,增加工程费用 41 400 元。
建设单位:(公章)　　　　负责人:×××　　　　2014 年 8 月 14 日</td></tr>
</table>

注:本表由承包单位填写,一式三份,审核后建设、监理、施工单位各留一份。

4)费用索赔报审表

当施工过程中发生索赔事项,承包单位有索赔意向时,应该在施工合同规定的期限内(一般为 28 d)向监理单位提交"费用索赔报审表"(见表 3-102)。

填写本表时,承包单位应严格按照表格内容填写,索赔理由、证明材料要充分且真实,索赔金额计算正确,费率选取的依据符合要求。

表 3-102　费用索赔报审表

工程名称:××公司新建办公楼及宿舍　　　　编号:2014-001

致四川省××建设工程有限公司(监理单位):

根据施工合同条款第 13.1 条第 5 款的规定,由于一周内非承包人原因停水、停电、停气造成停工累计超过 8 h,我方要求索赔金额(大写)伍仟贰佰圆整,请予以批准。

续表

索赔的详细理由及经过： 2014 年 6 月 2 日区电力局对施工现场所在区域进行电缆整修，导致施工现场停电 2 d，致使我单位被迫停工，6 月 5 日才恢复施工，停工 2 d，造成损失
索赔金额的计算： ①施工、管理人员误工费：100 元/(人·天)×10 人×2 天＝2 000 元 ②施工工人窝工费：80 元/工日×20 人×2 天＝3 200 元 两项合计：5 200 元。
附证明材料：电力局停电通知 承包单位项目部：(公章)　　项目负责人：×××　　2014 年 6 月 10 日

注：本表由承包单位填写，一式三份，审核后建设、监理、施工单位各留一份。

5)费用索赔审批表

“费用索赔审批表”(见表 3-103)是监理单位对“费用索赔报审表”的审批答复表。

在填写本表时，监理单位除了写明依据的合同条款外，还应该写明同意或不同意索赔费用的原因，主要应包括索赔理由是否正确、索赔事件有无证据、索赔事件的措施是否得当、申报是否及时等。

本表一般由总监理工程师填写，所列索赔金额的计算应由各专业监理工程师根据索赔事件调查认可的事实，会同各方协商一致的款额并给予认定。

由专业监理工程师检查无误后，总监理工程师签字，监理机构盖章后生效。

总监理工程师应在施工合同规定的期限内签署本表，或在施工合同规定的期限内发出要求承包单位提交有关索赔报告的进一步详细资料的通知。

本表所列金额作为工程结算依据。

表 3-103　费用索赔审批表

工程名称：　　　　编号：

致四川省××建筑有限公司(承包单位项目部)： 根据施工合同条款第 13.1 条第 5 款的规定，你方提出的窝工费用索赔申请(第2014-001 号)，索赔(大写)伍仟贰佰圆整，经我方审核评估： □不同意此项索赔。 ☑同意此项索赔，金额为(大写)伍仟贰佰圆整。
附同意索赔的理由： ①索赔理由正确； ②索赔事件有依据； ③索赔措施适当，报告及时。

续表

索赔金额的计算： 经各方协商、核实，索赔金额为伍仟贰佰圆整 项目监理机构：(公章)　专业监理工程师：×××　总监理工程师：×××　2014 年 6 月 20 日

注：本表一式三份，建设、承包、监理单位各留一份。

3.3.5 工期管理文件

工期管理文件目录如表 3-104 所示。

表 3-104 工期管理文件目录

序号	资料名称	保存单位	备注
1	工程延期申请表	建设、施工、监理、城建档案馆	
2	工程延期审批表	建设、监理、城建档案馆	

1)工程延期申请表

当发生非承包单位原因造成的工期延误，承包单位有权延长工期。根据规定，承包单位必须在施工合同规定的期限内(一般为发生索赔事项后 28 d 内)填写“工程延期申请表”(见表 3-105)，写明工程延期的依据、影响因素和延误的期限，由项目负责人签字后报送监理单位。

表 3-105 工程延期申请表

工程名称：××公司新建办公楼及宿舍　　编号：2014-001

致四川省××建设工程有限公司(监理单位)： ××公司新建办公楼及宿舍工程，根据合同条款的规定，由于一周内非承包人原因停水、停电、停气造成停工累计超过 8 h，要求延长工期2 d，即竣工工期从原来的2014 年11 月13 日延长到2014 年11 月15 日(包括已延长工期在内)，请予以批准
延长工期计算： 电力局因路线整修停电 2 d
附件： ①合同协议书； ②电力局停电通知 申报单位：(公章)　项目负责人：×××　2014 年 6 月 10 日

注：本表由承包单位填写，一式三份，审核后建设、监理、施工单位各留一份。

2)工程延期审批表

监理单位收到承包单位提交的“工程延期申请表”后，需要确认是否给予工程延期以及工期顺延期限，填写“工程延期审批表”(见表3-106)。

填写本表时，监理单位需要按表所列内容逐项填写，在“说明”中写明对承包单位提出的延长工期事项、程序，按照合同的约定，监理工程师做出决定的实质性理由。

总监理工程师在审查本表时，需要确认：承包单位提出的延长工期要求必须合理，即工程延期是非承包单位的原因引起的；是否满足本工程施工合同相关条款的规定；延期事件是否发生在关键线路上；延期的天数计算是否正确，证据资料是否充足。

表3-106　工程延期审批表

工程名称：××公司新建办公楼及宿舍　　　　编号：2014-001

致四川省××建筑有限公司(承包单位项目部)： 根据施工合同条款第13.1条第5款的规定，我方对你方延期申请(第2014-001号)提出的延长工期2日历天的要求，经过审核评估： ☑最终同意工期延长2日历天。使竣工日期(包括已指令延长的工期)从原来的2014年11月13日延长到2014年11月15日。请你方执行。 □不同意延长工期，请按约定竣工日期组织施工。 说明： 根据合同款第13.1条“因以下原因造成工期延期，经工程师确认，工期相应顺延。第(5)款：一周内非承包人原因停水、停电、停气造成停工累计超过8 h”，×××工程延期申请表(第00-18号)中所列事项是由停电造成且属实，符合合同第13.1条款要求 项目监理机构：(公章)　　总监理工程师：×××　　2014年6月20日

注：本表由承包单位填写，一式三份，审核后建设、监理、施工单位各留一份。

3.4　安全资料的编制

根据《建筑施工安全检查标准》(JGJ 59—2011)的要求，建筑施工安全技术资料的内容主要包括在建工程安全监督及相关证件、安全生产管理、目标管理、施工组织设计、安全技术交底、安全检查、安全教育、安全活动、特种作业管理、工伤事故处理、安全标志、文明施工管理等。

安全资料的编制PPT

3.4.1　在建工程安全监督及相关证件

在建工程安全监督及相关证件部分主要收集工程项目的基本情况资料、工程项目在市场行为方面的证件以及在其他安全资料档案中难以归入的资料。这部分资料内容繁杂，限于篇幅，本书在此仅介绍工程概况表、现场勘察概况表和建设工程施工安全监督备案表三份资料。

1)工程概况表

建设工程基本情况是施工安全管理的基本背景，需要简明扼要地描述工程主要技术参数、主要参与单位信息及质量安全目标等内容。工程概况一般采用工程概况表的形式，主要包括工程名称、工程地址、结构类型、层数、建筑面积、层高、总高度、外墙装饰情况等技术信息；建设单位、设计单位、安全监督单位、监理单位、施工单位、项目经理、项目安全负责人等参与单位及人员信息；工程质量安全要达到的目标及实施目标所采取的简要措施等内容。

2)现场勘察概况表

建设工程现场勘察情况是了解工程情况及制定相应安全施工组织设计和安全施工方案的重要依据。工程勘察概况一般也采用表格的形式，主要包括调查和测绘施工现场地形、地貌、地质结构，工程地理位置，总电源引入位置，现场用电设备位置，施工现场有无旧基础、地下防空设施或暗道，工程周边有无高压线路通过，有无易燃、易爆和腐蚀性危险品的存在，有无学校、居民等敏感性区域的存在等内容。现场勘察资料的收集要尽量详细完善，以确保编制的安全施工组织设计等具有针对性。

3)建设工程施工安全监督备案表

根据《四川省建筑施工现场安全监督检查暂行办法》，建设单位在申领“施工许可证”之前，应当进行施工安全监督备案。建设单位在当地建设行政主管部门领取并填写“建设工程施工安全监督备案表”，并附上中标施工企业安全生产许可证，中标施工企业项目经理、安全员等经建设行政主管部门安全生产能力考核合格的证明材料，施工现场及毗邻区域内供水、排水、供电、供气等地下管线资料，气象和水文观测资料，相邻建筑物和构筑物、地下工程有关资料的交接证明材料等内容。

建设工程施工安全监督备案表如表3-107所示。

表3-107 ××市建设工程施工安全监督备案表

<table>
<tr><td>备案编号</td><td colspan="3">×××××</td><td>备案日期</td><td colspan="2">2013.10.20</td></tr>
<tr><td>中标编号</td><td colspan="3">×××××</td><td>项目卡号</td><td colspan="2">×××××</td></tr>
<tr><td>工程名称</td><td colspan="6">××公司新建办公楼及宿舍</td></tr>
<tr><td>工程地址</td><td colspan="6">四川省××市永定河路与天台山路交汇处西北角</td></tr>
<tr><td>工程造价</td><td>××</td><td>结构层数</td><td>地上三层，局部层，地下零层</td><td>建筑面积（工程规模）</td><td colspan="2">909.7 m^2</td></tr>
<tr><td>基础类型及深度</td><td colspan="2">独立基础</td><td colspan="2">脚手架种类及架体</td><td colspan="2">×××</td></tr>
<tr><td rowspan="2">建设单位</td><td rowspan="2" colspan="3">四川××制造有限公司</td><td rowspan="2">现场代表</td><td>姓名</td><td>×××</td></tr>
<tr><td>电话</td><td>×××</td></tr>
<tr><td rowspan="2">监理单位</td><td rowspan="2" colspan="3">四川省××建设工程有限公司</td><td rowspan="2">项目总监</td><td>姓名</td><td>×××</td></tr>
<tr><td>电话</td><td>×××</td></tr>
<tr><td>施工单位</td><td colspan="3">四川省××建筑有限公司</td><td>安全生产许可证号</td><td colspan="2">(川)JZ安许证字〔2012〕×××</td></tr>
</table>

续表

<table>
<tr><td rowspan="3">项目经理</td><td>姓名</td><td>×××</td><td rowspan="3">安全员</td><td>姓名</td><td>×××</td></tr>
<tr><td>安全生产考核合格证书编号</td><td>川建安B(2013)×××</td><td>安全生产考核合格证书编号</td><td>川建安C(2013)×××</td></tr>
<tr><td>电话</td><td>×××</td><td>电话</td><td>×××</td></tr>
<tr><td>开工日期</td><td colspan="2">2013.10.07</td><td>竣工日期</td><td colspan="2">2014.11.13</td></tr>
<tr><td>经办人</td><td colspan="2">×××</td><td>联系电话</td><td colspan="2">×××</td></tr>
<tr><td>备注</td><td colspan="5"></td></tr>
</table>

注：本表一式四份，建设单位、监理单位、施工单位、安监单位各持一份，并加盖建设单位、施工单位、监理单位公章。

3.4.2 安全生产管理

独立承包的工程承包合同中必须有安全生产工作的具体指标和要求。进行分包的工程，总分包单位在签订分包合同的同时，还要签订安全生产合同（协议），签订合同前要检查分包单位的营业执照、企业资质证书、安全资格证等。分包队伍的资质应与工程要求相符，在安全合同中应明确规定总分包单位各自的安全职责。原则上，实行总承包的由总承包单位负责，分包单位向总包单位负责，服从总包单位对施工现场的安全管理。分包单位在其分包范围内建立施工现场安全生产管理制度，并组织实施。

在公司安全生产责任制度的指导下，项目经理部应当建立工程项目部各层次的安全生产责任制度，要求简明扼要、有针对性和可行性，责任要落实到人，认真执行，强化实施，做到纵向到底、横向到边。

项目经理部的安全生产责任制主要包括项目经理、工长（施工员）、班组长等生产指挥系统，以及生产、技术、机械、器材、后勤等有关部门，要求明确按其职责分工，确定了安全责任，并有文字说明。同时，对各级、各部门的安全生产责任制应规定检查和考核办法，并按规定期限进行考核，对考核结果及兑现情况应有记录，检查组对现场的实地检查作为评定责任制落实情况的依据。

1)安全体系要素和职能分配

项目经理部按照施工现场实际管理状况，将安全体系要素进行分配，落实到部门或个人，每一个管理职能只能有一个主管领导和主管部门，其他部门和个人协同或配合，如表3-108所示。

表 3-108 工程项目部安全生产保证体系要素及职能分配表

<table>
<tr><td rowspan="2">编号</td><td rowspan="2">安全生产保证体系要素</td><td rowspan="2">项目经理</td><td rowspan="2">项目副经理</td><td rowspan="2">项目工程师</td><td colspan="7">职能部门（个人）</td></tr>
<tr><td>施工部门</td><td>技术部门</td><td>安全部门</td><td>材料部门</td><td>保卫部门</td><td>宣教部门</td><td>财务部门</td></tr>
<tr><td>7.1</td><td>管理职责</td><td></td><td></td><td></td><td></td><td></td><td></td><td></td><td></td><td></td><td></td></tr>
<tr><td>7.2</td><td>安全体系</td><td></td><td></td><td></td><td></td><td></td><td></td><td></td><td></td><td></td><td></td></tr>
</table>

续表

编号	安全生产保证体系要素	项目经理	项目副经理	项目工程师	职能部门(个人)						
					施工部门	技术部门	安全部门	材料部门	保卫部门	宣教部门	财务部门
7.3	安全用品采购										
7.4	分包方控制										
7.5	施工现场安全管理										
7.6	检查、检验										
7.7	事故隐患控制										
7.8	纠正与预防措施										
7.9	教育与培训										
7.10	安全记录										
7.11	内部安全审核										

2)分包管理

施工企业应事先通过调研等方式确定合格分包方清单,建立企业合格分包方名录,具体内容包括企业名称、资质等级、分包项目、负责人和联系电话等;同时建立本工程分包方名录,本工程分包方必须从企业合格分包方名录中选择。

本工程分包方名录如表3-109所示。

表3-109 本工程分包方名录

工程名称:

序号	企业名称	类别	资质等级	承包性质	负责人	人数

3)安全生产责任制执行情况评定表

安全生产责任制执行情况评定参照《建筑施工安全检查标准》(JGJ 59—2011),由保证项目与一般项目两部分构成,具体内容因被评定人的安全生产责任而有所差别。表3-110是项目安全员的安全生产责任制执行情况评定表。

表 3-110　安全生产责任制执行情况评定表

<table>
<tr><td>被评定人</td><td>×××</td><td>职务</td><td>安全员</td><td>评议时间</td><td colspan="2">2014.03.25</td></tr>
<tr><td>内容</td><td colspan="4">安全责任目标考核内容</td><td>标准分</td><td>实得分</td></tr>
<tr><td rowspan="7">保证项目60分</td><td colspan="4">参与制定有关制度、措施，提出建设性意见</td><td>10</td><td>9</td></tr>
<tr><td colspan="4">参加对进场和转岗工人的三级安全教育和安全技术交底</td><td>10</td><td>10</td></tr>
<tr><td colspan="4">参加对公司和项目的安全检查，检查验收资料与工程进度是否同步</td><td>5</td><td>5</td></tr>
<tr><td colspan="4">参与班组安全活动，检查班组活动记录</td><td>5</td><td>4</td></tr>
<tr><td colspan="4">及时对施工用电、龙门架（井架）、塔吊等设施组织检验，并定期组织自验收</td><td>10</td><td>10</td></tr>
<tr><td colspan="4">主持开展每月安全例会，并请领导参加，做好记录，上报每月安全报表</td><td>10</td><td>9</td></tr>
<tr><td colspan="4">组织落实施工现场五牌一图、警示牌、安全标语、黑板报等安全宣传活动</td><td>10</td><td>9</td></tr>
<tr><td rowspan="6">一般项目40分</td><td colspan="4">组织学习国家安全生产方针、政策和《建筑施工安全检查标准》(JGJ 59—2011)及有关规范规程</td><td>5</td><td>4</td></tr>
<tr><td colspan="4">严格遵守本企业、项目的安全管理制度和安全生产责任制度</td><td>5</td><td>5</td></tr>
<tr><td colspan="4">开展施工现场安全巡查，防止“四大”伤害事故</td><td>10</td><td>9</td></tr>
<tr><td colspan="4">参加安全事故的调查处理</td><td>5</td><td>5</td></tr>
<tr><td colspan="4">建立本企业、项目的工伤事故档案，发生事故及时上报</td><td>5</td><td>5</td></tr>
<tr><td colspan="4">制止违章，执行安全生产奖惩制度，建立奖惩台账</td><td>10</td><td>10</td></tr>
<tr><td>安全总结</td><td colspan="6">能带头执行安全法律法规和公司安全生产管理制度，认真履行安全员职责，至今无伤亡事故
被考核人：×××</td></tr>
<tr><td>考核评语</td><td colspan="6">同意本人意见
安全领导小组组长：×××</td></tr>
<tr><td>签名</td><td colspan="6">参加考评人员：×××、×××、×××、×××、×××</td></tr>
</table>

注：考核评分方法按《建筑施工安全检查标准》(JGJ 59—2011)的评分方法执行。

3.4.3　目标管理

1)安全管理目标表

安全管理目标是施工企业向工程项目部下达的安全管理要达到的目标，包括伤亡控制指标和文明施工目标。伤亡控制指标是指在项目施工的全过程中，伤亡人数占所有施工人数的比例，文明施工目标是指为搞好工程项目文明施工，消除脏、乱、差现象所制定的目标。表 3-111 为××公司新建办公楼及宿舍工程的安全管理目标表。

表 3-111 安全管理目标表

施工单位(章):四川省××建筑有限公司　　工程名称:××公司新建办公楼及宿舍

伤亡控制指标	轻伤率控制在 1.2‰以内,杜绝重大伤亡事故发生
文明施工目标	无火灾事故,无重大机械事故;各项安全技术措施到位,安全生产达标,依据《建筑施工安全检查标准》(JGJ 59—2011)检查得分 90 分以上

制表:×××　　审核:×××　　制表日期:2013 年 12 月 1 日

2)安全目标管理考核办法

工程项目部在制定安全管理目标的基础上,应制定安全目标管理考核办法,明确项目经理、项目技术负责人、安全员等管理人员的责任目标考核办法,并根据安全管理目标及分解目标,明确考核的具体内容。安全目标管理考核由现场安全领导小组进行,考核具体内容包括安全生产和文明施工、特种作业、工伤事故、班组安全活动等,项目经理部每月组织有关人员进行综合检查、每季度对各班组进行考核,考核等级一般分为不合格、合格和优良(70 分以下为不合格,70～80 分为合格,80 分以上为优良)。根据考核结果给予班组奖励或惩罚。

3)项目部安全生产目标分解

项目经理部可将施工企业下达的安全管理目标总表按基础、主体和装饰等施工阶段进行分解,制定分阶段目标,同时把各个分项工程的安全管理责任分解落实到各个安全责任人。其中,项目经理是项目安全生产第一责任人,安全员是项目安全生产的直接责任人,负责安全管理、安全教育和安全监督检查,技术负责人、责任工长等根据职责履行相应安全责任。××公司新建办公楼及宿舍工程的项目经理部安全生产目标分解如表 3-112 所示。

表 3-112 项目经理部安全生产目标分解

责任人	安全生产目标
项目经理	贯彻国家安全生产方针政策和法律法规,对项目管理和施工人员进行安全宣传、教育和培训,并落实各级安全责任,保证安全资金使用到位;确保施工期间无重大伤亡事故发生,工伤负伤率不得超过上级下达的 1.2 ‰
技术负责人	按国家规程规范编制施工组织设计及方案,并按程序送批,开展安全技术交底
安全员	按标准、规范查隐患、堵漏洞,反“三违”;严防事故,处理违章,监督全员遵章守纪,收集资料。重大伤亡事故为零,负伤率不超过 1.2‰
责任工长	执行施工组织设计、施工方案,做到对分部分项工长、生产班组的安全技术交底、安全培训,保证安全防护可靠,确保重大伤亡事故为零,负伤率不超过 1.2‰
材料员	按国家标准要求订购供应合格的安全防护设施、电气设备、劳保用品,杜绝伪劣产品进入施工现场
专业工长	督促班组正确使用“三宝”,做好安全检查,制止违章作业;无重伤、死亡事故,负伤率不超过 1.2‰

4)工程项目安全目标责任考核

工程项目安全目标责任考核分为项目考核和项目经理部管理人员考核两部分。项目安全目标考核由施工企业安全技术部门执行,每月、每个施工阶段完成后,以及工程竣工均要进行考核,评定等级依据是否完成有关责任目标分为合格和不合格,将考核结果对照经济承包合同中相关条款进行奖惩，并填写项目安全目标责任考核记录表，如表 3-113 所示。

表 3-113　项目安全目标责任考核表

项目经理部：××公司新建办公楼及宿舍

目标类别	指标内容	分值	扣分标准	扣分	责任人
施工安全	全年无重伤、死亡事故，工伤事故率不超过 1.2‰	35	发生重伤事故一人扣 20 分，发生死亡事故一人扣 35 分	0	×××
	特种作业持证上岗率 100%	5	每发现一人无证上岗扣 1 分	0	×××
	施工现场按部颁标准达到优良等级	10	公司季度检查，一次未达优良扣 10 分	0	×××
消防安全	施工现场全年不发生火灾事故	15	发生火灾事故一次扣 15 分	0	×××
交通安全	全年不发生死亡或财产损失 20 000元以上负主要责任的交通事故	15	发生财产损失 20 000 元以上负主要责任的交通事故扣 15 分	0	×××
安全管理	遵章守纪	4	发现“三违”一次扣 1 分	1	×××
	重大事故隐患及时整改率达 100%	4	隐患整改不及时、不定人、不定措施，发现一次扣 4 分	0	×××
	工伤事故报告	4	工伤事故报告不及时一次扣 4 分	0	×××
	认真进行安全教育、交底	4	安全教育、交底缺一次扣 4 分	0	×××
	积极开展安全活动	4	积极参加公司组织的安全活动，缺一次扣 4 分	0	×××
合计		100		1	

管理人员安全目标责任考核和班组安全目标责任考核由项目经理部执行，一般每月考核一次，评定等级分为合格和不合格，根据考核结果进行奖惩，并分别填写考核记录表。

管理人员安全目标责任考核记录表如表 3-114 所示，班组长安全目标责任考核记录表如表 3-115 所示。

表 3-114　项目经理部管理人员安全目标责任考核记录表

工程名称：××公司新建办公楼及宿舍　　管理人员姓名：×××　　职务：项目经理

类别	项目	月份											
		1	2	3	4	5	6	7	8	9	10	11	12
实施安全措施（10 分）	是否按施工组织设计中的分部分项安全技术措施实施												
安全技术交底（20 分）	是否对所管辖班组及时进行安全技术交底												

续表

类别	项目	月份											
		1	2	3	4	5	6	7	8	9	10	11	12
安全操作(10分)	是否组织班组工人学习相关安全操作规程												
安全防护(10分)	是否对所管分部分项工程危险部位采取有效防护												
安全检查(20分)	是否经常进行安全检查,及时消除隐患												
反“三违”(5分)	不违章指挥,教育工人无违章操作,制止违章行为												
防护用品(5分)	监督检查所属班组人员正确使用防护用品												
文明施工(20分)	所管辖班组作业现场是否达到文明施工												
项目分合计													

	考核分	评语	年度总评	考核分	
上半年				评语	
下半年					
安全领导小组考核人员签字	上半年		被考核人签字	上半年	
	下半年			下半年	

表3-115 班组长安全目标责任考核记录表

工程名称:××公司新建办公楼及宿舍　　班组长姓名:×××　　工种:架子工

类别	项目	月份											
		1	2	3	4	5	6	7	8	9	10	11	12
遵章守纪(10分)	是否严格遵守项目各项安全规章制度,领导本班组作业												
安全操作(20分)	是否遵照本班组安全操作规程												
安全交底(10分)	是否认真执行安全技术交底												
安全检查(10分)	是否对作业环境进行安全检查												
个人防护(20分)	是否检查、监督本班组人员正确使用防护用品												

续表

类别	项目	月份											
		1	2	3	4	5	6	7	8	9	10	11	12
安全活动(5分)	是否组织班组安全日活动，开好班前会												
文明施工(5分)	班组是否做到文明作业，工完场清												
工具设备(20分)	使用的工具设备有无隐患												
项目分合计													

<table>
<tr><td></td><td>考核分</td><td>评语</td><td rowspan="3">年度总评</td><td>考核分</td><td></td></tr>
<tr><td>上半年</td><td></td><td></td><td rowspan="2">评语</td><td rowspan="2"></td></tr>
<tr><td>下半年</td><td></td><td></td></tr>
<tr><td rowspan="2">安全领导小组考核人员签字</td><td>上半年</td><td></td><td rowspan="2">被考核人签字</td><td>上半年</td><td></td></tr>
<tr><td>下半年</td><td></td><td>下半年</td><td></td></tr>
</table>

3.4.4　施工组织设计

项目经理部根据施工企业的工程项目安全技术管理制度，编制本工程施工组织设计和安全专项施工方案，并履行相应审批手续。

编制施工组织设计时，应根据工程项目的规模、结构、环境和风险等因素，制定切实可行的安全技术措施。具体包括临时用电安全施工组织设计，大型机械的装、拆施工方案，劳动保护技术措施要求和计划；对特殊工艺以及新工艺、新设备、新设施和新材料的使用，应有针对性地制定专项安全措施要求和操作规定；施工现场防火中的重点部位划分及防火要求、消防器材和设施的配置、动火审批、防火检查、义务消防队的活动等，都必须制定相应的制度和措施。上述各类技术措施和规定要求，须经过施工企业技术主管部门审核批准，总监理工程师审查通过后方可实施。

具有较大危险性的分部分项工程则需要编制安全专项施工方案，方案内容如下：①工程概况，涉及危险性较大的分部分项工程概况、施工平面布置、施工要求和技术保证条件等；②编制依据，包括相关法律、法规、规范性文件、标准、规范及图纸(国标图集)、施工组织设计等；③施工计划，包括施工进度计划、材料与设备计划；④施工工艺技术，如技术参数、工艺流程、施工方法、检查验收等；⑤施工安全保证措施，如组织保障、技术措施、应急预案、监测监控等；⑥劳动力计划，如专职安全生产管理人员、特种作业人员等；⑦计算书及相关图纸。

根据住房和城乡建设部发布的《危险性较大的分部分项工程安全管理办法》的规定，属于危险性较大的分部分项工程如下：①开挖深度超过 3 m(含 3 m)或虽未超过 3 m 但地质条件和周边环境复杂的基坑(槽)支护、降水工程；②开挖深度超过 3 m(含 3 m)的基坑(槽)的土方开挖工程；③大模板、滑模、爬模、飞模等各类工具式模板工程，以及搭设高度 5 m 及以上、搭设跨度 10 m 及以上、施工总荷载 10 kN/m^2 及以上、集中线荷载 15 kN/m 及以上或高度大于支撑水平投影宽度且相对独立无联系构件的混凝土模板支撑工程,以及用于钢结构安装等满堂支撑体系;④采用非常规起重设备、方法,且单件起吊重量在 10 kN 及以上的起重吊装工程、采用起重机械进行安装的工程、起重机械设备自身的安装和拆卸;⑤搭设高度 24 m 及以上的落地式钢管脚手架工程、附着式整体和分片提升脚手架工程、悬挑式脚手架工程、吊篮脚手架工程、自制卸料平台、移动操作平台工程,以及新型及异型脚手架工程;⑥建筑(构筑)物拆除工程、采用爆破拆除的工程;⑦其他如建筑幕墙、钢结构、网架和索膜结构安装工程等。

安全专项施工方案编制成文后,应当由施工单位技术部门组织本单位施工技术、安全、质量等部门的专业技术人员进行审核。经审核合格的,由施工单位技术负责人签字。实行施工总承包的,应当由总承包单位技术负责人及相关专业承包单位技术负责人签字。不需要专家论证的专项方案,经施工单位审核合格后报监理单位,由项目总监理工程师审核签字。

对于超过一定规模的危险性较大的分部分项工程专项方案,还应当由施工单位组织召开专家论证会。实行施工总承包的,由施工总承包单位组织召开专家论证会。

根据《危险性较大的分部分项工程安全管理办法》的规定,超过一定规模的危险性较大的分部分项工程如下:①开挖深度超过 5 m(含 5 m)的基坑(槽)的土方开挖、支护、降水工程,以及开挖深度虽未超过 5 m,但地质条件、周围环境和地下管线复杂,或影响毗邻建筑(构筑)物安全的基坑(槽)的土方开挖、支护、降水工程;②滑模、爬模、飞模等工具式模板工程,搭设高度 8 m 及以上、搭设跨度 18 m 及以上、施工总荷载 15 kN/m^2 及以上、集中线荷载 20 kN/m 及以上的混凝土模板支撑工程,以及用于钢结构安装等满堂支撑体系,承受单点集中荷载 700 kg 以上的承重支撑体系;③采用非常规起重设备、方法,且单件起吊重量在 100 kN 及以上的起重吊装工程,起重量 300 kN 及以上的起重设备安装工程,高度 200 m 及以上内爬起重设备的拆除工程;④搭设高度 50 m 及以上落地式钢管脚手架工程,提升高度 150 m 及以上附着式整体和分片提升脚手架工程,以及架体高度 20 m 及以上悬挑式脚手架工程;⑤采用爆破拆除的工程,码头、桥梁、高架、烟囱、水塔或拆除中容易引起有毒有害气(液)体或粉尘扩散、易燃易爆事故发生的特殊建筑(构筑)物的拆除工程,可能影响行人、交通、电力设施、通信设施或其他建筑(构筑)物安全的拆除工程,文物保护建筑、优秀历史建筑或历史文化风貌区控制范围的拆除工程;⑥施工高度 50 m 及以上的建筑幕墙安装工程,跨度 36 m 及以上的钢结构安装工程,跨度 60 m 及以上的网架和索膜结构安装工程,开挖深度超过 16 m 的人工挖孔桩工程,地下暗挖工程,顶管工程,水下作业工程,采用新技术、新工艺、新材料、新设备及尚无相关技术标准的危险性较大的分部分项工程。

参加专家论证会的人员如下:①专家组成员,由 5 名以上的符合相关专业要求、非来自项目各参建方的专家组成;②建设单位项目负责人或技术负责人;③监理单位项目总监理工程师及相关人员;④施工单位分管安全的负责人、技术负责人、项目负责人、项目技术负责人、专项方案编制人员、项目专职安全生产管理人员;⑤勘察、设计单位项目技术负责人及相关人员。

专家论证会的主要议题是评估专项方案内容是否完整、可行,论证专项方案计算书和验算依据是否符合有关标准规范,以及判断安全施工的基本条件是否满足现场实际情况。

安全专项施工方案经论证后，专家组应当提交论证报告，对论证的内容提出明确的意见，并在论证报告上签字。该报告作为专项方案修改完善的指导意见。对于安全专项施工方案经论证后需要做重大修改的，施工单位应当按照论证报告修改，并重新组织专家进行论证。

安全专项施工方案实施前，编制人员或项目技术负责人应当向现场管理人员和作业人员进行安全技术交底。

3.4.5 安全技术交底

安全技术交底是建设工程项目安全管理的重要环节，由技术负责人或其他人员在生产作业前进行的操作规程、注意事项等安全相关方面的培训，并通过书面方式予以确认。具体来说，在工程开工前，施工企业总工程师或技术负责人，要将工程概况、施工方法和技术措施等，向参加施工的项目经理、施工员、工长以及职工等进行技术交底；每个分项工程开始前，项目技术负责人、施工或安全员带领班组完成各分项工程的安全技术措施，将操作中应注意的安全事项进行交底；当两个以上施工队或工种配合施工时，施工队长、工长要按工程进度定期或不定期地向有关班(组)长进行交叉作业的安全交底；班组长每天要对工人进行施工要求、环境作业的安全交底。

安全技术交底包括以下五个方面。

①施工工种安全技术交底，包括架子工、瓦工、抹灰工、钢筋工、混凝土工、石工、制材工、油漆玻璃工、防水工、电工、管工、铆工、通风工、电焊工、气焊工、起重工、打桩工、机械维修工、起重司机、打桩机司机、运输车辆工等33个工种和建筑安装工人的安全技术交底。

②大型特殊工程安全技术交底，包括大模板和大板施工、滑模施工、沉井施工、顶管施工、地下连续墙施工的安全技术交底。

③设备安装工程安全技术交底，包括起重、电气安全调试、焊接、气割、压力容器、机械加工和管理等作业的安全防护措施。

以上三类安全技术交底内容详见《建筑安装工人安全技术操作规程》。

④分项、分部工程施工安全技术交底，按照分部工程划分，具体包括如下内容：

a. 地基与基础工程包括基槽(坑)开挖与回填的安全措施，振冲、强夯、打桩的安全措施，混凝土、钢筋、灰土、砖石砌筑、模板安装与拆除、地下防水等各分项工程安全措施；

b. 主体结构工程包括模板安装与拆除，钢筋、混凝土、砖砌体、预制构件安装等工程安全措施，脚手架、安全网、临边、洞口等防护措施，所需施工机械安全使用与防护措施；

c. 屋面防水工程包括沥青熬制、运输、操作、防火、防毒、防烫的安全措施，防止高处坠落及热沥青洒落伤及他人的措施，使用施工机械、外脚手架的防护措施；

d. 楼地面装饰及门窗、水、暖、电气安装工程除一般常见防护措施外，还包括照明及使用手持电工工具和小型施工机械防触电措施，使用高凳、梯子防护措施，外窗装饰、外墙装饰、安装玻璃等作业防坠措施，燃物防火及有毒涂料油漆的防护措施，立体交叉作业防护措施。

⑤针对所采用的新工艺、新技术、新材料施工的特殊性，结合建筑施工有关安全防护技术进行交底。

安全技术交底记录范例如表3-116所示。

表 3-116 模板工程安全技术交底

<table>
<tr><td>施工单位名称</td><td colspan="2">四川省××建筑有限公司</td><td colspan="2">单位工程名称</td><td>××公司新建办公楼及宿舍</td></tr>
<tr><td>施工部位</td><td colspan="2">一层柱、二层梁板</td><td colspan="2">施工内容</td><td>钢筋混凝土模板</td></tr>
<tr><td>安全技术交底内容</td><td colspan="5">①严格按照施工方案的要求作业;
②模板安装施工按设计要求进行,严禁随意变动,支撑必须有垫板;
③上层和下层支柱在同一垂直线上,模板及其支撑系统在安装过程中,必须设置临时固定设施;
④支柱全部安装完毕后,应及时按设计要求沿横向和纵向加设剪刀撑;
⑤支柱高度小于 4 m时,大横杆应设上、中、下三道,在纵、横加设剪刀撑;
⑥拆除时严格遵守安全规定,高处、复杂结构模板拆除应有专人指挥,严禁非操作人员进入作业区;
⑦拆除的模板、架料、支撑要及时运走,妥善堆放;
⑧安装和拆除板、梁、柱、墙模板,在 2 m 以上作业时应搭可靠的立足点,并设防护栏杆,严禁在同一垂直面上操作;
⑨安装和拆除柱、墙、梁、板的操作层,从首层以上各层应安装安全平网,进行拆除作业时,应设置警示标牌;
⑩施工现场针对性安全交底;
⑪其他</td></tr>
<tr><td>交底人签名</td><td>××</td><td>接受交底负责人签名</td><td>×××</td><td>交底时间</td><td>2014 年 5 月 12 日</td></tr>
</table>

注:本表一式两份,班组自存一份,归档一份。

3.4.6 安全检查

安全检查有助于消除隐患、防止事故、改善劳动条件以及提高员工安全生产意识,是安全管理的重要方面。

施工项目的安全检查一般包括全面安全检查、经常性安全检查、专业或专职安全管理人员的专业安全检查、季节性安全检查、节假日安全检查和要害部门重点安全检查等类型。

安全检查的主要内容如下。

①查思想,主要检查领导和员工对安全生产方针的认识程度,对安全生产管理和安全生产规章制度的重视程度,以及对安全检查中发现的安全问题或安全隐患的处理态度等。

②查制度,主要检查安全生产责任制度、安全生产许可制度、安全生产教育与培训制度等企业和项目层面管理制度,以及安全生产操作规程、危险作业管理审批制度等施工层面的管理制度是否完善。

③查管理,主要检查安全生产管理是否有效,安全生产管理制度是否真正得到落实。

④查隐患,主要检查生产作业现场是否符合安全生产要求,工人的劳动条件、卫生设施、安全通道以及有毒有害作业部位点的达标情况等。

⑤查整改，主要检查提出安全问题、发现安全隐患或发生安全生产事故后是否采取了安全技术措施和安全管理措施，进行整改的效果如何。

⑥查事故处理，检查对伤亡事故是否及时报告，对责任人是否已经做出严肃处理。

安全检查一般采用安全检查评分表的形式，《建筑施工安全检查标准》(JGJ 59—2011)对施工现场的安全检查内容及其评分方法做了详细规定，并在附录A和附录B提供了安全检查评分表参考表格，由“建筑施工安全检查评分汇总表”和安全管理、文明施工、扣件式钢管脚手架、门式钢管脚手架、碗扣式钢管脚手架、承插型盘扣式钢管脚手架、满堂脚手架、悬挑式脚手架、附着式升降脚手架、高处作业吊篮、基坑工程、模板支架、高处作业、施工用电、物料提升机、施工升降机、塔式起重机、起重吊装、施工机具等19张分项检查评分表组成，其中脚手架包括7种类型，故有7张分项检查评分表与之对应。每张分项检查评分表的检查内容均分为保证项目和一般项目，其中保证项目是指对施工人员生命、设备设施及环境安全起关键性作用的项目，一般项目则是指保证项目以外的其他项目。在建筑施工安全检查评定中，保证项目应全数检查。

《建筑施工安全检查标准》中分项检查评分表和检查评分汇总表的满分分值均为100分。分项检查评分表的评分方法如下。

①没有缺项时，分项检查评分表的实得分值为各检查项目所得分值之和。

②当分项检查评分遇有缺项时，分项检查评分表的总得分按式(3-11)计算：

$$\text{遇有缺项时分项检查评分表总得分}=\frac{\text{实查子项目实得分值之和}}{\text{实查子项目应得分值之和}}\times 100 \tag{3-11}$$

③计算得分时采用扣减分值的方法，单扣减分值总和不得超过该检查项目的应得分值。

④当按分项检查评分表评分时，保证项目中有一项未得分或保证项目小计得分不足40分，此分项检查评分表不应得分。

检查评分汇总表的评分方法如下。

①没有缺项时，检查评分汇总表的总得分为各分项项目实得分值之和。

②有缺项时，检查评分汇总表的总得分按式(3-12)计算。

$$\text{遇有缺项时汇总表总得分}=\frac{\text{实查子项目实得分值之和}}{\text{实查子项目应得分值之和}}\times 100 \tag{3-12}$$

③检查评分汇总表中各分项项目实得分值为汇总表各分项实得分值乘以分项项目占汇总表中的比例，如式(3-13)所示：

$$\text{汇总表各分项项目实得分}=\frac{\text{汇总表中该项应得满分值}\times\text{该项检查评分表实得分}}{100} \tag{3-13}$$

④脚手架、物料提升机与施工升降机、塔式起重机与起重吊装项目的实得分值，应为所对应专业的分项检查评分表实得分值的算术平均值。

安全检查完成后根据汇总表的总得分和分项检查评分表的得分情况，对建筑施工安全检查评定等级，评定等级及标准如下。

①优良等级的标准为分项检查评分表无零分，汇总表得分值在80分及以上。

②合格等级的标准为分项检查评分表无零分，汇总表得分在70分以上，80分以下。

③不合格等级的标准为汇总表分值不足70分，或者有一个分项检查评分表得零分。

同时，当建筑施工安全检查评定的等级为不合格时，必须限期整改达到合格。

表3-117为2014年3月份××公司新建办公楼及宿舍工程安全检查评定结果。

表 3-117 建筑施工安全检查评分汇总表

企业名称:四川省××建筑有限公司 资质等级:施工总承包三级 2014 年 3 月 20 日

单位工程(施工现场)名称	建筑面积	结构类型	总计得分(满分100分)	项目名称及分值									
				安全管理(满分10分)	文明施工(满分15分)	脚手架(满分10分)	基坑工程(满分10分)	模板支架(满分10分)	高处作业(满分10分)	施工用电(满分10分)	物料提升机与施工升降机(满分10分)	塔式起重机与起重吊装(满分10分)	施工机具(满分5分)
××公司新建办公楼及宿舍	909.7 m^2	框架	93.75	9.3	14.3	9.5	9.2	9.6	9.2	9.4	—	—	4.5

评语: 按照《建筑施工安全检查标准》规定的评分方法进行评定,本次安全检查达到优良。							
检查单位	四川省××建筑有限公司	负责人	×××	受检项目	××公司新建办公楼及宿舍	项目经理	×××

3.4.7 安全教育

1)"三级"安全教育记录卡

根据规定,新入场的作业人员均应接受"三级"安全教育,其中"一级"安全教育由公司质量安全部门负责人主持,"二级"安全教育由项目经理主持,"三级"安全教育由班组长进行。

"三级"安全教育完成后须填写"三级"安全教育记录卡(见表 3-118)和职工入场"三级"教育汇总表,所有接受"三级"安全教育的人员必须履行签名手续,不准他人代签。

表 3-118 "三级"安全教育记录卡

姓名:____________ 编号:____________

出生年月:____________ 身份证号码:____________

家庭住址:____________ 单位名称:____________

班组及工种:____________ 进场日期:____________

三级安全教育内容		教育人	受教育人
一级教育	①党和国家的安全生产方针、政策; ②安全生产法规、标准和法制观念; ③本单位施工过程及安全生产规章制度、安全纪律; ④本单位安全生产形势和历史上发生的重大事故及应吸取的教训; ⑤发生事故如何抢救伤员、排险、保护现场和及时进行报告	签名:	签名:
		年 月 日	

续表

三级安全教育内容		教育人	受教育人
二级教育	①本单位施工特点及施工安全基本知识； ②本单位安全生产制度、规定及安全注意事项； ③本工种的安全技术操作规程； ④高处作业、机械设备、电器安全基本知识； ⑤防火、防毒、防尘、防爆知识及紧急情况安全处置和安全疏散知识； ⑥防护用品发放标准及防护用品、用具使用的基本知识	签名：	签名：
		年　月　日	
三级教育	①本班组作业特点及安全操作规程； ②班组安全活动制度及纪律； ③爱护和正确使用安全防护装置及个人劳动保护用品； ④本岗位易发生事故的不安全因素及其防范对策； ⑤本岗位的作业环境及使用的机械设备、工具的安全要求	签名：	签名：
		年　月　日	

项目经理部要按照教育培训要求填写职工入场“三级”教育汇总表，如表3-119所示。

表3-119　职工入场“三级”教育汇总表

单位名称：　　　　　　　　　　　　工程名称：　　　　　　　　　　　　编号：

序号	姓名	性别	年龄	身份证号码	工种	入场时间	教育时间	教育内容	退场日期	备注

填表人：　　　　　　　　　　　　　　　　　　　　　　　　年　月　日

2)安全教育记录

安全教育包括三类：一是单位工程在施工过程中进行的经常性、季节性、有针对性的安全教育及发现问题后的安全教育；二是因工程需要工人变换工种，经企业安全部门组织的专门培训；三是采用新工艺、新设备时对操作人员进行针对性的安全培训教育工作。完成安全教育培训后，须填写安全教育记录。

安全教育记录范本如表3-120所示。

表 3-120 安全教育记录

教育类别：　　　　　　　　　　　　教育课时：　　　　　　　　　　　　年　月　日

单位名称		主讲单位(部门)		主讲人	
工程名称		受教育单位(部门)		人数	
教育内容： 记录人：					
参加人员(签名)：					

注：教育类别分交换工种、操作规程和技能、经常性、季节性、节假日等类。

3)施工管理人员年度培训记录表

项目经理部在年终需要汇总施工管理人员在本年度内参加的各种安全培训、教育工作，并填写“施工管理人员年度培训记录表”，如表 3-121 所示。

表 3-121 施工管理人员年度培训记录表

姓名	工作岗位	培训内容	培训时间	成绩	培训单位

3.4.8 安全活动

项目经理部应该建立安全活动制度，规范班组安全活动。班前安全活动是安全活动的核心内容，班组长应认真向工人讲解本工种安全操作规程和应注意的安全事项；每天上班前必须认真检查工地环境“四口”“五临边”的防护和安全网等安全设施是否完好可靠，施工用电是否正常，施工机具的传动部位是否防护、运转是否正常，脚手架是否有探头板等。发现安全隐患，应立即整改，或报告施工员组织有关人员进行整改，符合要求方可作业；根据施工员下达的施工任务，向工人讲解当天施工工序情况，有针对性地向工人进行安全交底；上班时，各班组人员应自觉检查是否戴安全帽、是否备好安全防护用具等；了解当天施工操作部位的环境安全性。根据每天班前活动情况，认真做好班前活动记录，填写“班前安全活动、周讲评记录”(见表 3-122)，由班组长和班组专职安全员签字确认。

表 3-122　班前安全活动、周讲评记录

<table>
<tr><td>工地名称</td><td></td><td>班组名称</td><td></td><td>工种</td><td></td></tr>
<tr><td colspan="6">班组人员名单：</td></tr>
<tr><td colspan="6">周一记录

记录人：
缺席人员姓名：
年　月　日</td></tr>
<tr><td colspan="6">周二记录

记录人：
缺席人员姓名：
年　月　日</td></tr>
<tr><td colspan="6">周三记录

记录人：
缺席人员姓名：
年　月　日</td></tr>
<tr><td colspan="6">周四记录

记录人：
缺席人员姓名：
年　月　日</td></tr>
<tr><td colspan="6">周五记录

记录人：
缺席人员姓名：
年　月　日</td></tr>
<tr><td colspan="6">周安全活动讲评内容：

记录人：
缺席人员姓名：
年　月　日</td></tr>
</table>

3.4.9 特种作业持证上岗

根据《特种作业人员安全技术培训考核管理规定》,对于从事容易发生事故,对操作者本人、他人的安全健康以及设备、设施的安全可能造成重大危害的特种作业人员,必须经过专门的安全技术培训并考核合格,取得中华人民共和国特种作业操作证后,方可上岗作业,同时应按时复审,不得超期使用。为加强对特种作业人员和机械操作人员的管理,项目经理部应当建立特种作业和机械作业人员管理办法,明确特种作业人员的资格、作业管理和考核等内容。

1)特种作业人员名册

工程项目施工过程中涉及特种作业时,项目经理部安全人员应当了解电工、焊(割)工、架子工、外用电梯司机、塔吊司机、指挥、机械工(厨房工作人员健康证纳入此项内容归档)等工种的特种作业人员基本情况,填写"特种作业人员名册"(见表3-123),并收集作业人员岗位证书复印件,由公司安全技术部门核对原件,并在复印件上盖章。

表3-123 特种作业人员名册

单位名称:四川省××建筑有限公司　　　　工程名称:××公司新建办公楼及宿舍

序号	姓名	性别	年龄	工种	操作证号码	培训时间	复审记录	备注

附:特种作业人员操作证书复印件。

2)机械作业人员名册

项目经理部安全人员应当有针对性地收集塔吊、电梯等机械作业人员的基本信息,并填写"机械作业人员名册"(见表3-124)。

表3-124 机械作业人员名册

单位名称:四川省××建筑有限公司　　　　工程名称:××公司新建办公楼及宿舍

序号	姓名	性别	工种	操作机械名称	机械编号	备注

续表

序号	姓名	性别	工种	操作机械名称	机械编号	备注

3.4.10　工伤事故

项目经理部要根据《工伤保险条例》及有关规定，建立工伤事故处理制度和工程项目伤亡事故报告制度。在工程项目发生工伤事故后，按照工伤事故处理制度的程序，抢救伤员并保护事故现场，及时向公司及当地建设行政主管部门报告，成立处理小组进行事故责任分析，以便妥善处理。同时，按照工程项目伤亡事故报告制度规定，在施工过程中填写职工工伤事故综合月报表、工伤事故快报表、工伤事故登记表和建设工程职工伤亡事故调查报告书等工伤事故档案。

1)工伤事故月报表

无论是否发生了工伤事故，项目经理部均要在规定的时间(一般是每月一日)向施工企业报送上个月“工伤事故月报表”(见表3-125)。

表3-125　工伤事故月报表

填报单位：

单位名称	建设单位名称	发生事故工号地点	年 月 日 时	伤者姓名	性别	年龄	工种	级别	重轻伤死	事故类别	受伤部位及严重程度	休工日数	经济损失	是否外用工

单位负责人：　　　　填报人：　　　　年　月　日

2)工伤事故快报表

事故发生后，要在第一时间向公司负责人报告简要情况，并在 24 h 之内填报工伤事故快报表，上报总公司或分公司。一般工伤事故(轻伤休息 1 个工作日以上，105 个工作日以下)，必须填写“工伤事故快报表”(见表 3-126)，在事故发生后 20 d 内呈报上级各部门，并做好存档。

表 3-126　工伤事故快报表

<table>
<tr><td colspan="2">事故发生的时间</td><td colspan="7"></td></tr>
<tr><td colspan="2">事故发生的工程名称</td><td colspan="7"></td></tr>
<tr><td colspan="2">事故发生的地点</td><td colspan="7"></td></tr>
<tr><td colspan="9">事故发生的企业(包括总、分包企业)</td></tr>
<tr><td colspan="3">名　称</td><td colspan="2">经济性质</td><td colspan="2">资质等级</td><td>直接主管部门</td><td>业别</td></tr>
<tr><td colspan="3">总包：</td><td colspan="2"></td><td colspan="2"></td><td></td><td></td></tr>
<tr><td colspan="3">分包：</td><td colspan="2"></td><td colspan="2"></td><td></td><td></td></tr>
<tr><td colspan="3">监理单位：</td><td colspan="2"></td><td colspan="2"></td><td></td><td></td></tr>
<tr><td colspan="9">事故伤亡人数：　　人，其中死亡　　人，重伤　　人，轻伤　　人</td></tr>
<tr><td>姓名</td><td>伤亡事故</td><td>用工形式</td><td>工种</td><td>级别</td><td>性别</td><td>年龄</td><td colspan="2">事故类型</td></tr>
<tr><td></td><td></td><td></td><td></td><td></td><td></td><td></td><td colspan="2"></td></tr>
<tr><td></td><td></td><td></td><td></td><td></td><td></td><td></td><td colspan="2"></td></tr>
<tr><td colspan="2">事故的简要经过及原因初步分析(必须说明从事何种工作时发生的事故，发生事故的部位及起因)</td><td colspan="7"></td></tr>
<tr><td colspan="2">事故发生后采取的措施及事故控制的情况</td><td colspan="7"></td></tr>
<tr><td>报告单位</td><td colspan="3"></td><td>报告时间</td><td colspan="4"></td></tr>
</table>

3)工伤事故登记表

发生工伤事故后，项目经理部应当及时填写工伤事故登记表(见表 3-127)，简要描述事故情况、事故原因及处置措施。

表 3-127　工伤事故登记表

单位工程名称：　　　　施工单位：　　　　监理单位：

发生事故日期：　　年　月　日　　　　气象情况：

事故类别：　　　　主要原因分析：

受害人姓名	伤亡情况(死、重伤、轻伤)	工种及级别	性别	年龄	本工种工龄/年	受过何种安全教育	歇工总日数	经济损失/万元		附注
								直接	间接	

续表

事故的经过和原因：					
预防事故重复发生的措施：				落实措施负责人	
工地负责人		填表人		日期	

注：事故经过和原因、措施栏，如填写不下可另附。

4)建设工程职工伤亡事故调查报告书

事故处理完毕后，需要完成建设工程职工伤亡事故调查报告书，内容如下：

①事故发生企业的详细名称、地址及电话；

②企业所属经济类型及其直接主管部门；

③事件详细名称；

④发生事故工程基本情况，包括结构类型、层数及面积；

⑤事故类别；

⑥事故级别；

⑦事故详细经过；

⑧事故直接原因和间接原因分析，需以专家分析结果为准；

⑨事故抢救过程，需说明参加抢救部门及领导；

⑩伤亡人员情况；

⑪本次事故损失工作日总数；

⑫本次事故经济损失；

⑬事故的教训和预防事故重复发生的措施；

⑭事故责任分析和对责任者处理意见，需以法律法规及规章为依据，划分单位和有关人员的行政责任和经济责任；

⑮附件，包括事故现场照片、伤亡者照片、技术鉴定图示、旁证等资料；

⑯参加调查人员，包括成员姓名及职务等信息。

3.4.11　安全标志

1)标语、标牌和安全防护设施分布图

针对作业条件环境、危险部位，绘制“施工现场安全标志布置平面图”。“施工现场安全标志布置平面图”应由绘制人签名，经项目经理审批。现场根据“施工现场安全标志布置平面图”悬挂安全标志。施工现场安全标志分为禁止、警告、指令和提示四种类型。

①禁止标志,用红色表示。具体包括禁止吸烟、禁止烟火、禁带火种、禁止通行、禁放易燃物、禁止用水灭火、禁止启动、禁止合闸、修理时禁止转动、转动时禁止加油、禁止触摸、禁止通行、禁止跨越、禁止攀登、禁止跳下、禁止外人入内、禁止停留、禁止靠近、禁止吊篮乘人、禁止堆放、禁止架梯、禁止抛物、禁止戴手套、禁止酒后上岗、禁止穿钉鞋、禁止驶入、禁止单扣吊装、禁止停车等。

②警告标志,用黄色表示。具体包括注意安全、当心火灾、当心爆炸、当心腐蚀、当心中毒、当心化学反应、当心触电、当心电缆、当心机械伤人、当心伤手、当心吊物、当心坠落、当心落物、当心扎脚、当心车辆、当心塌方、当心坑洞、当心烫伤、当心弧光、当心铁屑伤人、当心滑跌、当心绊倒、当心碰头、当心夹手、有电危险、止步、高压危险。

③指令标志,用蓝色表示。具体包括必须保持清洁、必须戴防护眼镜、必须戴防尘口罩、必须戴安全帽、必须戴防护帽、必须戴护耳器、必须戴防护手套、必须穿防护鞋、必须系安全带、必须穿工作服、必须穿防护服、必须用防护装置、必须用防护屏、必须走上方通道、必须用防护网罩等。

④提示标志,用绿色表示。具体包括紧急出口、安全通道、安全楼梯等。

表 3-128 是施工现场安全标志牌一览表。

表 3-128　施工现场安全标志牌一览表

工程名称:××公司新建办公楼及宿舍

序号	安全标志牌名称	数量	挂设位置
1	“禁止吸烟”牌		挂设在木工制作场所
2	“禁止烟火”牌		挂设在木料堆放场所
3	“禁止用水灭火”牌		挂设在配电室内
4	“禁止通行”牌		挂设在井架吊篮下
5	“禁带火种”牌		挂设在油漆、柴油仓库
6	“禁止跨越”牌		挂设在提升卷扬机地面钢丝绳旁
7	“禁止攀登”牌		挂设在井架上、脚手架上
8	“禁止外人入内”牌		挂设在工地大门入口处
9	“禁放易燃物”牌		挂设在电焊、气焊场所
10	“有人维修,严禁合闸”牌		有人维修时挂在开关箱上
11	“注意安全”牌		挂设在外脚手架上和高处作业处
12	“当心火灾”牌		挂在木料堆放场所和电气焊场所
13	“当心触电”牌		挂在机械作业棚和配电室等处
14	“当心机械伤人”牌		挂在机械作业场所
15	“当心伤手”牌		挂设在木工机械场所
16	“当心吊物”牌		挂设在提升机作业区域内
17	“当心扎脚”牌		挂设在模板作业区域内
18	“当心落物”牌		挂设在地面外架周边区域内
19	“当心坠落”牌		挂设在高处作业的四口、五临边
20	“安全通道”牌		挂设在外架斜道上和主要通道口

续表

序号	安全标志牌名称	数量	挂设位置
21	“必须戴安全帽”牌		挂设在进入工地的大、小门口
22	“必须系安全带”牌		挂在高空作业又没有可靠防护处
23	“当心塌方”牌		开挖土方时挂设在基坑临边
24	“必须戴防护手套”牌		挂设在振捣混凝土场所
25	“必须穿防护鞋”牌		挂设在振捣混凝土场所
26	“当心滑跌”牌		挂设在雨天易滑处

项目负责人：×××　　　　填表人：×××　　　　填表时间：2014.02.18

2)危险点(源)监控措施

项目经理部根据国家安全法律法规、施工企业的安全管理制度、《危险化学品重大危险源辨识》(GB 18218—2018)等标准规范编制危险点(源)管理办法，明确危险点(源)控制要求、方法和考评，并填写“危险点(源)控制登记表”(见表 3-129)。

表 3-129　危险点(源)控制登记表

工程名称：××公司新建办公楼及宿舍

选点部位	基础开挖	时间	2014.02.17	监控人员	×××
使用何种安全警示标志		当心滑坡、坍塌		监控编号	NO.001
所采取的安全技术措施： ①机械进场，验收合格才能使用； ②按施工方案，放基坑坡度，支撑要稳固； ③基坑四周设置防护栏杆； ④严格按安全技术操作规程					
危险点(源)确认审核人		×××			
监控人员签字	×××	责任工长	×××	安全员	×××
执行人	×××			执行时间	2014.02.19
危险点(源)执行情况： 严格按照安全技术措施进行危险源监控。					
危险点(源)消除情况： 已消除。					
审核人	×××		时间	2014.03.10	
备注：					

3)安全措施投入费用台账

为确保安全措施投入专款专用，项目经理部还须建立安全措施投入费用台账，详细记录已投入项目及其数量、单价和投入金额、使用日期等信息。表 3-130 为安全技术措施费提取用台账范表。

表 3-130　工程项目安全技术措施费提取用台账

工程名称	××公司新建办公楼及宿舍		建筑面积		909.7 m^2		结构形式		框架	工程造价/万元				××	
开工日期	2013.10.07		竣工日期		2014.11.13		提取金额		××	实际支出金额				××	
序号	项目	提取金额/万元				周转比例/(%)	节余/万元	序号	项目	提取金额/万元				周转比例/(%)	节余/万元
		单位	数量	单价	合计					单位	数量	单价	合计		
1	安全帽							12	开关箱						
2	安全带							13	对外电线路防护						
3	安全网							14	机具的防护罩						
4	楼梯口防护							15	塔吊限位器						
5	通道口防护							16	防暑降温						
6	预留洞口防护							17	劳保						
7	临边防护							18	刨卫						
8	电梯口防护							19	教育						
9	脚手架防护							20	提升机施工电梯：缆风绳						
10	五芯电缆								防护门						
									防护装置						
11	漏电防护器							21	其　他						

4)施工现场劳动保护用品使用汇总表

施工现场劳动保护用品使用汇总表须详细记录各班组领取安全用品的类型、日期和数量等信息，并要求相关人员签字确认。表 3-131 为施工现场劳动保护用品使用登记表。

表 3-131　施工现场劳动保护用品使用登记表

工程名称：××公司新建办公楼及宿舍

产品名称	规格型号	数量	生产厂家	进场时间	合格证	备注

续表

产品名称	规格型号	数量	生产厂家	进场时间	合格证	备注

注:①安全防护用品(电气产品)包括安全帽、安全网、安全带、配电箱、漏电保护器、安全标志牌、消防器材等;

②附产品合格证原件,复印件应注明与原件相同并加盖安全部门校核章。

项目负责人:×××　　　　填表人:×××　　　　填表日期:2014 年 5 月 9 日

3.4.12　文明施工

项目经理部须按照如下要求开展安全文明施工。

①施工现场应设置沿工地四周连续不断的围挡,市区主要路段围挡高度不低于 2.5 m,一般路段不低于 1.8 m,并选用砌块或金属板材等硬质材料,做到坚固、平稳、整洁、美观。

②工地实行封闭管理,进出口设大门,应有项目名称及企业标志,应有专职门卫人员及门卫管理制度,进入施工现场的人员都应佩戴工作卡。

③施工场地应做硬化地面的措施,应有循环干道,保持畅通,应有良好排水设施,严禁工地有积水、积泥浆、污水现象,并设有吸烟室,市区主要路段要做绿化布置。

④施工现场的各类材料、工具、构件必须按照总平面布置图规定地点,分规格、分品种、挂牌堆放,作业层应做到工完场地清,垃圾及时清理外运。易燃、易爆物品应分类存放。

⑤在建工程严禁兼作宿舍,施工作业区与办公区、生活区应明显分开,并有防护措施,宿舍外周围环境应搞好环境卫生,宿舍内的生活用品应整齐、干净,并订立卫生管理制度。

⑥施工现场应制定消防措施,合理配备防火器材,高层建筑必须有高压消防水源,做好动火审批手续和动火监护工作。

⑦现场必须制定治安保卫制度,落实治安防范措施,设置工人业余学习、读报和娱乐场所。

⑧施工现场大门口处应有整齐明显的"五牌一图",即工程概况牌、管理人员名单及监督电话牌、消防保卫牌、安全生产牌、文明施工牌及施工现场总平面图。

⑨现场配设有针对性的安全大幅标语,设置读报栏、黑板报等宣传园地。

⑩施工现场的食堂建筑必须符合卫生要求,并张挂卫生责任制,设置符合卫生的白开水桶,有足够使用的沐浴设施,建筑物内和施工现场应保持卫生,不准随地大小便,应设置水冲式厕所,生活垃圾应清理运走。

⑪较大工地应设医务室,有专职医生值班,一般工地应配置保健药箱和一般常用药品,做好防病卫生的宣传工作。

⑫现场必须建立不扰民措施,采取防尘、防噪声的措施,现场不得焚烧有毒、有害物质,搞好社区服务工作。

同时建立项目经理部的文明施工制度,与相关人员签订文明施工责任书,制定文明施工各项保证措施,全方位、立体化推动施工现场的文明施工标准化程度,定期开展施工现场文明施工检查,填写“文明施工(环境、卫生)自检表”,如表3-132所示。

表3-132 文明施工(环境、卫生)自检表

企业名称: 工程名称: 资质等级: 检查日期: 年 月 日

序号	检查内容	标准分	检查得分	备注
1	总平面布置合理,设施、设备总平面布置图规定设施堆放	2		差一项扣0.5分
2	现场周边砌筑围墙(高200 cm,厚24 cm),上设整齐压顶,临街面一律粉饰刷白,色泽一致,墙面书写红色标语,字迹工整,鲜艳整洁,严禁张贴商业性广告	7		差一项扣2分, 无围墙不得分
3	“五牌一图”齐全,设计美观大方,悬挂位置明显,图(牌)的幅高不少于90 cm,长不少于140 cm,每一现场规格统一	4		每少一图(牌)扣1分
4	工地周边50 m、出入口100 m内无垃圾、污水,门前保洁良好	3		发现一处扣1分
5	道路通畅、平坦、整洁,场内不积水,排水系统良好	6		差一项扣2分
6	施工现场污水进坑沉淀排放	1		无沉淀池不得分
7	施工作业时应有防尘飞扬、泥浆洒漏、污水外流、车辆沾带泥土运行等措施,车辆出入必先冲洗	4		差一项扣2分
8	材料堆放要按平面布置图分类,集中堆码成方,底脚边随用随清,保持整洁	7		差一项扣1分
9	建筑物临街面整洁,不得搭挂衣物及其他影响观瞻的物品	3		发现一件扣1分
10	工地环境卫生纳入总体规划,设有专(兼)职管理人员	3		缺一项扣2分
11	食品卫生符合《中华人民共和国食品卫生法》要求,食堂设施齐全(含消毒设施),炊事人员持有效健康证上岗,坚持 洗、二清、三消毒制度,生、熟菜墩分开	5		差一项扣2分
12	灶台、案板均应贴瓷砖,墙面贴砖高度不低于1.8 m	3		差一项扣2分
13	食品仓库整洁,食品堆放隔墙隔地,并不得住宿人员	3		差一项扣1分
14	不买腐烂、变质、过期食品	2		发现一处扣1分
15	食堂内应有有效的防蝇、防蟑螂、防鼠设施	3		差一项扣1.5分

续表

序号	检查内容	标准分	检查得分	备注
16	工地内应有茶水亭和茶水桶，做到有盖、加锁、配杯子	3		无茶水亭、桶不得分，无盖、锁、杯子扣1分
17	工地应设有简易浴室，保证供水，保持整洁	3		未设立不得分，卫生差扣2分
18	施工现场必须修建厕所并保持清洁，定期施药物，做到无蝇蛆，基本无臭味	4		无厕所不得分，卫生管理差扣1～3分
19	生活垃圾必须按卫生要求随时清运或按卫生要求妥善处理	4		发现一处扣1分
20	现场有门卫、保卫和"三防"制度，并有专(兼)职人员	5		差一项扣1分
21	按照国家有关环保规定，按要求控制各种粉尘、废气、废水、噪声等环境污染	25		差一项扣10分
备注：扣分只扣本项分，扣完为止				

工地负责人：(签字)×××　　　　检查负责人：(签字)×××

单元三自测题及答案

单元四　竣工验收阶段资料的收集与编制

【学习目标】

①掌握竣工验收的程序、合格条件；

②掌握施工单位竣工验收资料的编制；

③熟悉监理单位竣工验收资料的编制。

竣工验收阶段资料的收集与编制 PPT

4.1　竣工验收

竣工验收就是建筑工程完工后、投入使用前的最后一次验收，也是最重要的一次验收。施工单位在申请竣工验收前，应保证完成合同规定的所有施工任务，备齐竣工验收所需的全部资料。

4.1.1　申请竣工验收应具备的条件

根据住房和城乡建设部发布的《房屋建筑和市政基础设施工程竣工验收规定》第五条的规定，工程符合下列要求方可进行竣工验收。

①完成工程设计和合同约定的各项内容。

②施工单位在工程完工后对工程质量进行了检查，确认工程质量符合有关法律、法规和工程建设强制性标准，符合设计文件及合同要求，并提出工程竣工报告。工程竣工报告应经项目经理和施工单位有关负责人审核签字。

③对于委托监理的工程项目，监理单位对工程进行了质量评估，具有完整的监理资料，并提出工程质量评估报告。工程质量评估报告应经总监理工程师和监理单位有关负责人审核签字。

④勘察、设计单位对勘察、设计文件及施工过程中由设计单位签署的设计变更通知书进行了检查，并提出质量检查报告。质量检查报告应经该项目勘察、设计负责人和勘察、设计单位有关负责人审核签字。

⑤有完整的技术档案和施工管理资料。

⑥有工程使用的主要建筑材料、建筑构配件和设备的进场试验报告，以及工程质量检测和功能性试验资料。

⑦建设单位已按合同约定支付工程款。

⑧有施工单位签署的工程质量保修书。

⑨对于住宅工程，进行分户验收并验收合格，建设单位按户出具“住宅工程质量分户验收表”。

⑩建设主管部门及工程质量监督机构责令整改的问题全部整改完毕。

⑪法律、法规规定的其他条件。

4.1.2 竣工验收的程序

1)竣工验收前应完成的工作

根据《建筑工程施工质量验收统一标准》(GB 50300—2013)的规定,单位工程质量验收也称为质量竣工验收。在正式进行竣工验收前,要先完成如下工作。

①总包参与分包工程的竣工质量验收。

②施工单位应组织有关人员对单位工程进行自检。

③总监理工程师应组织各专业监理工程师对工程质量进行竣工预验收。

2)工程竣工验收的程序

根据住房和城乡建设部发布的《房屋建筑和市政基础设施工程竣工验收规定》第六条,工程竣工验收应当按以下程序进行。

①工程完工后,施工单位向建设单位提交工程竣工报告,申请工程竣工验收。实行监理的工程,工程竣工报告须经总监理工程师签署意见。

②建设单位收到工程竣工报告后,对符合竣工验收要求的工程,组织勘察、设计、施工、监理等单位组成验收组,制定验收方案。对于重大工程和技术复杂工程,根据需要可邀请有关专家参加验收组。

③建设单位应当在工程竣工验收 7 个工作日前将验收的时间、地点及验收组名单书面通知负责监督该工程的工程质量监督机构。

④建设单位组织工程竣工验收的程序如下:

a. 建设、勘察、设计、施工、监理单位分别汇报工程合同履约情况和在工程建设各个环节执行法律、法规和工程建设强制性标准的情况;

b. 审阅建设、勘察、设计、施工、监理单位的工程档案资料;

c. 实地查验工程质量;

d. 对工程勘察、设计、施工、设备安装质量和各管理环节等方面作出全面评价,形成经验收组人员签署的工程竣工验收意见。

参与工程竣工验收的建设、勘察、设计、施工、监理等各方不能形成一致意见时,应当协商提出解决的方法,待意见一致后,重新组织工程竣工验收。

3)工程竣工验收报告

工程竣工验收合格后,建设单位应当及时提出工程竣工验收报告。

工程竣工验收报告主要包括工程概况,建设单位执行基本建设程序情况,对工程勘察、设计、施工、监理等方面的评价,工程竣工验收时间、程序、内容和组织形式,工程竣工验收意见等内容。

工程竣工验收报告还应附有下列文件:

①施工许可证;

②施工图设计文件审查意见;

③施工单位提出的,并经项目经理和施工单位有关负责人审核签字的工程竣工报告;

④经总监理工程师和监理单位有关负责人审核签字的工程质量评估报告;

⑤经该项目勘察、设计负责人和勘察、设计单位有关负责人审核签字的质量检查报告;

⑥经施工单位签署的工程质量保修书;

⑦验收组人员签署的工程竣工验收意见;

⑧法规、规章规定的其他有关文件。

4.1.3 单位工程验收合格应具备的条件

①单位工程所含分部工程的质量均应验收合格。所含分部工程的质量均应验收合格，是单位工程质量合格的基本条件。只要该单位工程所含的分部工程中有一个不合格，单位工程就不能进行验收，必须返修、重新验收合格后，才能进入单位工程验收。

②质量控制资料应完整。质量控制资料是反映工程施工过程中各个环节工程质量状况的基本数据和原始记录，反映竣工项目的检测结果和记录，是工程质量的客观见证，是评价工程质量的依据。总承包单位应对各分部工程应有的质量控制资料(见"单位工程质量控制资料核查记录")进行核查，再经总监理工程师进行确认。

③单位工程所含分部工程中有关安全、节能、环境保护和主要使用功能的检验资料应完整。涉及安全、节能、环境保护和主要使用功能的分部工程检验资料应复查合格，这些检验资料与质量控制资料同等重要。资料复查要全面检查其完整性，不得有漏检缺项，复核分部工程验收时补充见证抽样检验报告，这体现了对安全和主要使用功能等的重视。

④主要使用功能的抽查结果应符合相关专业验收规范的规定。对主要使用功能应进行抽查。这是对建筑工程和设备安装工程质量的综合检验，也是用户最为关心的内容，有利于减少工程投入使用后的质量投诉和纠纷。因此，在分项、分部工程验收合格的基础上，竣工验收时再做全面检查。抽查项目是在检查资料文件的基础上由参加验收的各方人员商定，并用计量、计数的方法抽样检验，检验结果应符合有关专业验收规范的规定。

⑤观感质量应符合要求。观感质量检查须由参加验收的各方人员共同进行，最后共同协商确定是否通过验收。单位工程的观感质量验收过程和方法，以及对验收结论的确认都类似分部工程的观感质量验收，只是验收范围从分部工程扩大到单位工程。

4.2 施工单位竣工验收资料的编制

施工单位在竣工验收阶段需要编制的资料如表 4-1 所示。

表 4-1 施工单位在竣工验收阶段需要编制的资料

序号	资料名称	保存单位	备注
1	单位(子单位)工程竣工预验收报验表	建设、施工、城建档案馆	
2	单位(子单位)工程质量竣工验收记录	建设、监理、施工、城建档案馆	
3	单位(子单位)工程质量控制资料核查记录	建设、监理、施工、城建档案馆	
4	单位(子单位)工程安全和功能检验资料核查及主要功能抽查记录	建设、监理、施工、城建档案馆	
5	单位(子单位)工程观感质量检查记录	建设、监理、施工、城建档案馆	
6	竣工图	建设、施工、城建档案馆	
7	施工资料移交书	建设、施工	
8	其他验收文件		

4.2.1　单位(子单位)工程竣工预验收报验表

单位(子单位)工程竣工预验收报验表应符合国家标准《建设工程监理规范》(GB/T 50319—2013)中的有关规定。本表由施工单位在竣工自检验收合格后填写,交给监理单位申请预验收。

表4-2是××公司新建办公楼及宿舍的单位(子单位)工程竣工预验收报验表。

表4-2　单位(子单位)工程竣工预验收报验表

工程名称:××公司新建办公楼及宿舍

致四川省××建设工程有限公司(监理单位): 我方已按合同要求完成了××公司新建办公楼及宿舍工程,经自检合格,请予以检查和验收。 附件: 单位工程竣工验收资料 施工总承包单位(公章):　　项目经理:×××　　×年×月×日
审查意见: 经预验收,该工程: ①☑符合　□不符合　我国现行法律、法规要求; ②☑符合　□不符合　我国现行工程建设标准和规范要求; ③☑符合　□不符合　设计文件要求; ④☑符合　□不符合　施工合同要求; 综上所述,该工程预验收结论:☑合格　□不合格
可否组织正式验收:☑可以　□不可以 监理单位:(公章)　　总监理工程师:(签字)×××　　×年×月×日

注:本表一式四份,建设、监理、施工、城建档案馆各一份。

4.2.2　单位(子单位)工程质量竣工验收记录

单位(子单位)工程质量竣工验收记录表由建设、施工、监理单位共同填写。填写要求如下。

①表头及验收记录内容由施工单位项目(技术)负责人填写。表头部分的工程名称、施工单位应填写全称,与检验批、分项工程、分部工程的验收记录一致。

②验收结论由总监理工程师(或建设单位项目技术负责人)填写验收是否合格,观感质量验收情况应填写是否符合要求,观感质量抽查项目及数量是在施工单位自查的基础上由验收各方共同商定的。

③综合验收结论由参与验收的各方共同商定后由建设单位填写,对工程是否符合设计和规范要求及工程总体质量是否合格作出评价。验收时检查出的工程(或资料)问题应作为

附件附于后面。

④参加验收各方负责人应填写验收意见并签字盖章。

表 4-3 是××公司新建办公楼及宿舍的单位(子单位)工程质量竣工验收记录。

表 4-3　单位(子单位)工程质量竣工验收记录

<table>
<tr><td colspan="2">工程名称</td><td>××公司新建办公楼及宿舍</td><td>结构类型</td><td>框架</td><td>层数/建筑面积</td><td>三层/909.7 m²</td></tr>
<tr><td colspan="2">施工单位</td><td>四川省××建筑有限公司</td><td>技术负责人</td><td>×××</td><td>开工日期</td><td>2013.11.20</td></tr>
<tr><td colspan="2">项目经理</td><td>×××</td><td>项目技术负责人</td><td>×××</td><td>竣工日期</td><td>2014.11.13</td></tr>
<tr><td>序号</td><td>项目</td><td colspan="3">验收记录</td><td colspan="2">验收结论</td></tr>
<tr><td>1</td><td>分部工程</td><td colspan="3">共__分部,经查__分部符合标准及设计要求</td><td colspan="2">验收合格</td></tr>
<tr><td>2</td><td>质量控制资料核查</td><td colspan="3">共__项,经审查符合要求__项,经核定符合规范要求__项</td><td colspan="2">验收合格</td></tr>
<tr><td>3</td><td>安全和使用功能核查及抽查结果</td><td colspan="3">共核查__项,符合要求__项,共抽查__项,符合要求__项,经返工处理符合要求__项</td><td colspan="2">验收合格</td></tr>
<tr><td>4</td><td>观感质量验收</td><td colspan="3">共抽查__项,符合要求__项,不符合要求__项</td><td colspan="2">符合要求</td></tr>
<tr><td>5</td><td>综合验收结论</td><td colspan="5">经综合验收组检查,该工程质量符合设计和规范要求,总体质量评定为合格。</td></tr>
<tr><td rowspan="2">参加验收单位</td><td>建设单位</td><td>监理单位</td><td colspan="2">施工单位</td><td colspan="2">设计单位</td></tr>
<tr><td>(公章)
单位(项目)负责人:
×××
×年×月×日</td><td>(公章)
总监理工程师:
×××
×年×月×日</td><td colspan="2">(公章)
单位负责人:
×××
×年×月×日</td><td colspan="2">(公章)
单位(项目)负责人:
×××
×年×月×日</td></tr>
</table>

注:本表一式四份,建设、监理、施工、城建档案馆各一份。

4.2.3　单位(子单位)工程质量控制资料核查记录

单位(子单位)工程质量控制资料核查记录表由施工单位填写,验收组检查后由总监理工程师签署验收结论。填写要求如下。

①工程质量控制资料由施工单位的项目(技术)负责人进行核查后签字,并填写是否“完整”的核查意见,核查份数应按实际数量填写。

②自评意见由施工单位项目负责人根据核查情况填写质量控制资料是否完整的意见并

签字。

③结论栏由总监理工程师根据抽查项目的检查情况填写质量控制资料是否“完整”的意见并签字，抽查项目由验收组协商确定。

④“完整”应为资料项目和数量齐全，不得有漏检缺项，即使个别项目有欠缺，也不能影响结构安全和使用功能的要求。

表4-4是××公司新建办公楼及宿舍的单位(子单位)工程质量控制资料核查记录。

表4-4　单位(子单位)工程质量控制资料核查记录

工程名称		××公司新建办公楼及宿舍	施工单位	四川省××建筑有限公司	
序号	项目	资料名称	份数	核查意见	核查人
1	建筑与结构	图纸会审、设计变更、洽商记录	10	完整	×××
2		工程定位测量、放线记录	4	完整	×××
3		原材料出厂合格证书及进场检验、试验报告	35	完整	×××
4		施工试验报告及见证检测报告	30	完整	×××
5		隐蔽工程验收记录	9	完整	×××
6		施工记录	12	完整	×××
7		预制构件、预拌混凝土合格证	8	完整	×××
8		地基基础、主体结构检验及抽样检测资料	5	完整	×××
9		分项、分部工程质量验收记录	11	完整	×××
10		工程质量事故及事故调查处理资料	—	—	—
11		新材料、新工艺施工记录	—	—	—
1	给排水与采暖	图纸会审、设计变更、洽商记录	5	完整	×××
2		材料、配件出厂合格证书及进场检验报告	12	完整	×××
3		管道和设备强度试验、严密性试验记录	4	完整	×××
4		隐蔽工程验收记录	3	完整	×××
5		系统清洗、灌水、通水、通球试验记录	9	完整	×××
6		施工记录	6	完整	×××
7		分项、分部工程质量验收记录	7	完整	×××
8		新技术论证、备案及施工记录	—	—	—
1	建筑电气	图纸会审、设计变更、洽商记录	2	完整	×××
2		材料、设备出厂合格证书及进场检验报告	6	完整	×××
3		设备调试记录	1	完整	×××
4		接地、绝缘电阻测试记录	1	完整	×××
5		隐蔽工程验收记录	4	完整	×××
6		施工记录	8	完整	×××
7		分项、分部工程质量验收记录	6	完整	×××
8		新技术论证、备案及施工记录	—	—	—

续表

工程名称		××公司新建办公楼及宿舍	施工单位	四川省××建筑有限公司	
序号	项目	资料名称	份数	核查意见	核查人
1	通风与空调	图纸会审、设计变更、洽商记录	—	—	—
2		材料、设备出厂合格证书及进场检验报告	—	—	—
3 4		制冷、空调、水管道强度试验记录,严密性试验记录	—	—	—
5		隐蔽工程验收记录	—	—	—
6		制冷设备运行调试记录	—	—	—
7		通风、空调系统调试记录	—	—	—
8		施工记录	—	—	—
9		分项、分部工程质量验收记录	—	—	—
		新技术论证、备案及施工记录	—	—	—
1	电梯	土建布置图纸会审、设计变更、洽商记录	—	—	—
2		设备出厂合格证书及开箱检验记录	—	—	—
3		隐蔽工程验收表	—	—	—
4		施工记录	—	—	—
5		接地、绝缘电阻测试记录	—	—	—
6		负荷试验、安全装置检查记录	—	—	—
7		分项、分部工程质量验收记录	—	—	—
8		新技术论证、备案及施工记录	—	—	—
1	建筑智能化	图纸会审、设计变更、洽商记录、竣工图及设计说明	1	完整	×××
2		材料、设备出厂合格证和技术文件,进场检验报告	2	完整	×××
3		隐蔽工程验收表	3	完整	×××
4		系统功能测定及设备调试记录	2	完整	×××
5		系统技术、操作和维护手册	3	完整	×××
6		系统管理、操作人员培训记录	—	—	—
7		系统检测报告	2	完整	×××
8		分项、分部工程质量验收报告	5	完整	×××

续表

<table>
<tr><td>工程名称</td><td colspan="2">××公司新建办公楼及宿舍</td><td>施工单位</td><td colspan="2">四川省××建筑有限公司</td></tr>
<tr><td>序号</td><td>项目</td><td>资 料 名 称</td><td>份数</td><td>核查意见</td><td>核查人</td></tr>
<tr><td>1</td><td rowspan="8">建筑节能</td><td>图纸会审、设计变更、洽商记录</td><td>2</td><td>完整</td><td>×××</td></tr>
<tr><td>2</td><td>材料、设备出厂合格证书及进场检验报告</td><td>2</td><td>完整</td><td>×××</td></tr>
<tr><td>3</td><td>隐蔽工程验收记录</td><td>3</td><td>完整</td><td>×××</td></tr>
<tr><td>4</td><td>施工记录</td><td>2</td><td>完整</td><td>×××</td></tr>
<tr><td>5</td><td>外墙、外窗节能检验报告</td><td>2</td><td>完整</td><td>×××</td></tr>
<tr><td>6</td><td>设备系统节能检测报告</td><td>1</td><td>完整</td><td>×××</td></tr>
<tr><td>7</td><td>分项、分部工程质量验收记录</td><td>4</td><td>完整</td><td>×××</td></tr>
<tr><td>8</td><td>新技术论证、备案及施工记录</td><td>—</td><td>—</td><td>—</td></tr>
<tr><td colspan="3">自评意见：
经检查，质量控制资料完整，符合规范要求。

施工单位注册建造师(项目经理)：×××
×年×月×日</td><td colspan="3">结论：
经抽查，232 份质量控制资料均完整，同意验收。

总监理工程师：×××
(建设单位项目负责人)　×年×月×日</td></tr>
</table>

注：本表一式四份，建设、监理、施工、城建档案馆各一份。

4.2.4　单位(子单位)工程安全和功能检验资料核查及主要功能抽查记录

单位(子单位)工程安全和功能检验资料核查及主要功能抽查记录表由施工和监理单位共同填写。填写要求如下。

①检查意见由施工单位的项目(技术)负责人对涉及安全、节能、环保和主要使用功能的检验资料逐项进行检查后，填写是否"完整"的检查意见并签字。

②抽查结果是由监理工程师根据抽查结果填写是否完整的意见。

③抽查项目是在检查资料文件的基础上，由参加验收的各方人员共同确定，并用计量、计数的抽样方法确定检查部位。

④涉及安全、节能、环保和主要使用功能的检验资料应全面检查其完整性，不得有漏检缺项，且对分部工程验收时补充的见证取样检测报告也要复查。

⑤自评意见由施工单位有关负责人根据核查情况对有关安全和功能检验资料是否完整作出自评，应签字齐全。

⑥结论由总监理工程师根据资料检查和抽样检查结果给出。

表 4-5 是××公司新建办公楼及宿舍的单位(子单位)工程安全和功能检验资料核查及主要功能抽查记录。

表 4-5　单位(子单位)工程安全和功能检验资料核查及主要功能抽查记录

工程名称		××公司新建办公楼及宿舍	施工单位		四川省××建筑有限公司	
序号	分部项目	安全和功能检查项目	份数	检查意见	抽查结果	核查人
1	建筑与结构	地基承载力检验报告	1	完整	完整	×××
2		桩基承载力检验报告	—	—	—	—
3		混凝土强度试验报告	12	完整	完整	×××
4		砂浆强度检验报告	3	完整	完整	×××
5		主体结构尺寸、位置抽查记录	3	完整	完整	×××
6		建筑物垂直度、标高、全高测量记录	3	完整	完整	×××
7		屋面淋水或蓄水试验记录	1	完整	完整	×××
8		地下室渗漏水检测记录	—	—	—	—
9		有防水要求的地面蓄水试验记录	3	完整	完整	×××
10		抽气(风)道检查记录	—	—	—	—
11		外窗气密性、水密性、耐风压检测报告	1	完整	完整	×××
12		幕墙气密性、水密性、耐风压检测报告	—	—	—	—
13		建筑物沉降观测测量记录	3	完整	完整	×××
14		节能、保温测试记录	1	完整	完整	×××
15		室内环境检测报告	—	—	—	—
16		钢筋保护层、回弹强度检测报告	4	完整	完整	×××
17		土壤氡气浓度检测报告	—	—	—	—
1	给排水与采暖	给水管道通水试验记录	3	完整	完整	×××
2		暖气管道、散热器压力试验记录	—	—	—	—
3		卫生器具满水试验记录	3	完整	完整	×××
4		消防管道、燃气管道压力试验记录	1	完整	完整	×××
5		排水干管通球试验记录	3	完整	完整	×××
1	电气	照明全负荷试验记录	1	完整	完整	×××
2		大型灯具牢固性试验记录	—	—	—	—
3		避雷接地电阻测试记录	1	完整	完整	×××
4		线路、插座、开关接地试验记录	1	完整	完整	×××
1	通风与空调	通风、空调系统试运行记录	—	—	—	—
2		风量、温度测试记录	—	—	—	—
3		空气能量回收装置测试记录	—	—	—	—
4		洁净室洁净度测试记录	—	—	—	—
5		制冷机组试运行调试记录	—	—	—	—
1	电梯	电梯运行记录	—	—	—	—
2		电梯安全装置检测报告	—	—	—	—

续表

<table>
<tr><td colspan="2">工程名称</td><td>××公司新建办公楼及宿舍</td><td colspan="2">施工单位</td><td colspan="2">四川省××建筑有限公司</td></tr>
<tr><td>序号</td><td>分部项目</td><td>安全和功能检查项目</td><td>份数</td><td>检查意见</td><td>抽查结果</td><td>核查人</td></tr>
<tr><td>1</td><td rowspan="3">智能建筑</td><td>系统试运行记录</td><td>1</td><td>完整</td><td>完整</td><td>×××</td></tr>
<tr><td>2</td><td rowspan="2">系统电源及接地检测报告</td><td rowspan="2">1</td><td rowspan="2">完整</td><td rowspan="2">完整</td><td rowspan="2">×××</td></tr>
<tr><td>3</td></tr>
<tr><td>1</td><td rowspan="3">建筑节能</td><td>外墙节能构造检查记录或
热工性能检测报告</td><td>1</td><td>完整</td><td>完整</td><td>×××</td></tr>
<tr><td>2</td><td rowspan="2">设备系统节能性能检查记录</td><td rowspan="2">—</td><td rowspan="2">—</td><td rowspan="2">—</td><td rowspan="2">—</td></tr>
<tr><td>3</td></tr>
<tr><td colspan="3">自评意见：
经检查，安全、功能、节能和环保资料完整。

施工单位注册建造师(项目经理)：×××
×年×月×日</td><td colspan="4">结论：
经抽查，安全、功能、节能和环保资料完整，检查结果符合质量验收规范的规定，同意验收。

总监理工程师：×××
(建设单位项目负责人)　×年×月×日</td></tr>
</table>

注：本表一式四份，建设、监理、施工、城建档案馆各一份。

4.2.5　单位(子单位)工程观感质量检查记录

单位(子单位)工程观感质量检查记录表可由施工单位项目负责人自行组织有关人员进行工程观感质量检查后填写，并进行观感综合评价，给出自评意见。然后向建设单位提交工程验收报告，也可以在工程竣工验收时根据验收组的检查情况由监理工程师填写。填写要求如下。

①本表中观感质量抽查的项目力求齐全，每个项目的抽查点应具有代表性，具体抽查项目及数量由验收组协商确定。

②“抽查质量状况”一栏，一般每个子项抽查 10 个点左右。我国不同地区对抽查质量而得出的“好”“一般”“差”的评价会用不同的符号表示，通常“好”打“√”，“一般”打“○”，“差”打“×”。

③质量评价。根据每个项目的抽查点数，符合规范要求的点数占 85%及以上为“好”，则“分值×90%”为该项实得分值，填入“好”对应列中；符合要求的点数占 70%～85%(包括 70%)为“一般”，其“分值×80%”为该项实得分值，填入“一般”对应列中；符合要求的点数占 50%～70%(包括 50%)为“差”，其“分值×70%”为该项实得分值，填入“差”对应列中；50%以下为不符合要求。

④抽查项目中，如果没有影响结构安全、使用功能、节能和环保的项目，不论评价为“好”“一般”还是“差”，都可作为符合要求的合格项目。如有不符合要求的项目，则应按《建筑工程施工质量验收统一标准》(GB 50300—2013)中的规定进行处理。

⑤观感质量综合评价应填写“好”“一般”或“差”。

⑥结论由总监理工程师根据验收组的检查情况给出是否符合设计和规范的要求，以及对综合质量进行评价，提出存在的主要问题。

表4-6是××公司新建办公楼及宿舍的单位(子单位)工程观感质量检查记录。

表4-6　单位(子单位)工程观感质量检查记录

工程名称		××公司新建办公楼及宿舍											施工单位	四川省××建筑有限公司		
序号		项目	分值	抽查质量状况										质量评价		
														好	一般	差
				1	2	3	4	5	6	7	8	9	10	90%	80%	70%
1	建筑与结构	主体结构外观	10	√	√	○	√	√	√	√	√	√	√	9		
2		室外墙面	10	√	√	√	√	√	○	√	×	√	√		8	
3		变形缝、雨水管	2	√	√	√	○	√	√	×	×	×	√			1.4
4		屋面	10	√	√	√	×	√	√	√	√	√	○		8	
5		室内墙面	5	√	√	○	√	√	√	√	√	√	√	4.5		
6		室内顶棚	10	√	√	√	√	√	√	√	×	√	√	9		
7		室内地面	4	√	√	√	√	√	√	○	√	√	√	3.6		
8		楼梯、踏步、护栏	6	√	√	√	√	√	○	×	√	√	√		4.8	
9		门窗	10	√	×	√	√	√	√	√	√	√	√	9		
10		雨罩、台阶、坡道、散水	6	√	√	√	√	√	√	√	√	√	√	5.4		
1	给排水与采暖	管道接口、坡度、支架	3	√	√	√	√	√	○	○	√	√	√		2.4	
2		卫生器具、支架、阀门	3	×	√	√	√	√	√	√	√	√	√	2.7		
3		检查口、扫除口、地漏	2	√	√	√	○	○	√	○	√	√	√		1.6	
4		散热器、支架	2													
1	建筑电气	配电箱、盘、板、接线盒	4	√	√	√	√	√	○	√	√	√	√	3.6		
2		设备器具、开关、插座	2	√	○	√	√	√	√	√	√	√	√	1.8		
3		防雷、接地	2	√	√	√	√	√	√	√	√	√	√	1.8		
1	通风与空调	风管、支架	2													
2		风口、风阀	2													
3		风机、空调设备	3													
4		阀门、支架	2													
5		水泵、冷却塔	2													
6		绝热	2													

续表

<table>
<tr><td colspan="3">工程名称</td><td colspan="8">××公司新建办公楼及宿舍</td><td colspan="3">施工单位</td><td colspan="3">四川省××建筑有限公司</td></tr>
<tr><td rowspan="3">序号</td><td colspan="2" rowspan="3">项目</td><td rowspan="3">分值</td><td colspan="10" rowspan="2">抽查质量状况</td><td colspan="3">质量评价</td></tr>
<tr><td>好</td><td>一般</td><td>差</td></tr>
<tr><td>1</td><td>2</td><td>3</td><td>4</td><td>5</td><td>6</td><td>7</td><td>8</td><td>9</td><td>10</td><td>90%</td><td>80%</td><td>70%</td></tr>
<tr><td>1</td><td rowspan="3">电梯</td><td>运行、平层、开关门</td><td>3</td><td></td><td></td><td></td><td></td><td></td><td></td><td></td><td></td><td></td><td></td><td></td><td></td><td></td></tr>
<tr><td>2</td><td>层门、信号系统</td><td>1</td><td></td><td></td><td></td><td></td><td></td><td></td><td></td><td></td><td></td><td></td><td></td><td></td><td></td></tr>
<tr><td>3</td><td>机房</td><td>1</td><td></td><td></td><td></td><td></td><td></td><td></td><td></td><td></td><td></td><td></td><td></td><td></td><td></td></tr>
<tr><td>1</td><td rowspan="3">智能建筑</td><td>机房设备安装及布局</td><td>1</td><td></td><td></td><td></td><td></td><td></td><td></td><td></td><td></td><td></td><td></td><td></td><td></td><td></td></tr>
<tr><td>2</td><td rowspan="2">现场设备安装</td><td rowspan="2">2</td><td rowspan="2"></td><td rowspan="2"></td><td rowspan="2"></td><td rowspan="2"></td><td rowspan="2"></td><td rowspan="2"></td><td rowspan="2"></td><td rowspan="2"></td><td rowspan="2"></td><td rowspan="2"></td><td rowspan="2"></td><td rowspan="2"></td><td rowspan="2"></td></tr>
<tr><td>3</td></tr>
<tr><td colspan="17">共实测 16 项，其中“好”10 项，“一般”5 项，“差”1 项。</td></tr>
<tr><td colspan="4">观感质量综合评价</td><td colspan="13">应得 89 分，实得 76.6 分，得分率 86.1%，综合质量评价“好”。</td></tr>
<tr><td colspan="8">自评意见：
经检查，本工程观感质量符合《建筑工程施工质量验收统一标准》(GB 50300—2013)和设计要求，综合检查结果评定为“好”。

施工单位注册建造师(项目经理)：×××
×年×月×日</td><td colspan="9">结论：
经综合验收组抽查，本工程雨水管、变形缝的处理较差。
本工程观感质量符合《建筑工程施工质量验收统一标准》(GB 50300—2013)和设计要求，同意施工单位自评意见。

总监理工程师：×××
(建设单位项目技术负责人)　×年×月×日</td></tr>
</table>

注：①抽查项目由验收组协商确定。

②本表一式四份，建设、监理、施工、城建档案馆各一份。

4.2.6　竣工图

竣工图就是建筑工程竣工验收后，反映建筑工程施工结果的图纸。它是真实记录各种地上、地下建(构)筑物等情况的技术文件，是对工程进行竣工验收、维护、改造、扩建的依据，是建筑工程重要的技术档案。

1)关于竣工图的基本规定

①新建、改建、扩建的建筑工程均应编制竣工图。

②竣工图应真实反映竣工工程的实际情况。

③竣工图应有竣工图章和相关责任人签字。

④重大的改建、扩建工程涉及原有工程项目变更时，应将相关项目的竣工图资料统一整理归档，并在原图案卷增补必要的说明。

⑤竣工图要保证图纸质量，做到规格统一、图面整洁、字迹清楚，不得用圆珠笔或其他易于褪色的墨水绘制。

2)竣工图的内容

竣工图的内容应根据已完工程的具体情况而定,建筑工程通常会涉及如下内容:

①建筑竣工图;

②结构竣工图;

③钢结构竣工图;

④幕墙竣工图;

⑤室内装饰竣工图;

⑥建筑给排水及供暖竣工图;

⑦建筑电气竣工图;

⑧智能建筑竣工图;

⑨通风与空调竣工图;

⑩室外工程竣工图;

⑪规划红线内的室外给水、排水、供热、供电、照明管线等竣工图;

⑫规划红线内的道路、园林绿化、喷灌设施等竣工图。

竣工图应按专业分别进行编制、整理,且专业类别应与施工图对应。

3)竣工图的编制

(1)编制依据

竣工图应依据施工图、图纸会审记录、设计变更通知单、工程洽商记录(包括技术核定单)等绘制。

(2)编制单位

竣工图由施工单位负责组织编制。

(3)编制方法

结合《国家建委关于编制基本建设工程竣工图的几项暂行规定》(〔82〕建发施字 50 号)和《建筑工程资料管理规程》(JGJ/T 185—2009)的规定,竣工图的编制方法如下。

①凡按图施工没有变动的,则由施工单位(包括总包和分包施工单位)在原施工图上加盖"竣工图"标志后,即作为竣工图。

②在原图的基础上改绘竣工图。改绘的形式包括利用电子版施工图改绘竣工图和利用施工蓝图改绘竣工图两种方法。

利用电子版施工图改绘竣工图应符合以下要求:

a. 将图纸变更结果直接改绘到电子版施工图中,用云线圈出修改部位,再按表 4-7 的形式制修改内容备注表;

表 4-7　修改内容备注表

设计变更、洽商编号	简要变更内容

b. 竣工图的比例应与原施工图一致;

c. 设计图签中应有原设计单位人员签字;

d. 委托本工程设计单位编制竣工图时,应直接在设计图签中注明"竣工阶段",并应有绘图人、审核人的签字;

e.竣工图章可直接绘制成电子版竣工图签，出图后应有相关责任人的签字。

在施工中，虽有一般性设计变更，但能将原施工图加以修改补充作为竣工图的，可不重新绘制，由施工单位负责在原施工图（必须是新蓝图）上注明修改的部分，并附以设计变更通知单和施工说明，加盖“竣工图”标志后，即作为竣工图，这种方法就是利用施工蓝图改绘竣工图。

在原图上修改应符合以下规定：

a.应采用杠改、划改和叉改法进行绘制；

b.应使用新晒制的蓝图，不得使用复印图纸；

c.利用翻晒硫酸纸底图改绘竣工图；

d.应使用刀片将需要更改的部位刮掉，再将变更内容标注在修改部位，在空白处制修改内容备注表（见表 4-7）；

e.宜晒制成蓝图后，再加盖竣工图章。

③重新绘制竣工图。当图纸变更内容较多，不宜再在原施工图上修改、补充的，应重新绘制改变后的竣工图。由于设计原因造成的，由设计单位负责重新绘图；由于施工原因造成的，由施工单位负责重新绘图；由于其他原因造成的，由建设单位自行绘图或委托设计单位绘图。施工单位负责在新图上加盖“竣工图”标志并附以有关记录和说明，作为竣工图。

重新绘制的竣工图应符合以下规定：

a.重新绘制的竣工图应符合国家现行有关标准的规定；

b.竣工图的比例应与原施工图一致；

c.设计图签中应有原设计单位人员签字。

4）竣工图章

①所有竣工图均应加盖竣工图章。

②竣工图章应使用不易褪色的印泥，应盖在图标栏上方空白处。

③竣工图章的内容和规格如图 4-1 所示。

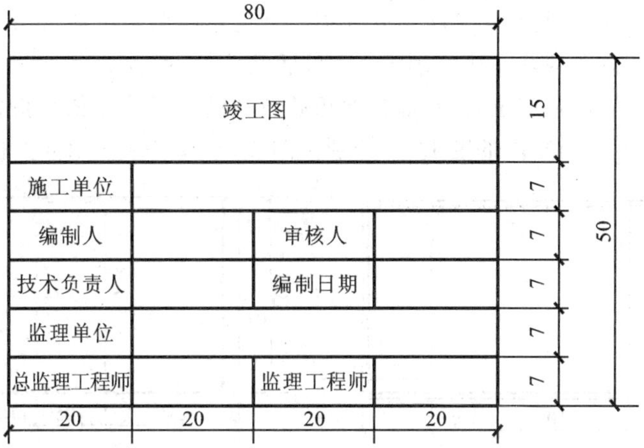

图 4-1　竣工图章示例

5）竣工图的折叠方法

竣工图的折叠方法在《建筑工程资料管理规程》（JGJ/T 185—2009）中作出了明确规定。竣工图纸折叠应符合以下规定。

①图纸折叠前应按图 4-2 所示的裁图线裁剪整齐，图纸幅面应符合表 4-8 的规定。

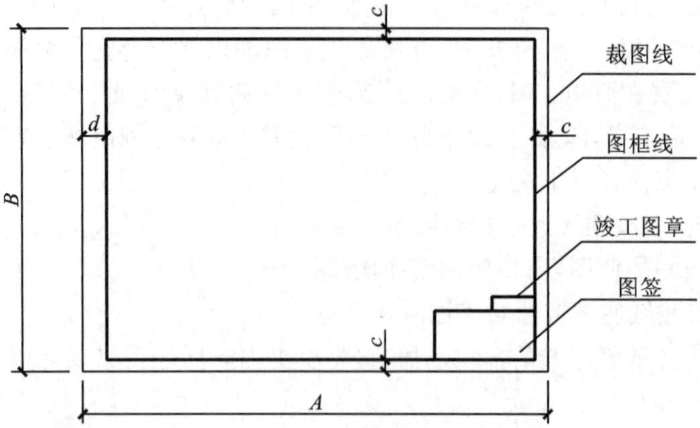

图 4-2　图框及图纸边线尺寸示意图

表 4-8　图幅代号及图幅尺寸

基本图幅代号	0#	1#	2#	3#	4#
B(mm)×A(mm)	841×1189	594×841	420×594	297×420	297×210
c	10			5	
d	25				

②折叠时,图面应折向内侧成手风琴风箱式。

③折叠后的图幅尺寸应以 4#图为标准。

④图签及竣工图章应露在外面。

⑤3#～0#图纸应在装订边 297 mm 处折一个三角或剪一个缺口,并折进装订边。

⑥图纸折叠前,应准备好一块略小于 4#图纸尺寸(一般为 292 mm×205 mm)的模板。折叠时,应先把图纸放在规定位置,然后按照折叠方法的编号顺序依次折叠。

⑦3#～0#图不同图签位的图纸,可分别按图 4-3～图 4-6 所示方法折叠。

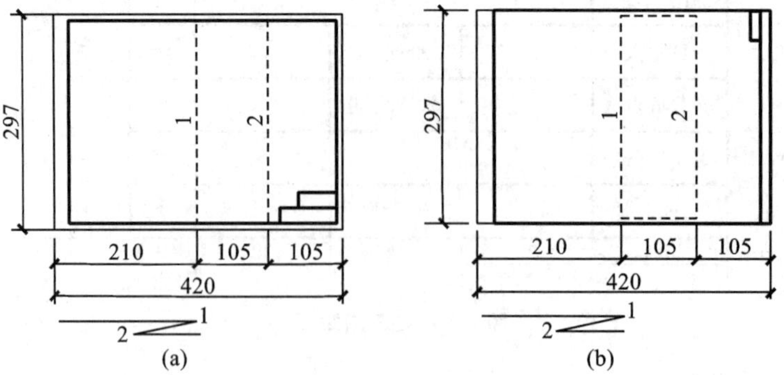

图 4-3　3#图纸折叠示意图

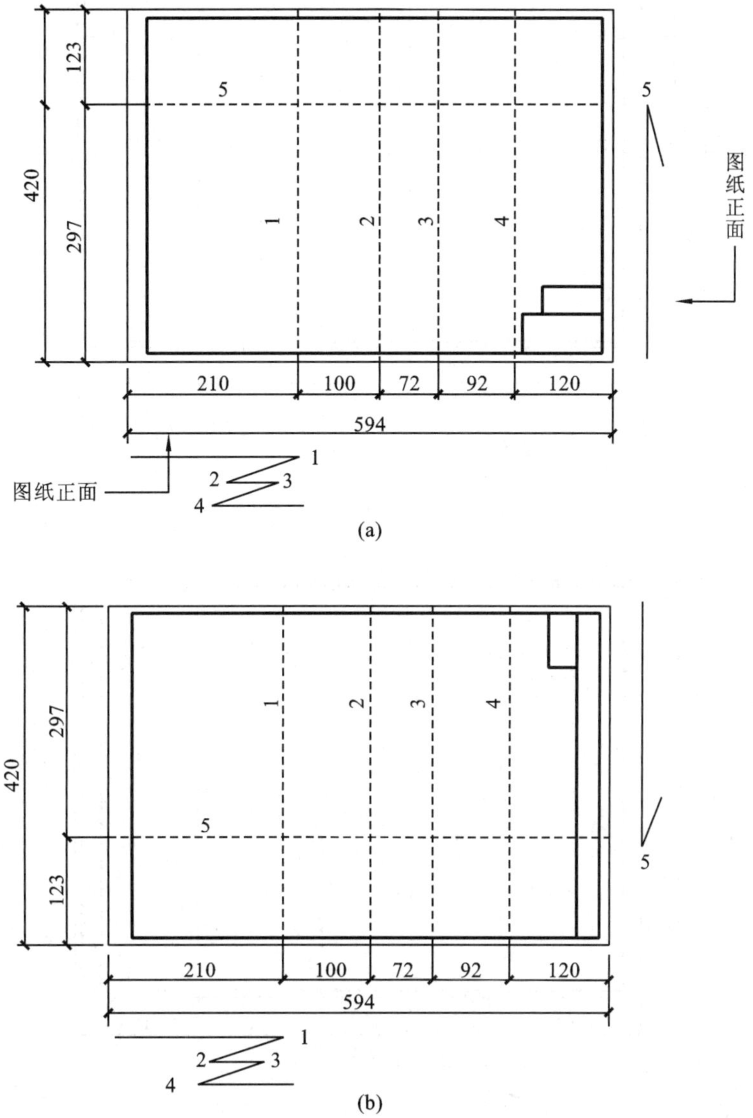

图 4-4　2＃图纸折叠示意图

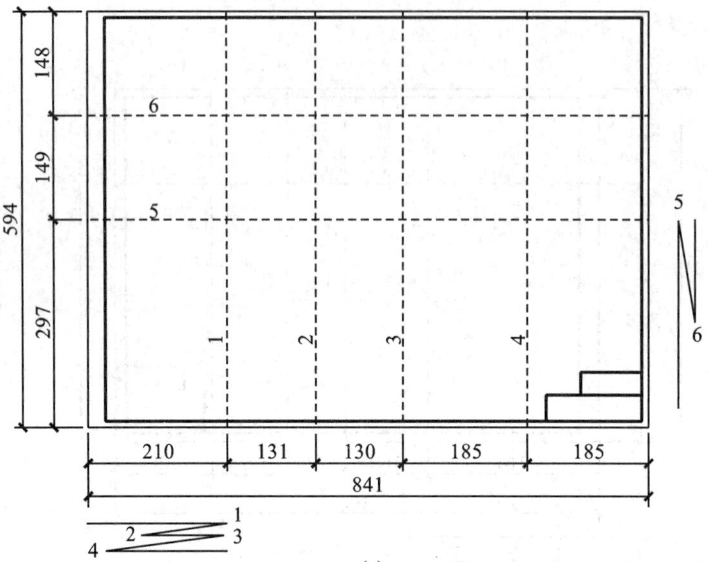

(a)

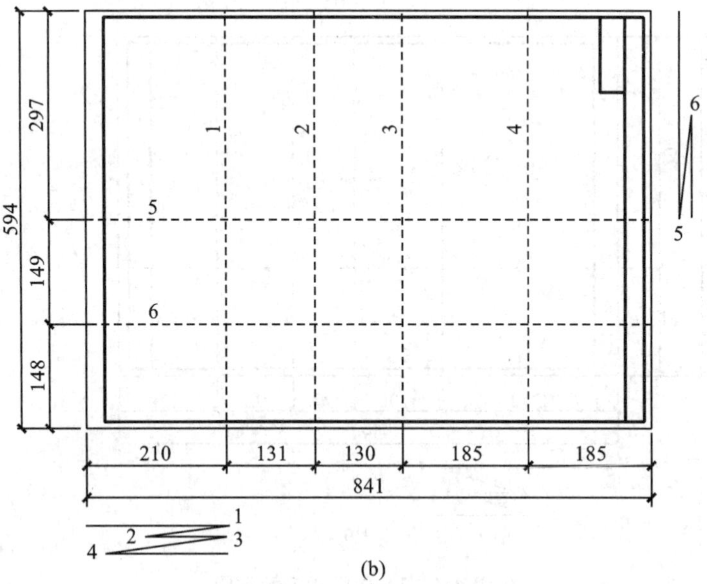

(b)

图 4-5　1＃图纸折叠示意图

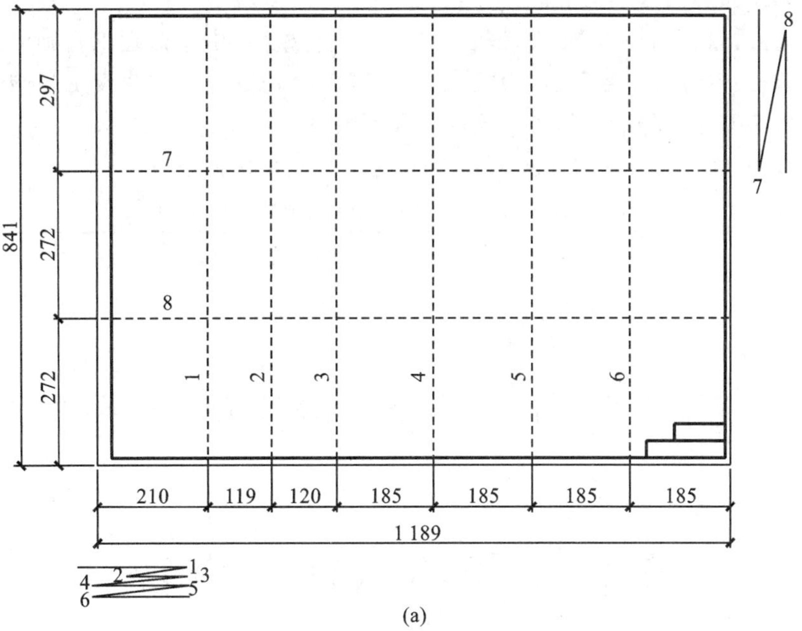

(a)

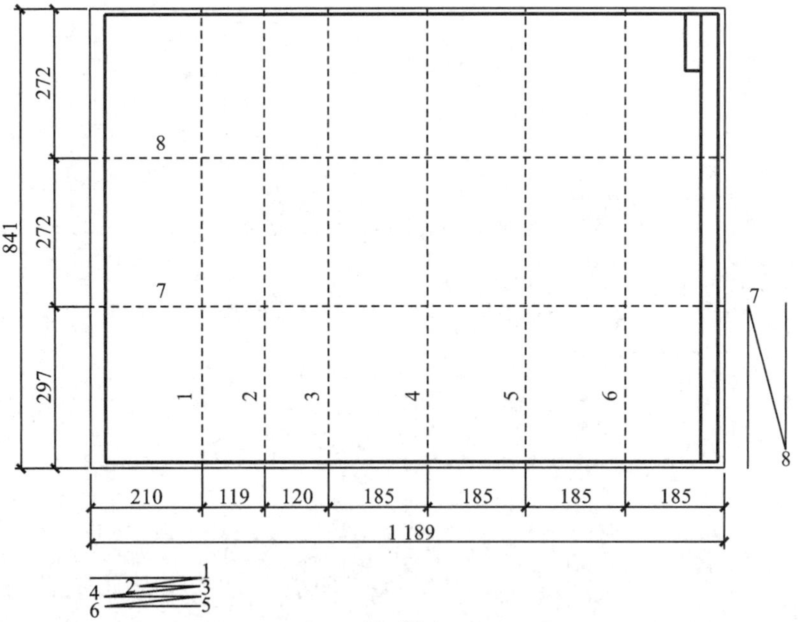

(b)

图 4-6　0#图纸折叠示意图

4.3 监理单位竣工验收资料的编制

监理单位在竣工验收阶段需要编制的资料有“单位工程质量评估报告”“竣工移交证书”“监理资料移交书”等。

“单位工程质量评估报告”是在工程竣工预验收合格后，由总监理工程师向建设单位提交。“单位工程质量评估报告”仅作为“建设工程竣工验收报告”和“建设工程竣工验收备案表”的附件，由总监理工程师组织专业监理工程师编写。

表 4-9 为××公司新建办公楼及宿舍的单位工程质量评估报告。

表 4-9 单位工程质量评估报告

房屋建筑工程和市政基础设施工程

单位工程质量评估报告

监 理 号：2013-254

工程名称：××公司新建办公楼及宿舍

子项名称：

监理单位(章)：四川省××建设工程有限公司

×年×月×日

工程概况

续表

工程名称	××公司新建办公楼及宿舍				
工程地址	四川省××市永定河路与天台山路交汇处西北角				
建筑面积	909.7 m^2		结构类型	框架	
层 数	地上三层,局部　层,地下零层		总 高	10.65 m	
电 梯			自动扶梯		
开工日期	2013.11.20		工程完工日期	2014.11.13	
施工许可证号	5106002010456012		施工图审查批准书号	×××××	
建设单位	四川×××制造有限公司				
勘察单位	××市××地质勘察公司			资质等级	乙级
设计单位	××市××设计有限公司			资质等级	乙级
施工单位	四川省××建筑有限公司			资质等级	二级
检测机构	四川省××建设工程有限公司			资质等级	
地基处理、桩基础、钢结构、预应力、幕墙、装饰、设备安装等子分部工程分包设计、施工单位				资质等级	
				资质等级	
				资质等级	
				资质等级	
总监理工程师	×××	专业	结构	证号	×××号
监理工程师	×××	专业	结构	证号	×××号
监理工程师	×××	专业	水电	证号	×××号
监理工程师		专业		证号	
监理员		专业		证号	
监理员		专业		证号	

地基与基础分部工程质量评估报告　　　　续表

<table>
<tr><td colspan="2">监理周期</td><td>54 d</td><td>基础类型</td><td>独立基础</td></tr>
<tr><td rowspan="12">工程建设过程中质量控制情况（工程监理检查内容及情况）</td><td>原材料、构配件检验</td><td colspan="3">钢筋、水泥、砂、石、砖均有出厂合格证，并经过现场抽查，见证取样送检比例为100%。复试报告均合格</td></tr>
<tr><td>验槽试桩或地基处理</td><td colspan="3">经验槽检查，地基土质符合地质勘察报告和设计文件要求</td></tr>
<tr><td>试块、试件检测情况</td><td colspan="3">垫层混凝土为C15，基础混凝土为C30，试块强度评定均满足规范和设计要求</td></tr>
<tr><td>防水层</td><td colspan="3">无</td></tr>
<tr><td>检验批检查情况</td><td colspan="3">经检查，土方开挖、回填，钢筋加工、安装，模板工程，混凝土工程等检验批的主控项目和一般项目均满足规范要求，隐蔽工程在隐蔽前均为监理工程师检查、签认，可进入下一道工序</td></tr>
<tr><td>质量文件签认情况</td><td colspan="3">地基与基础的分部工程和关键工序的质量保证措施经审查合格。工程材料进场报验单、见证取样记录、施工测量放线报审、工程隐蔽资料、技术交底、图纸会审记录均及时签认</td></tr>
<tr><td>监理抽测情况</td><td colspan="3">①经检查，混凝土密实，砌体组砌合理，观感质量较好；
②抽测一般项目的允许偏差共50点，合格46点，合格点率92%；
③抽测混凝土、砂浆强度均满足设计要求；
④抽测砂浆饱满度6组，均大于85%</td></tr>
<tr><td>发现问题以及处理结果</td><td colspan="3">①发现回填土未分层夯实，已书面要求施工单位整改；
②整改后重新检查验收，符合要求</td></tr>
<tr><td>工程建设过程中执行规范法规情况</td><td colspan="3">严格按现行规范、标准、法规以及设计图纸施工，无重大设计变更，一般修改均经设计单位签认</td></tr>
<tr><td>其他需要说明的问题</td><td colspan="3">无</td></tr>
<tr><td>基础分部工程质量评估意见</td><td colspan="3">施工质量符合勘察、设计文件及相关规范要求，无影响结构安全的问题

（公章）
项目监理工程师：×××　总监理工程师：×××　×年×月×日</td></tr>
<tr><td>备注</td><td colspan="3"></td></tr>
</table>

主体结构分部工程质量评估报告　　续表

监理周期		92 d	结构类型	框架
工程建设过程中质量控制情况（工程监理检查内容及情况）	原材料、构配件检验	钢筋、水泥、砂、石、砖均有出厂合格证，并经过现场抽查，见证取样送检比例为100%。复试报告均合格		
	试块、试件检测情况	构造柱混凝土为C20，框架柱梁板混凝土为C30，混合砂浆为M5.0，试块强度评定均满足规范和设计要求		
	检验批检查情况	经检查，钢筋加工和安装、模板工程、混凝土工程、填充墙砌体等共104个检验批，主控项目和一般项目均满足规范要求，隐蔽工程在隐蔽前均由监理工程师检查、签认，可进入下一道工序		
	质量文件签认情况	主体结构分部工程和关键工序的质量保证措施经审查合格。工程材料进场报验单、见证取样记录、施工测量放线报审、工程隐蔽资料、技术交底、图纸会审记录均及时签认		
	监理抽测情况	①经检查，混凝土密实，砌体组砌合理，观感质量较好； ②抽测一般项目的允许偏差共250点，合格226点，合格率90%； ③抽测混凝土、砂浆强度均满足设计要求； ④抽测砂浆饱满度26组，均大于85%		
	发现问题以及处理结果	①发现非承重隔墙施工问题和部分框架梁钢筋弯曲变形，已书面要求施工单位整改； ②整改后重新检查验收，符合要求		
	工程建设过程中执行规范法规情况	严格按现行规范、标准、法规以及设计图纸施工，无重大设计变更，一般修改均经设计单位签认		
	主体分部工程质量评估意见	施工质量符合勘察、设计文件及相关规范要求，无影响结构安全的问题 （公章） 项目监理工程师：×××　总监理工程师：×××　×年×月×日		
	备注			

子分部工程质量评估报告 续表

<table>
<tr><td colspan="2">监理周期</td><td></td><td>子分部名称</td><td></td></tr>
<tr><td rowspan="2">监理检查内容</td><td>检验批质量验收情况</td><td colspan="3"></td></tr>
<tr><td>质量文件的签认情况</td><td colspan="3"></td></tr>
<tr><td>发现问题以及处理结果</td><td colspan="4"></td></tr>
<tr><td>工程建设过程中执行规范、法规情况</td><td colspan="4"></td></tr>
<tr><td>主体分部工程质量评估意见</td><td colspan="4"></td></tr>
<tr><td>备注</td><td colspan="4"></td></tr>
</table>

装饰、屋面、设备安装分部工程质量评估报告　　续表

序号	名称	旁站监理检查内容及结论
1	装饰装修	材料合格。抹灰、门窗、涂饰工程与设计要求相符，并按有关规定施工。经检查，质量合格 总监理工程师：×××　　×年×月×日
2	建筑屋面	材料合格。屋面找平层、保温层、防水层施工及细部构造的做法均符合设计和规范要求。经检查，质量合格 总监理工程师：×××　　×年×月×日
3	给排水	设备、材料进场验收合格，分部工程按设计和规范要求施工，隐蔽工程已经签认。试验项目齐全，系统功能能满足设计和相关规范要求，生活给水系统经有关部门取样检验，符合国家相关标准。经检查，质量合格 总监理工程师：×××　　×年×月×日
4	建筑电气	材料、设备进场验收合格，产品有出厂质量证明文件和安全认证标志。工程按设计和相关规范要求施工，隐蔽工程已经签认。试验项目齐全，系统功能能满足设计和相关规范要求，符合国家相关标准。经检查，质量合格 总监理工程师：×××　　×年×月×日
5	智能建筑	材料、设备进场验收合格。工程按设计和相关规范要求施工，隐蔽工程已经签认。试验项目齐全，系统功能能满足设计和相关规范要求，符合国家相关标准。经检查，质量合格 总监理工程师：×××　　×年×月×日
6	通风与空调	总监理工程师：　　×年×月×日
7	电梯	总监理工程师：　　×年×月×日
8	节能	材料、设备进场验收合格。工程按设计和相关规范要求施工，隐蔽工程已经签认。试验项目齐全，系统功能能满足设计和相关规范要求，符合国家相关标准。经检查，质量合格 总监理工程师：×××　　×年×月×日
9	工程质量保证文件	工程材料及设备进场报验单、见证取样记录表、施工测量放线报审、试验报告、消防检测报告、工程隐蔽资料，均及时签认。对工程项目检验批的质量验收记录均及时签认 总监理工程师：×××　　×年×月×日

单位工程质量评估意见 续表

单位工程质量监理小结	初装修竣工工程严格按规范、标准、法规和已经审查通过的设计图纸施工，无重大设计变更，一般修改均经设计单位签认。在对该工程的质量监督工作中，严格按有关规定对工程必检项目进行监督检查，并对地基与基础、主体结构、节能分部工程进行监督抽查和抽样测试，对已发现的质量问题，已经书面要求施工单位进行整改，整改后重新验收，结果符合要求。未发现其他影响结构安全和使用功能的质量问题。在该工程竣工验收监督检查中发现抹灰裂缝、部分开关启动和关闭不灵活等质量问题，已书面要求施工单位整改，并重新组织验收，验收符合要求。该工程施工质量符合《工程建设标准强制性条文　房屋建筑部分》的相关要求。 该工程无违反工程建设各方责任主体质量管理有关规定的行为
监理结论	该工程施工质量符合设计文件和相关规范的要求，无影响结构安全和使用功能的质量问题 （公章） 项目监理工程师：×××　　总监理工程师：×××　　×年×月×日
附件：	

建设单位的竣工验收资料，是在汇总施工、设计、监理、勘察等单位的竣工验收资料的基础上形成的。资料的种类、数量、载体等均应符合相关规范和当地城建档案馆的要求。由于各地城建档案馆对竣工验收资料的要求不尽相同，本书在此不做详述。

单元四自测题及答案

单元五　资料管理软件及应用

资料管理软件及应用 PPT

【学习目标】

①掌握建龙软件的基本操作；

②了解建龙软件的特点和功能。

建筑工程资料管理软件是根据《建筑工程施工质量验收统一标准》(GB 50300—2013)、《建设工程文件归档规范》(2019 年版)(GB/T 50328—2014)，并结合地方工程资料管理标准等，分别编制的适合各地具体情况的软件系统。建龙软件是由四川省建筑科学研究院开发的一套主要适用于四川省境内的建筑行业施工现场资料管理软件，其采用了最新建筑工程质量验收检查用表等建设工程质量监督站规定的建筑施工资料标准样式，涵盖了建设单位用表、施工单位用表、施工单位土建用表、施工单位安装用表、施工单位市政用表、监理单位用表、检测单位用表、监督单位用表、特殊用表和安全用表等施工现场所需的所有资料。

与其他公司开发的资料管理软件相比，建龙软件具有如下较明显的功能特点。

①软件界面简洁、直观，录入界面与手工报表样式一致，符合工程技术人员的工作习惯，易学易用，对用户没有特殊使用规定，根据软件提供的教学演示和帮助说明，用户可以很快熟练操作。

②软件备有常用质量管理、质量监督、施工档案、工程监理、试验检测等工程管理报表表格模板，为企业提高管理水平和规范管理工作提供辅助工具和蓝本。

③软件具有数值和逻辑运算功能，用户填写基本信息后，软件会自动进行相关数据统计及逻辑运算，自动进行相关数据填写，可提高工作效率并减少笔误。

④软件具有矢量图形管理功能，能在隐蔽工程报表中插入工程大样等图形，满足了工程的实际需要。

⑤软件具有手写痕迹签字功能，既延续了手工填表签字的习惯、有效地记录了签字人的笔迹，又排除了数字文件可无损复制的可能，为实现无纸化办公提供了技术支持。

⑥软件具有审核、校核和审定报表修改痕迹记录功能，为已经审定报表的删除和重新填写留下记录痕迹，为规范化管理提供了保障。

⑦软件具有网络管理能力，可通过网络上报功能，有效掌握和控制软件应用状况和实现工程数据的上报，能自动生成上报数据，可通过磁盘也可通过网络进行数据传输及通过网络进行软件功能和相关文件的网上升级。

⑧软件提供质量预控方案库、施工工艺资料库、质量通病防治方案库等常用工程施工资料库，供用户编制方案时选用。

本章以建龙软件 2014 年通用版为例，介绍资料管理软件的功能、基本操作及应用。

5.1 资料管理软件功能介绍

5.1.1 软件安装与启动

目前有两种途径可以获得建龙软件的安装包:一是购买光盘版,二是在建龙软件主页“http://www.cb32.com/”下载。安装光盘版软件,只需要把光盘放入光驱,即可自动运行安装程序;若是下载的安装包,则需要将其解压,然后在解压的文件夹中点击 SETUP.exe 文件,按照提示安装软件即可。

软件安装后,将身份验证锁插入 USB 接口,待电脑自动安装驱动后,点击计算机桌面上自动创建的程序图标或开始菜单中的图标即可启动软件系统。

5.1.2 软件界面及主要功能介绍

打开建龙软件后,显示如图 5-1 所示主界面窗口。

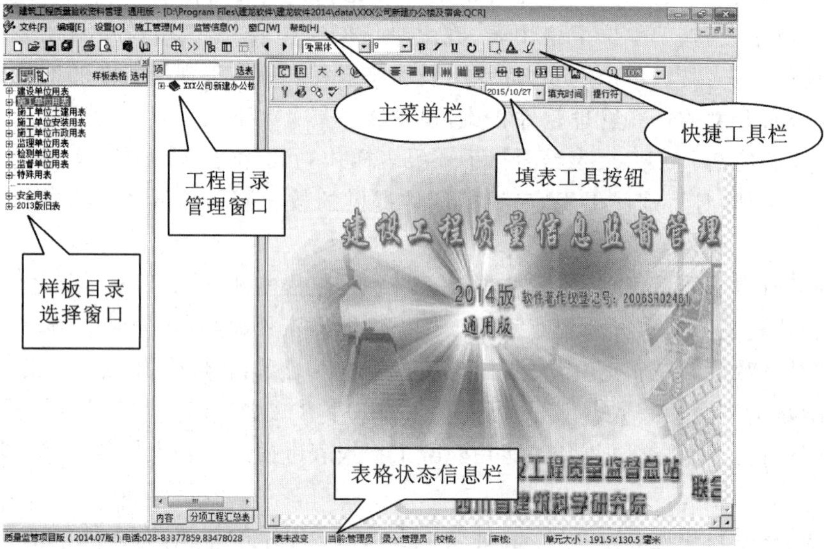

图 5-1 建龙软件主界面窗口

1)主菜单栏

建龙软件的主菜单栏显示在屏幕的顶端,如图 5-2 所示。

图 5-2 主菜单栏

主菜单栏中的各项功能如表 5-1 所示。

表 5-1　主菜单功能表

文件	新建文件	新建一个工程文件
	打开文件	打开一个已保存好的工程文件
	保存文件	将当前窗口下的表格内容保存为文件格式
	文件另存为	将当前窗口下的工程文件另存为另一文件名
	打印样板表总目录	打印机打印样表目录
	边距设置	打印边距调整
	设置打印机	选择打印机、设置纸张大小和方向等
	退出	退出软件
编辑	撤销	撤销前一文字操作
	重做	重做前一文字操作
	剪切	剪切选中的文字
	复制	复制选中的文字
	粘贴	粘贴文字
	粘贴图形	将 Word 中的排版文字、格式、图形或其他图形文件中的图形复制后，使用该菜单选项粘贴到工程文件指定位置
	可调式粘贴图形	对复制好的图形可直观调整大小、位置后再粘贴到指定位置
	插入可编辑对象	在表格中插入图、表等信息
	单元格属性	设置单元格类型、对齐方式、字体等属性
	插入图形文件	直接插入选中图形(无需打开图形)
	粘贴格式文本	将 Word 排版的具有格式的文本插入指定单元格
	附加单元工程	在工程目录管理窗口下，增加单元工程
	附加分部分项工程	在工程目录管理窗口下，增加分部分项工程
	移动表格	将单个文件中的表格进行移动，也可将多个文件中的表格相互移动、复制
	引入自定义表	利用软件中自带的图表之星软件，制作自己风格的表格，将它引入软件，供己随时调用
	删除图形	删除表格中的图形
	删除一张表格	删除选中的表格
	删除子目录	工程文件根目录下，删除某一个子目录
	搜索查询	用于已完成的工程文件或是样板中的表格的查询
	复制边距	复制其他表格的边距
	粘贴边距	将复制的边距粘贴到另一张表格
	设置边距	根据需要自定义表格边距

续表

设置	工具栏	用于开启和关闭主菜单下的快捷工具条
	状态栏	用于开启和关闭主界面窗口下的信息提示状态条
	不打印只读单元格和表线	打印时只打印填写内容,不打印表格
	恢复工具条	显示已取消的工具条
	设置权限	用于设置操作员的操作权限和进入工程的密码
	更换操作员	用于在软件使用过程中更换操作员,可避免软件重新启动
	工程信息	用于修改或增加在新建工程时录入的工程信息
	自动填充时间	点击后,再从样板表格窗口中选择需要的表格,表格上的日期栏会自动填写当前计算机时间
	超标准数值用○、△圈住	点击后,表格中实测点中超标数值由○圈住,严重超标的数值由△圈住
	允许偏差企业标准	查看国家企业标准数值设定
	是否自动填写签字栏	开启和关闭表格签字栏信息的填入
	防伪标记	为表格设置防伪标记
	设置表格图标为激光图标	表格图标显示为激光图标
	设置表格图标为喷墨图标	表格图标显示为喷墨图标
施工管理	事务提醒	软件为用户配备的电子秘书,用户只需在相应的日期内输入需提醒的事项,在用户启动本软件时,就会有窗口自动弹出提醒
	施工日志	打开施工日志填写软件
	施工技术交底	为用户整理的施工技术交底资料,包括施工、装饰、安装方面,用户可直接复制到表格
	常用资料	质量控制、施工工艺标准及通病防治方面
	工程大样图库	为用户提供了建筑、安装方面的一些大样图,用户可调用、修改,还可将自己的CAD图加入图库,方便自己调用
监管信息	登录	监管信息系统登录
窗口	平铺	打开多个文件时窗口水平或垂直排列
	层叠	打开多个文件时窗口层叠排列
	排列图标	打开多个文件最小化时,对文件进行重新排列

续表

帮助	目录	软件的电子说明书
	软件改进记录	查询软件最近的功能及修改内容
	填表指南	查看建筑工程施工质量验收规范实施指南内容
	查询加密锁编号	用户的加密锁编号
	软件注册	注册本软件及查看软件注册信息
	连接到建龙软件	访问建龙软件主页
	连接到质量监督总站	连接到四川省建设工程质量安全监督信息网
	关于…	查看软件版本信息

2)快捷工具栏

快捷工具栏显示在主菜单栏的下面,如图 5-3 所示。

图 5-3 快捷工具栏

快捷工具栏的功能如表 5-2 所示。

表 5-2 快捷工具栏功能

序号	标签	功能说明	序号	标签	功能说明
1		新建工程文件	10		显示样板目录树
2		打开工程文件	11		向左停靠样板目录树
3		保存当前工程文件	12		向上停靠样板目录树
4		保存所有打开窗口的工程文件	13		显示前一张表格
5		打印当前表格	14		显示后一张表格
6		预览当前表格	15		改变文字方向
7		常用资料	16		选中表格内所有填写单元格
8		特殊字库	17		手写签字
9		全窗口显示表格			

注:略去字体、字号选择等常见标签及其功能说明。

3)填表工具按钮

填表工具按钮显示在快捷工具栏右下侧,如图 5-4 所示。

图 5-4　填表工具按钮

填表工具按钮功能如表 5-3 所示。

表 5-3　填表工具按钮功能

序号	标签	功能说明	序号	标签	功能说明
1		显示列标	16		取消组合单元
2		显示行标	17		插入对象
3		字体变大	18		放大一级
4		字体变小	19		缩回原样
5		轴线符号切换	20		调整只读属性
6		文字左对齐	21		取消特殊输入格式限定
7		文字中对齐	22		是否显示零值
8		文字右对齐	23		关闭单元自动统计功能
9		文字顶对齐	24		附加其他文件
10		文字垂直中对齐	25		同符号及随机数填充
11		文字底对齐	26		显示页标
12		文字折行	27		修改编辑公式
13		插入行	28		等差填充

续表

序号	标签	功能说明	序号	标签	功能说明
14		插入列	29		扩展记录点
15		合并单元格			

4)右键菜单

在不同窗口中点击鼠标右键,会有不同功能的菜单出现。

一是样板目录树窗口的菜单。在样板目录树窗口,点击鼠标右键会弹出菜单,主要包括填表说明、搜索表格、打印样板表总目录等。

二是工程目录窗口的菜单(用户表格窗口)。在用户表格窗口中,点击鼠标右键会弹出管理菜单,它主要是针对表格的管理,例如移动表格、附加单位工程、工程文件排序、汇总记录到表格等。

三是数据录入窗口的菜单(填写表格的窗口)。在表格填写窗口中,点击鼠标右键会弹出编辑菜单,它主要针对的是用户在填写表格时,对当前填写的表格进行编辑,例如复制当前页、可调式粘贴图形、删除当前页等。

5.2　资料管理基本操作

5.2.1　启动软件并录入工程信息

软件安装完成后,会在桌面出现软件图标,双击该图标启动软件。

启动软件后,点击菜单“文件”→“新建文件”,或者快捷键 ,选择空白模板,输入文件名称,文件名称一般为工程名称。输入文件名称后,软件会自动弹出工程信息表,按照工程实际情况填写,允许有缺省值。如果新建文件时未填写工程信息,也可以后补,通过菜单“设置”→“工程信息”方式打开工程信息表,完成信息录入。录入信息时先点击栏目名称,如“单位工程名称”,然后在表格右侧填写内容,如“××公司新建办公楼及宿舍”。再点击其他栏目,前一栏目内容自动保存,依次填写其他工程信息。工程信息录入后,相关表格涉及此项内容后会自动填充,无须再次录入。

填写完成后的工程信息表如图 5-5 所示。

如果是第二次打开文件,则先启动建龙软件,然后点击“文件”→“打开文件”,即可看到如图 5-6 所示的画面。然后点击选中的文件即可,如“××公司新建办公楼及宿舍”。

为加强对工程资料的管理工作,项目技术负责人可以设置密码,单击菜单“设置”→“设置权限”,打开管理员设置用户权限窗口,点击“更改管理员密码”,输入密码,点击“确认”即可,管理员能够对软件中的文件进行各种操作,同时管理员可以设置用户及密码,并赋予相应权限。如图 5-7 所示,管理员建立了一个名为“资料员”的用户,设置密码为“111”,赋予其填表、校核及打印的权限。若不设置管理员密码,则默认登录者具有所有权限。

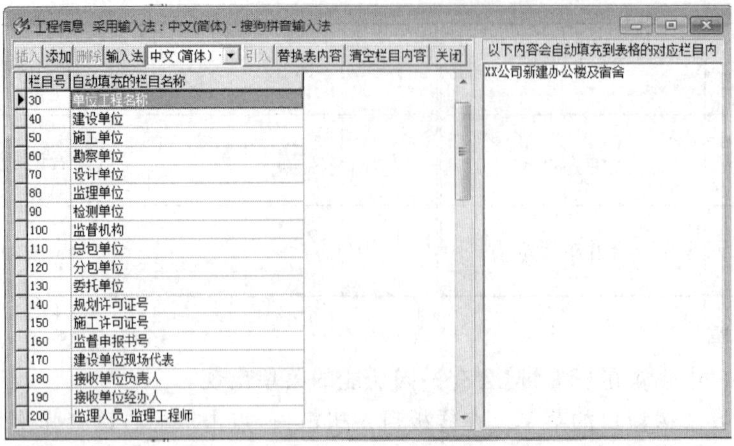

图 5-5 工程信息表

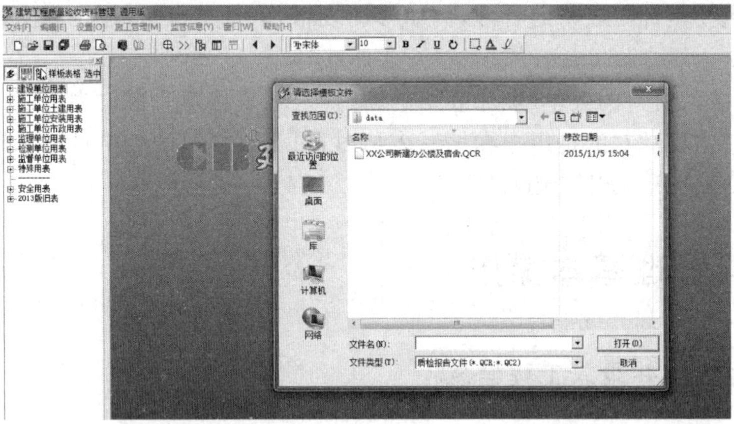

图 5-6 打开文件界面

图 5-7 管理员设置用户权限

5.2.2 软件基本操作

1)选择表格

新建完工程后,点击快捷工具栏左侧停靠样板目录树标签  ,则样板目录窗口嵌入屏幕最左侧,此时建龙软件主窗口界面显示为样板目录树窗口、工程目录管理窗口和填表窗口三个水平平铺状态,如图 5-8 所示。点击左侧样板目录前的“+”,即可看到项目下包含的表格。需要注意的是,样板目录树下包括建设单位用表、施工单位用表、施工单位土建用表、施工单位安装用表、施工单位市政用表、监理单位用表等十个子目录,每一目录下均包含一级或多级目录及表格,因此有可能要展开多级目录,才能打开需要填写的表格。

图 5-8 表格选择窗口

建龙软件提供了三种选择表格的方法:一是双击样板表格目录中表格名称;二是单击表格名后,点击“选中”按钮;三是按住鼠标左键不放,直接将表格拖至用户表格窗口中。用户可以根据操作习惯,采用以上任何一种方式选中表格。同时,也可以采用以上方法实现对表格的多选。

2)填写表格

选好表格后,开始填入表格内容。如果已在工程信息窗口输入了信息,则会发现诸如工程名称、建设单位等填写单元格中已自动输入信息。有时候已填入的信息可能有误,可以对其进行修改。

在填写检查评定记录时,建龙软件除了提供了按钮能及时查看规范内容、在填写单元格中设有下拉框能让用户直接调用部分评定意见之外,还将《建筑工程施工质量验收统一标准》(GB 50300—2013)的内容附在软件中。用户可以采取以下任何一种方式快速打开填表指南:一是用鼠标点击需要查看的表格处(样表目录树窗口、用户表格窗口或者填写窗口),直接按 F1 键;二是直接按鼠标右键,选择填表指南选项后,就可以查看鼠标停留位置所对应的表格的填写示例;三是点击“帮助”菜单,选择“填写指南”选项。打开填表指南后,可以在界面左侧选择需要查看的表格,即可查看填表范例。图 5-9 为“单位工程开工报告”填写范例。

建龙软件的基本输入主要包括文字、数字与符号、粘贴图形、插入 Word 文件、插入图表等内容。

(1)文字输入

正常情况下,点击文字输入框,按照填表指南的指引或质量验收规范等的要求填入相应

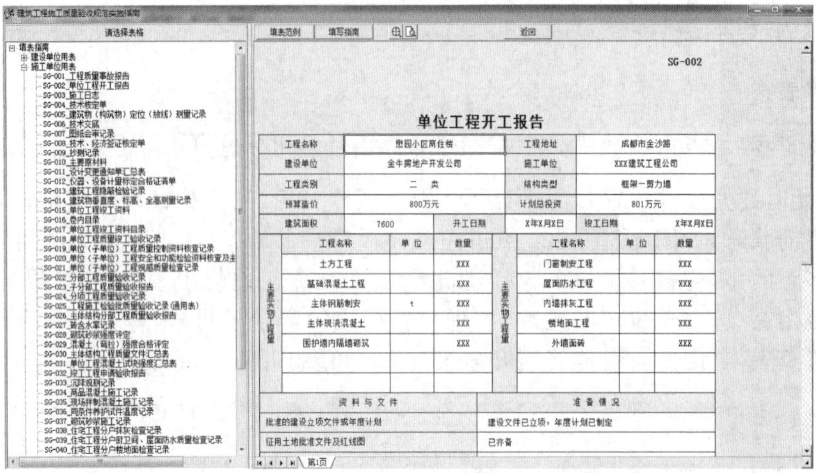

图 5-9　单位工程开工报告

文字。用户可根据需要设置字形、字号、是否加粗、是否倾斜等,但一般在输入文字时以能够正确识读为主要标准。

默认情况下,标准表格的固定内容是不能修改的。当用户需要根据工程情况修改这些只读部分时,需要点击要修改的单元格,在快捷工具栏中点击“调整只读属性”按钮,即可进行修改。修改完毕后,再点击一次“调整只读属性”按钮,即可恢复只读状态。

(2)数字、符号输入

在输入单元格的内容(例如验收部位等)里,通常会涉及轴线符号的输入,这就需要用到快捷工具栏上的“轴线符号切换”按钮。轴线的输入方法如下:在验收部位单元格中输入要填写的内容,包括轴线符号中的内容,将光标移到轴线符号内容前后,分别输入两个“(”和两个“)”,用鼠标点到其他单元格,再点回输入内容的单元格,点击快捷工具栏上的“轴线符号切换”按钮,则会发现轴线符号切换成功,示例如图 5-10 所示。此外,还可以在 Word 中输入轴线符号,然后复制到表格的相应位置。若是要对转换成轴线符号的内容进行修改,在点击轴线符号单元格后,再点击轴线符号切换按钮,即可修改。

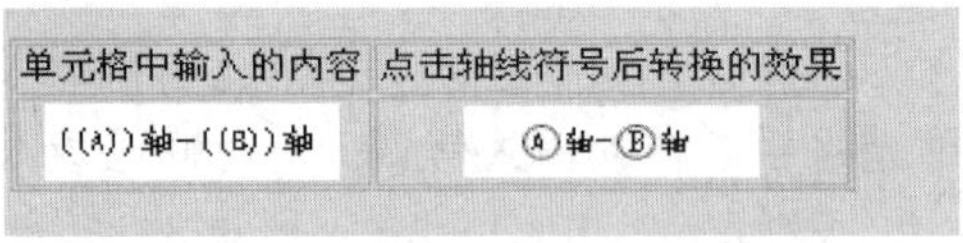

图 5-10　轴线符号切换

在填写验收表格(如检验批质量验收记录)时,有些项目需要输入数据。输入的数据需要满足《建筑工程施工质量验收统一标准》(GB 50300—2013)及相关专业验收规范对数字偏差允许值的规定。当填写数字较多时,也可以应用快捷工具栏中的“同符号及随机数填充”按钮,按照批量方式填写数据。具体做法如下:选中需要成批填写的单元格(选中单元格时,单元格背景为灰色),点击“同符号及随机数填充”按钮,在弹出的窗口中选择随机数列选项,设定最大及最小极限值,确定后,成批量填写的工作就完成了。如果要修改个别单元格中的数据,只要点击单元格,删除数据,重新输入数据即可。当填写数据不符合规范要求时,建龙软件会用△或○自动标识数据,此时需要注意,避免出现检验批质量验收记录不合格的情况。

数据填写完成后，表格会自动统计结果。如果不想采用表格自动计算的结果，可手工修改。操作方法如下：点击要修改的统计结果单元格，点击快捷工具栏上的“关闭单元自动统计功能”按钮和“调整只读属性”按钮，即可手工输入统计结果。

（3）粘贴图形

许多表格都需要粘贴 CAD 图形或其他格式图形，下面分别介绍其粘贴方法。

一是粘贴 CAD 图形。其操作方法如下：首先在 CAD 中打开编辑好的图形文件，然后将 CAD 的背景设置为白色（设置方法：点击 CAD 的“Tools”菜单，选择“Preference”选项，选择“Display”选项，点击“Colors”按钮，将颜色改为白色），最后将需要复制的图形尽量放大至整个屏幕。框选复制后，切换回建龙软件，找到要粘贴的单元格，选择“编辑”菜单或鼠标右键中的“可调式粘贴图形”选项，进入调试界面，调整图形的粘贴位置、大小等，确定后 CAD 图就粘贴过来了。

二是粘贴其他图形。建龙软件支持粘贴任何格式的图形文件（如 jpg、gif 等）。其操作方法如下：首先应用图形软件打开需要粘贴的图形文件，选中复制内容后，按“Ctrl”＋“C”复制或点击复制按钮，切换回建龙软件，找到要粘贴的单元格，选择“编辑”菜单或鼠标右键的“可调式粘贴图形”按钮，调整图形的位置、大小等参数，确定后图形就粘贴过来了。

如果不用图形了，则点击有图的单元格，选择“编辑”菜单中的“删除图形”选项即可删除。

（4）插入 Word 文档

建龙软件单元格的排版格式设置功能较为简单，只能统一调整字体和对齐方式，若要实现更美观的排版效果，一般使用 Word 文档，将填写内容编辑排版后复制，切换回建龙软件，点击到需要粘贴的单元格后，选择“编辑”菜单中的“粘贴格式文本”选项，回到单元格中就会显示和 Word 效果一样的内容。

（5）插入表格

如果需要在软件中加入自己的表格，可采用“施工管理”菜单下的“图表之星”选项，在图表之星中制作好表格存盘后，引入建龙软件。

如果制作好的是 Excel 表格，也可将其引入建龙软件，操作方法：第一步，点击“施工管理”菜单下的“图表之星”选项，启动图表之星软件后，点击“文件”菜单，选择“读入文件”下的“读入 Excel 文件”选项，在弹出的窗口中找到已做好的 Excel 文件并将其打开；第二步，在图表之星中对表格进行二次调整后，点击保存按钮，将其保存到指定的目录中，此时文件的后缀名已改为“.tb”；第三步，点击建龙软件中“编辑”菜单下的“引入自定义表”选项，在弹出的窗口中找到已转化的 tb 格式文件，点击“打开”按钮，表格就被插入文件中了。

3）保存文件

表格填写完后，点击快捷工具栏中的“保存”按钮，即可保存文件。

4）打印文件

点击快捷工具栏中的“打印”按钮，即可打印当前填写的表格。如果表格修改了，可以先点击“预览”按钮，查看表格内容是否在同一页纸上，如果超出页面范围，可调整后再打印。

单元五自测题及答案

附　　录

附录A　建筑工程施工质量验收统一标准

（GB 50300—2013）

1　总　　则

1.0.1　为了加强建筑工程质量管理，统一建筑工程施工质量的验收，保证工程质量，制定本标准。

1.0.2　本标准适用于建筑工程施工质量的验收，并作为建筑工程各专业验收规范编制的统一准则。

1.0.3　建筑工程施工质量验收，除应符合本标准要求外，尚应符合国家现行有关标准的规定。

2　术　　语

2.0.1　建筑工程

通过对各类房屋建筑及其附属设施的建造和与其配套线路、管道、设备等的安装所形成的工程实体。

2.0.2　检验

对被检验项目的特征和性能进行量测、检查、试验等，并将结果与标准规定的要求进行比较，以确定项目每项性能是否合格的活动。

2.0.3　进场检验

对进入施工现场的建筑材料、构配件、设备及器具，按相关标准的要求进行检验，并对其质量、规格及型号等是否符合要求做出确认的活动。

2.0.4　见证检验

施工单位在工程监理单位或建设单位的见证下，按照有关规定从施工现场随机抽取试样，送至具备相应资质的检测机构进行检验的活动。

2.0.5　复验

建筑材料、设备等进入施工现场后，在外观质量检查和质量证明文件核查符合要求的基础上，按照有关规定从施工现场抽取试样送至试验室进行检验的活动。

2.0.6　检验批

按相同的生产条件或按规定的方式汇总起来供抽样检验用的，由一定数量样本组成的检验体。

2.0.7　验收

建筑工程质量在施工单位自行检查合格的基础上，由工程质量验收责任方组织，工程建设相关单位参加，对检验批、分项、分部、单位工程及其隐蔽工程的质量进行抽样检验，对技术文件进行审核，并根据设计文件和相关标准以书面形式对工程质量是否达到合格做出确认。

2.0.8 主控项目

建筑工程中对安全、节能、环境保护和主要使用功能起决定性作用的检验项目。

2.0.9 一般项目

除主控项目以外的检验项目。

2.0.10 抽样方案

根据检验项目的特性所确定的抽样数量和方法。

2.0.11 计数检验

通过确定抽样样本中不合格的个体数量，对样本总体质量做出判定的检验方法。

2.0.12 计量检验

以抽样样本的检测数据计算总体均值、特征值或推定值，并以此判断或评估总体质量的检验方法。

2.0.13 错判概率

合格批被判为不合格批的概率，即合格批被拒收的概率，用 α 表示。

2.0.14 漏判概率

不合格批被判为合格批的概率，即不合格批被误收的概率，用 β 表示。

2.0.15 观感质量

通过观察和必要的测试所反映的工程外在质量和功能状态。

2.0.16 返修

对施工质量不符合规定的部位采取的整修等措施。

2.0.17 返工

对施工质量不符合规定的部位采取的更换、重新制作、重新施工等措施。

3 基本规定

3.0.1 施工现场应具有健全的质量管理体系、相应的施工技术标准、施工质量检验制度和综合施工质量水平评定考核制度。施工现场质量管理可按本标准附录 A 的要求进行检查记录。

3.0.2 未实行监理的建筑工程，建设单位相关人员应履行本标准涉及的监理职责。

3.0.3 建筑工程的施工质量控制应符合下列规定。

①建筑工程采用的主要材料、半成品、成品、建筑构配件、器具和设备应进行进场检验。凡涉及安全、节能、环境保护和主要使用功能的重要材料、产品，应按各专业工程施工规范、验收规范和设计文件等规定进行复验，并应经监理工程师检查认可。

②各施工工序应按施工技术标准进行质量控制，每道施工工序完成后，经施工单位自检符合规定后，才能进行下道工序施工。各专业工种之间的相关工序应进行交接检验，并应记录。

③对于监理单位提出检查要求的重要工序，应经监理工程师检查认可，才能进行下道工序施工。

3.0.4 符合下列条件之一时，可按相关专业验收规范的规定适当调整抽样复验、试验数量，调整后的抽样复验、试验方案应由施工单位编制，并报监理单位审核确认。

①同一项目中由相同施工单位施工的多个单位工程,使用同一生产厂家的同品种、同规格、同批次的材料、构配件、设备。

②同一施工单位在现场加工的成品、半成品、构配件用于同一项目中的多个单位工程。

③在同一项目中,针对同一抽样对象已有检验成果可以重复利用。

3.0.5 当专业验收规范对工程中的验收项目未做出相应规定时,应由建设单位组织监理、设计、施工等相关单位制定专项验收要求。涉及安全、节能、环境保护等项目的专项验收要求应由建设单位组织专家论证。

3.0.6 建筑工程施工质量应按下列要求进行验收。

①工程质量验收均应在施工单位自检合格的基础上进行。

②参加工程施工质量验收的各方人员应具备相应的资格。

③检验批的质量应按主控项目和一般项目验收。

④对涉及结构安全、节能、环境保护和主要使用功能的试块、试件及材料,应在进场时或施工中按规定进行见证检验。

⑤隐蔽工程在隐蔽前应由施工单位通知监理单位进行验收,并应形成验收文件,验收合格后方可继续施工。

⑥对涉及结构安全、节能、环境保护和使用功能的重要分部工程,应在验收前按规定进行抽样检验。

⑦工程的观感质量应由验收人员现场检查,并应共同确认。

3.0.7 建筑工程施工质量验收合格应符合下列规定。

①符合工程勘察、设计文件的要求。

②符合本标准和相关专业验收规范的规定。

3.0.8 检验批的质量检验,可根据检验项目的特点在下列抽样方案中选取。

①计量、计数或计量-计数的抽样方案。

②一次、二次或多次抽样方案。

③对重要的检验项目,当有简易快速的检验方法时,选用全数检验方案。

④根据生产连续性和生产控制稳定性情况,采用调整型抽样方案。

⑤经实践证明有效的抽样方案。

3.0.9 检验批抽样样本应随机抽取,满足分布均匀、具有代表性的要求,抽样数量应符合有关专业验收规范的规定。当采用计数抽样时,最小抽样数量尚应符合表3.0.9的要求。

明显不合格的个体可不纳入检验批,但应进行处理,使其满足有关专业验收规范的规定,对处理的情况应予以记录并重新验收。

表3.0.9 检验批最小抽样数量

检验批的容量	最小抽样数量	检验批的容量	最小抽样数量
2～15	2	151～280	13
16～25	3	281～500	20
26～90	5	501～1200	32
91～150	8	1201～3200	50

3.0.10 计量抽样的错判概率α和漏判概率β可按下列规定采取。

①主控项目:对应于合格质量水平的α和β均不宜超过5%。

②一般项目:对应于合格质量水平的 α 不宜超过 5%,β 不宜超过 10%。

4 建筑工程质量验收的划分

4.0.1 建筑工程施工质量验收应划分为单位工程、分部工程、分项工程和检验批。

4.0.2 单位工程应按下列原则划分。

①具备独立施工条件并能形成独立使用功能的建筑物或构筑物为一个单位工程。

②对于规模较大的单位工程,可将其能形成独立使用功能的部分划分为一个子单位工程。

4.0.3 分部工程应按下列原则划分。

①可按专业性质、工程部位确定。

②当分部工程较大或较复杂时,可按材料种类、施工特点、施工程序、专业系统及类别将分部工程划分为若干子分部工程。

4.0.4 分项工程可按主要工种、材料、施工工艺、设备类别进行划分。

4.0.5 检验批可根据施工、质量控制和专业验收的需要,按工程量、楼层、施工段、变形缝进行划分。

4.0.6 建筑工程的分部、分项工程划分宜按本标准附录 B 采用。

4.0.7 施工前,应由施工单位制定分项工程和检验批的划分方案,并由监理单位审核。对于附录 B 及相关专业验收规范未涵盖的分项工程和检验批,可由建设单位组织监理、施工等单位协商确定。

4.0.8 室外工程可根据专业类别和工程规模按本标准附录 C 的规定划分子单位工程、分部工程、分项工程。

5 建筑工程质量验收

5.0.1 检验批质量验收合格应符合下列规定。

①主控项目的质量经抽样检验均应合格。

②一般项目的质量经抽样检验合格。当采用计数抽样时,合格点率应符合有关专业验收规范的规定,且不得存在严重缺陷。对于计数抽样的一般项目,正常检验一次、二次抽样可按本标准附录 D 判定。

③具有完整的施工操作依据、质量验收记录。

5.0.2 分项工程质量验收合格应符合下列规定。

①所含检验批的质量均应验收合格。

②所含检验批的质量验收记录应完整。

5.0.3 分部工程质量验收合格应符合下列规定。

①所含分项工程的质量均应验收合格。

②质量控制资料应完整。

③有关安全、节能、环境保护和主要使用功能的抽样检验结果应符合相关规定。

④观感质量应符合要求。

5.0.4 单位工程质量验收合格应符合下列规定。

①所含分部工程的质量均应验收合格。

②质量控制资料应完整。

③所含分部工程中有关安全、节能、环境保护和主要使用功能的检验资料应完整。

④主要使用功能的抽查结果应符合相关专业验收规范的规定。

⑤观感质量应符合要求。

5.0.5 建筑工程施工质量验收记录可按下列规定填写。

①检验批质量验收记录可根据现场检查原始记录按本标准附录 E 填写,现场检查原始记录应在单位工程竣工验收前保留,并可追溯。

②分项工程质量验收记录可按本标准附录 F 填写。

③分部工程质量验收记录可按本标准附录 G 填写。

④单位工程质量竣工验收记录、质量控制资料核查记录、安全和功能检验资料核查及主要功能抽查记录、观感质量检查记录应按本标准附录 H 填写。

5.0.6 当建筑工程施工质量不符合要求时,应按下列规定进行处理。

①经返工或返修的检验批,应重新进行验收。

②经有资质的检测机构检测鉴定能够达到设计要求的检验批,应予以验收。

③经有资质的检测机构检测鉴定达不到设计要求,但经原设计单位核算认可能够满足安全和使用功能的检验批,可予以验收。

④经返修或加固处理的分项、分部工程,满足安全及使用功能要求时,可按技术处理方案和协商文件的要求予以验收。

5.0.7 工程质量控制资料应齐全完整,当部分资料缺失时,应委托有资质的检测机构按有关标准进行相应的实体检验或抽样试验。

5.0.8 经返修或加固处理仍不能满足安全或重要使用功能的分部工程及单位工程,严禁验收。

6 建筑工程质量验收的程序和组织

6.0.1 检验批应由专业监理工程师组织施工单位项目专业质量检查员、专业工长等进行验收。

6.0.2 分项工程应由专业监理工程师组织施工单位项目专业技术负责人等进行验收。

6.0.3 分部工程应由总监理工程师组织施工单位项目负责人和项目技术负责人等进行验收。

勘察、设计单位项目负责人和施工单位技术、质量部门负责人应参加地基与基础分部工程的验收。

设计单位项目负责人和施工单位技术、质量部门负责人应参加主体结构、节能分部工程的验收。

6.0.4 单位工程中的分包工程完工后,分包单位应对所承包的工程项目进行自检,并应按本标准规定的程序进行验收。验收时,总包单位应派人参加。分包单位应将所分包工程的质量控制资料整理完整,并移交给总包单位。

6.0.5 单位工程完工后,施工单位应组织有关人员进行自检。总监理工程师应组织各专业监理工程师对工程质量进行竣工预验收。存在施工质量问题时,应由施工单位整改。整改完毕后,由施工单位向建设单位提交工程竣工报告,申请工程竣工验收。

6.0.6 建设单位收到工程竣工报告后,应由建设单位项目负责人组织监理、施工、设计、勘察单位项目负责人进行单位工程验收。

附录B 建筑工程的分部工程、分项工程划分

序号	分部工程	子分部工程	分项工程
1	地基与基础	土方	土方开挖,土方回填,场地平整
		基坑支护	灌注桩排桩围护墙,重力式挡土墙,板桩围护墙,型钢水泥土搅拌墙,土钉墙与复合土钉墙,地下连续墙,咬合桩围护墙,沉井与沉箱,钢或混凝土支撑,锚杆(索),与主体结构相结合的基坑支护,降水与排水
		地基处理	素土,灰土地基,砂和砂石地基,土工合成材料地基,粉煤灰地基,强夯地基,注浆加固地基,预压地基,振冲地基,高压喷射注浆地基,水泥土搅拌桩地基,土和灰土挤密桩地基,水泥粉煤灰碎石桩地基,夯实水泥土桩地基,砂桩地基
		桩基础	先张法预应力管桩,钢筋混凝土预制桩,钢桩,泥浆护壁混凝土灌注桩,长螺旋钻孔压灌桩,沉管灌注桩,干作业成孔灌注桩,锚杆静压桩
		混凝土基础	模板,钢筋,混凝土,预应力,现浇结构,装配式结构
		砌体基础	砖砌体,混凝土小型空心砌块砌体,石砌体,配筋砌体
		钢结构基础	钢结构焊接,紧固件连接,钢结构制造,钢结构安装,防腐涂料涂装
		钢管混凝土结构基础	构件进场验收,构件现场拼装,柱脚锚固,构件安装,柱与混凝土梁连接,钢管内钢筋骨架,钢管内混凝土浇筑
		型钢混凝土结构基础	型钢焊接,紧固件连接,型钢与钢筋连接,型钢构件组装及预拼装,型钢安装,模板,混凝土
		地下防水	主体结构防水,细部构造防水,特殊施工法结构防水,排水,注浆

续表

序号	分部工程	子分部工程	分项工程
2	主体结构	混凝土结构	模板，钢筋，混凝土，预应力，现浇结构，装配式结构
		砌体结构	砖砌体，混凝土小型空心砌块砌体，石砌体，配筋砌体，填充墙砌体
		钢结构	钢结构焊接，紧固件连接，钢零部件加工，钢构件组装及预拼装，单层钢结构安装，多层及高层钢结构安装，钢管结构安装，预应力钢索和膜结构，压型金属板，防腐涂料涂装，防火涂料涂装
		钢管混凝土结构	构件现场拼装，构件安装，柱与混凝土梁连接，钢管内钢筋骨架，钢管内混凝土浇筑
		型钢混凝土结构	型钢焊接，紧固件连接，型钢与钢筋连接，型钢构件组装及预拼装，型钢安装，模板，混凝土
		铝合金结构	铝合金焊接，紧固件连接，铝合金零部件加工，铝合金构件组装，铝合金构件预拼装，铝合金框架结构安装，铝合金空间网络结构安装，铝合金面板，铝合金幕墙结构安装，防腐处理
		木结构	方木和原木结构，胶合木结构，轻型木结构，木结构防护
3	建筑装饰装修	建筑地面	基层铺设，整体面层铺设，板块面层铺设，木、竹面层铺设
		抹灰	一般抹灰，保温层薄抹灰，装饰抹灰，清水砌体勾缝
		外墙防水	外墙砂浆防水，涂膜防水，透气膜防水
		门窗	木门窗安装，金属门窗安装，塑料门窗安装，特种门安装，门窗玻璃安装
		吊顶	整体面层吊顶，板块面层吊顶，格栅吊顶
		轻质隔墙	板材隔墙，骨架隔墙，活动隔墙，玻璃隔墙
		饰面板	石板安装，陶瓷板安装，木板安装，金属板安装，塑料板安装
		饰面砖	外墙饰面砖粘贴，内墙饰面砖粘贴
		幕墙	玻璃幕墙安装，金属幕墙安装，石材幕墙安装，陶板幕墙安装
		涂饰	水性涂料涂饰，溶剂型涂料涂饰，美术涂饰
		裱糊与软包	裱糊，软包
		细部	橱柜制作与安装，窗帘盒和窗台板制作与安装，门窗套制作与安装，护栏和扶手制作与安装，花饰制作与安装

续表

序号	分部工程	子分部工程	分项工程
4	屋面	基层与保护	找坡层或找平层，隔气层，隔离层，保护层
		保温与隔热	板状材料保温层，纤维材料保温层，喷涂硬泡聚氨酯保温层，现浇泡沫混凝土保温层，种植隔热层，架空隔热层，蓄水隔热层
		防水与密封	卷材防水层，涂膜防水层，复合防水层，接缝密封防水
		瓦面与板面	烧结瓦和混凝土瓦铺装，沥青瓦铺装，金属板铺装，玻璃采光顶铺装
		细部构造	檐口，檐沟和天沟，女儿墙和山墙，水落口，变形缝，伸出屋面管道，屋面出入口，反梁过水孔，设施基座，屋脊，屋顶窗
5	建筑给水、排水及供暖	室内给水系统	给水管道及配件安装，给水设备安装，室内消火栓系统安装，消防喷淋系统安装，防腐，绝热，管道冲洗、消毒，试验与调试
		室内排水系统	排水管道及配件安装，雨水管道及配件安装，防腐，试验与调试
		室内热水系统	管道及配件安装，辅助设备安装，防腐，绝热，试验与调试
		卫生器具	卫生器具安装，卫生器具给水配件安装，卫生器具排水管道安装，试验与调试
		室内供暖系统	管道及配件安装，辅助设备安装，散热器安装，低温热水地板辐射供暖系统安装，电加热供暖系统安装，燃气红外辐射供暖系统安装，热风供暖系统安装，热计量及调控装置安装，试验与调试，防腐，绝热
		室外给水管网	给水管道安装，室外消火栓系统安装，试验与调试
		室外排水管网	排水管道安装，排水管沟与井池，试验与调试
		室外供热管网	管道及配件安装，系统水压试验，系统调试，防腐，绝热，试验与调试
		室外二次供热管网	管道及配管安装，土建结构，防腐，绝热，试验与调试
		建筑饮用水供应系统	管道及配件安装，水处理设备及控制设施安装，防腐，绝热，试验与调试
		建筑中水系统及雨水利用系统	建筑中水系统、雨水利用系统管道及配件安装，水处理设备及控制设施安装，防腐，绝热，试验与调试
		游泳池及公共浴池水系统	管道及配件系统安装，水处理设备及控制设施安装，防腐，绝热，试验与调试
		水景喷泉系统	管道系统及配件安装，防腐，绝热，试验与调试
		热源与辅助设备	锅炉安装，辅助设备及管道安装，安全附件安装，换热站安装，防腐，绝热，试验与调试
		监测与控制仪表	检测仪器及仪表安装，试验与调试

续表

序号	分部工程	子分部工程	分项工程
6	通风与空调	送风系统	风管与配件制作,部件制作,风管系统安装,风机与空气处理设备安装,风管与设备防腐,系统调试,旋流风口、岗位送风口、织物(布)风管安装
		排风系统	风管与配件制作,部件制作,风管系统安装,风机与空气处理设备安装,风管与设备防腐,系统调试,吸风罩及其他空气处理设备安装,厨房、卫生间排风系统安装
		防排烟系统	风管与配件制作,部件制作,风管系统安装,风机与空气处理设备安装,风管与设备防腐,系统调试,排烟风阀(口)、常闭正压风口、防火风管安装
		防尘系统	风管与配件制作,部件制作,风管系统安装,风机与空气处理设备安装,风管与设备防腐,系统调试,除尘器与排污设备安装,吸尘罩安装,高温风管绝热
		舒适性空调系统	风管与配件制作,部件制作,风管系统安装,风机与空气处理设备安装,风管与设备防腐,系统调试,组合式空调机组安装,消声器、静电除尘器、换热器、紫外线灭菌器等设备安装,风机盘管、VAV与UFAD地板送风装置、射流喷口等末端设备安装,风管与设备绝热
		恒温恒湿空调系统	风管与配件制作,部件制作,风管系统安装,风机与空气处理设备安装,风管与设备防腐,系统调试,组合式空调机组安装,电加热器、加湿器等设备安装,精密空调机组安装,风管与设备绝热
		净化空调系统	风管与配件制作,部件制作,风管系统安装,风机与空气处理设备安装,风管与设备防腐,系统调试,净化空调机组安装,消声器、静电除尘器、换热器、紫外线灭菌器等设备安装,中、高效过滤器及风机过滤器单元(FFU)等末端设备清洗与安装,洁净度测试,风管与设备绝热
		地下人防通风系统	风管与配件制作,部件制作,风管系统安装,风机与空气处理设备安装,风管与设备防腐,系统调试,风机与空气处理设备安装,过滤吸收器、防爆波活门、防爆超压排气活门等专用设备安装
		真空吸尘系统	风管与配件制作、部件制作、风管系统安装、风机与空气处理设备安装、风管与设备防腐、管道安装、快速接口安装、风机与滤尘设备安装、系统压力试验及调试

续表

序号	分部工程	子分部工程	分项工程
6	通风与空调	冷凝水系统	管道系统及部件安装，水泵及附属设备安装，管道、设备防腐与绝热，管道冲洗与管内防腐，系统灌水渗漏及排放试验
		空调(冷、热)水系统	管道系统及部件安装，水泵与附属设备安装，管道、设备防腐与绝热，管道冲洗与管内防腐，系统压力试验及调试，板式热交换器，辐射板与辐射供热，供冷地埋管，热泵机组设备安装
		冷却水系统	管道系统及部件安装，水泵及附属设备安装，管道、设备防腐与绝热，管道冲洗与管内防腐，系统压力试验及调试，冷却塔与水处理设备安装，防冻伴热设备安装
		土壤源热泵换热系统	管道系统及部件安装，水泵及附属设备安装，管道、设备防腐与绝热，管道冲洗与管内防腐，系统压力试验及调试，埋地换热系统与管网安装
		水源热丢换热系统	管道系统及部件安装，水泵及附属设备安装，管道、设备防腐与绝热，管道冲洗与管内防腐，系统压力试验及调试，地表水源换热管及管网安装，除垢设备安装
		蓄能系统	管道系统及部件安装，水泵及附属设备安装，管道、设备防腐与绝热，管道冲洗与管内防腐，系统压力试验及调试，蓄水缸与蓄水槽、罐安装
		压缩式制冷(热)设备系统	制冷机组及附属设备安装，管道、设备防腐与绝热，系统压力试验及调试，制冷剂管道及部件安装，制冷剂灌注
		吸收式制冷设备系统	制冷机组及附属设备安装，管道、设备防腐与绝热，试验及调试，系统真空试验，溴化锂溶液加灌，蒸汽管道系统安装，燃气或燃油设备安装
		多联机(热泵)空调系统	室外机组安装、室内机组安装、制冷剂管路连接及控制开关安装、风管安装、冷凝水管道安装、制冷剂灌注、系统压力试验及调试
		太阳能供暖空调系统	太阳能集热器安装，其他辅助能源、换热设备安装，蓄能水箱、管道及配件安装，系统压力试验及调试、防腐、绝热，低温热水地板辐射采暖系统安装
		设备自控系统	温度、压力与流量传感器安装，执行机构安装调试，防排烟系统功能测试，自动控制及系统智能控制软件调试

续表

序号	分部工程	子分部工程	分项工程
7	建筑电气	室外电气	变压器、箱式变电所安装,成套配电柜、控制柜(屏、台)和动力、照明配电箱(盘)及控制柜安装,梯架、托盘和槽盒安装,导管敷设,电缆敷设,管内穿线和槽盒内敷线,电缆头制作,导线连接,线路绝缘测试,普通灯具安装,专用灯具安装,建筑照明通电试运行,接地装置安装
		变配电室	变压器、箱式变电所安装,成套配电柜、控制柜(屏、台)和动力、照明配电箱(盘)安装,母线槽安装,梯架、托盘和槽盒安装,电缆敷设,电缆头制作,导线连接,线路电气试验,接地装置安装,接地干线敷设
		供电干线	电气设备试验和试运行,母线槽安装,梯架、托盘和槽盒安装,导管敷设,电缆敷设,管内穿线和槽盒内敷线,电缆头制作,导线连接,线路绝缘测试,接地干线敷设
		电气动力	成套配电柜、控制柜(屏、台)和动力、照明配电箱(盘)安装,电动机、电加热器及电动执行机构检查接线电气设备试验和试运行,梯架、托盘和槽盒安装,导管敷设,电缆敷设,管内穿线和槽盒内敷线,电缆头制作,导线连接,线路绝缘测试,开关、插座、风扇安装
		电气照明	成套配电柜、控制柜(屏、台)和动力、照明配电箱(盘)安装,梯架、托盘和槽盒安装,导管敷设,管内穿线和槽盒内不受约束,塑料护套线直敷布线,钢索配线,电缆头制作,导线连接,线路绝缘测试,普通灯具安装,专用灯具安装,开关、插座、风扇安装,建筑照明通电试运行
		备用与不间断电源	成套配电柜、控制柜(屏、台)和动力、照明配电箱(盘)安装,柴油发电机组安装,不间断电源装置(UPS)及应急电源装置(EPS)安装,母线槽安装,导管敷设,电缆敷设,管内穿线和槽盒内敷线,电缆头制作,导线连接,线路绝缘测试,接地装置安装
		防雷及接地	接地装置安装,避雷引下线及接闪器安装,建筑物等电位连接

续表

序号	分部工程	子分部工程	分项工程
8	智能建筑	智能化集成系统	设备安装，软件安装，接口及系统调试，试运行
		信息接入系统	安装场地检查
		用户电话交换系统	线缆敷设，设备安装，软件安装，接口及系统调试，试运行
		信息网络系统	计算机网络设备安装，计算机网络软件安装，网络安全设备安装，网络安全软件安装，系统调试，试运行
		综合布线系统	梯架、托盘、槽盒和导管安装，线缆敷设，机柜、机架、配线架安装，信息插座安装，链路或信道测试，软件安装，系统调试，试运行
		移动通信室内信号覆盖系统	安装场地检查
		卫星通信系统	安装场地检查
		有线电视及卫星电视接收系统	梯架、托盘、槽盒和导管安装，线缆敷设，设备安装，软件安装，系统调试，试运行
		公共广播系统	梯架、托盘、槽盒和导管安装，线缆敷设，设备安装，软件安装，系统调试，试运行
		会议系统	梯架、托盘、槽盒和导管安装，线缆敷设，设备安装，软件安装，系统调试，试运行
		信息导引及发布系统	梯架、托盘、槽盒和导管安装，线缆敷设，设备安装，软件安装，系统调试，试运行
		时钟系统	梯架、托盘、槽盒和导管安装，线缆敷设，设备安装，软件安装，系统调试，试运行
		信息化应用系统	梯架、托盘、槽盒和导管安装，线缆敷设，设备安装，软件安装，系统调试，试运行
		建筑设备监控系统	梯架、托盘、槽盒和导管安装，线缆敷设，传感器安装，执行器安装，控制器、箱安装，中央管理工作站和操作分站设备安装，软件安装，系统调试，试运行
		火灾自动报警系统	梯架、托盘、槽盒和导管安装，线缆敷设，探测器类设备安装，控制器类设备安装，其他设备安装，软件安装，系统调试，试运行
		安全技术防范系统	梯架、托盘、槽盒和导管安装，线缆敷设，设备安装，软件安装，系统调试，试运行
		应急响应系统	设备安装，软件安装，系统调试，试运行
		机房	供配电系统，防雷与接地系统，空气调节系统，给水排水系统，综合布线系统，监控与安全防范系统，消防系统，室内装饰装修，电磁屏蔽，系统调试，试运行
		防雷与接地	接地装置，接地线，等电位连接，屏蔽设施，电涌保护器，线缆敷设，系统调试，试运行

续表

序号	分部工程	子分部工程	分项工程
9	建筑节能	围护系统节能	墙体节能,幕墙节能,门窗节能,屋面节能,地面节能
		供暖空调设备及管网节能	供暖节能,通风与空调设备节能,空调与供暖系统冷热源节能,空调与供暖系统管网节能
		电气动力节能	配电节能,照明节能
		监控系统节能	监测系统节能,控制系统节能
		可再生能源	地源热泵系统节能,太阳能光热系统节能,太阳能光伏节能
10	电梯	电力驱动的曳引式或强制式电梯	设备进场验收,土建交接检验,驱动主机、导轨,门系统,轿厢,对重,安全部件,悬挂装置,随电电缆,补偿装置,电气装置,整机安装
		液压电梯	设备进场验收,土建交接检验,液压系统,导轨,门系统,轿厢,对重,安全部件,悬挂装置,随行电缆,电气装置,整机安装
		自动扶梯、自动人行道	设备进场验收,土建交接检验,整机安装

附录C 室外工程的划分

单位工程	子单位工程	分部工程
室外设施	道路	路基、基层、面层、广场与停车场、人行道、人行地道、挡土墙、附属构筑物
	边坡	土石方、挡土墙、支护
附属建筑及室外环境	附属建筑	车棚、围墙、大门、挡土墙
	室外环境	建筑小品、亭台、水景、连廊、花坛、场坪绿化、景观桥
室外安装	给水排水	室外给水系统、室外排水系统
	供热	室外供热系统
	供冷	供冷管道安装
	电气	室外供电系统、室外照明系统

参 考 文 献

[1] 中华人民共和国住房和城乡建设部.建筑工程资料管理规程:JGJ/T 185—2009[S].北京:中国建筑工业出版社,2010.

[2] 中华人民共和国住房和城乡建设部.建设工程文件归档规范(2019年版):GB/T 50328—2014[S].北京:中国建筑工业出版社,2020.

[3] 中华人民共和国住房和城乡建设部.建设电子文件与电子档案管理规范:CJJ/T 117—2017[S].北京:中国建筑工业出版社,2017.

[4] 中华人民共和国住房和城乡建设部.建筑工程施工质量验收统一标准:GB 50300—2013[S].北京:中国建筑工业出版社,2014.

[5] 王莉.建筑工程技术资料编制与归档[M].北京:高等教育出版社,2010.

[6] 《资料员一本通》编委会.资料员一本通[M].北京:中国建材工业出版社,2011.

[7] 四川省建设工程质量安全监督总站.建设工程施工质量验收规范实施指南[M].2版.成都:西南交通大学出版社,2007.

[8] 中华人民共和国住房和城乡建设部.混凝土结构工程施工质量验收规范:GB 50204—2015[S].北京:中国建筑工业出版社,2015.

[9] 中华人民共和国住房和城乡建设部.钢筋焊接及验收规程:JGJ 18—2012[S].北京:中国建筑工业出版社,2012.

[10] 中华人民共和国住房和城乡建设部.钢筋机械连接技术规程:JGJ 107—2016[S].北京:中国建筑工业出版社,2016.

[11] 中华人民共和国住房和城乡建设部,国家工商行政管理总局.建设工程施工合同(示范文本):GF-2017-0201[S].北京:中国建筑工业出版社,2017.

[12] 中华人民共和国住房和城乡建设部.屋面工程质量验收规范:GB 50207—2012[S].北京:中国建筑工业出版社,2012.

[13] 中华人民共和国住房和城乡建设部.建筑基桩检测技术规范:JGJ 106—2014[S].北京:中国建筑工业出版社,2014.

[14] 中华人民共和国住房和城乡建设部.建筑地基基础工程施工质量验收标准:GB 50202—2018[S].北京:中国建筑工业出版社,2018.

[15] 中华人民共和国住房和城乡建设部.砌体结构工程施工质量验收规范:GB 50203—2011[S].北京:中国建筑工业出版社,2012.

[16] 中华人民共和国住房和城乡建设部.混凝土强度检验评定标准:GB/T 50107—2010[S].北京:中国建筑工业出版社,2010.

[17] 中华人民共和国住房和城乡建设部.建筑砂浆基本性能试验方法标准:JGJ/T 70—2009[S].北京:中国建筑工业出版社,2009.

[18] 中华人民共和国住房和城乡建设部.混凝土结构工程施工规范:GB 50666—2011[S].北京:中国建筑工业出版社,2012.

[19] 中华人民共和国住房和城乡建设部,国家市场监督管理总局.混凝土物理力学性能试

验方法标准:GB/T 50081—2019[S].北京:中国建筑工业出版社,2019.
[20] 麦尚清.浅谈施工中的技术交底[J].民营科技,2013(8):1.
[21] 中华人民共和国住房和城乡建设部,中华人民共和国国家质量监督检验检疫总局.建设工程工程量清单计价规范:GB 50500—2013[S].北京:中国建筑工业出版社,2013.
[22] 中华人民共和国住房和城乡建设部.建筑变形测量规范:JGJ 8—2016[S].北京:中国建筑工业出版社,2016.
[23] 中华人民共和国建设部,中华人民共和国国家质量监督检验检疫总局.建筑给水排水及采暖工程施工质量验收规范:GB 50242—2002[S].北京:中国建筑工业出版社,2002.
[24] 中华人民共和国住房和城乡建设部.给水排水管道工程施工及验收规范:GB 50268—2008[S].北京:中国建筑工业出版社,2009.
[25] 中华人民共和国住房和城乡建设部.建筑电气工程施工质量验收规范:GB 50303—2015[S].北京:中国建筑工业出版社,2016.
[26] 中华人民共和国住房和城乡建设部.建筑施工安全检查标准:JGJ 59—2011[S].北京:中国建筑工业出版社,2012.